六个必须坚持

新时代研究问题和解决问题的“总钥匙”

叶子鹏◎著

新 华 出 版 社

图书在版编目（CIP）数据

六个必须坚持：新时代研究问题和解决问题的“总钥匙”/ 叶子鹏著 .
-- 北京：新华出版社，2024. 9.
ISBN 978-7-5166-7557-1

Ⅰ. D26

中国国家版本馆 CIP 数据核字第 20248PM908 号

六个必须坚持：新时代研究问题和解决问题的“总钥匙”

作者：叶子鹏

出版发行：新华出版社有限责任公司

（北京市石景山区京原路 8 号　邮编：100040）

印刷：三河市君旺印务有限公司

成品尺寸：170mm × 240mm　1/16　　**印张：**17　　**字数：**260 千字

版次：2024 年 9 月第 1 版　　**印次：**2024 年 9 月第 1 次印刷

书号：ISBN 978-7-5166-7557-1　　**定价：**68.00 元

代 序[1]

习近平新时代中国特色社会主义思想是当代中国马克思主义、二十一世纪马克思主义，是中华文化和中国精神的时代精华，实现了马克思主义中国化时代化新的飞跃。党的二十大报告指出："继续推进实践基础上的理论创新，首先要把握好新时代中国特色社会主义思想的世界观和方法论，坚持好、运用好贯穿其中的立场观点方法。"报告强调必须坚持人民至上、必须坚持自信自立、必须坚持守正创新、必须坚持问题导向、必须坚持系统观念、必须坚持胸怀天下。"六个必须坚持"既是深刻理解习近平新时代中国特色社会主义思想必须牢牢把握的基本点，也是继续推进理论创新必须始终坚持的基本点。

一、"六个必须坚持"从世界观和方法论高度，系统概括了习近平新时代中国特色社会主义思想的立场观点方法

世界观是人们关于世界的总看法和根本观点。当人们以一定的世界观观察问题、处理问题时，世界观也就有了方法论意义。世界观侧

① 代序原题为《世界观和方法论问题是根本问题，学好用好习近平新时代中国特色社会主义思想的世界观和方法论》，刊发于《求是》杂志，2023 年第 2 期。

重说明世界“是什么”，方法论侧重说明“怎么办”；世界观决定怎么去“想”，方法论决定怎么去“做”，二者统一于人的实践。辩证唯物主义和历史唯物主义是马克思主义世界观和方法论，也是中国共产党一以贯之的世界观和方法论。

党的十八大以来，国内外形势新变化和实践新要求，迫切需要中国共产党从理论和实践的结合上深入回答关系党和国家事业发展、党治国理政的一系列重大时代课题。以习近平同志为主要代表的中国共产党人勇于进行理论探索和创新，以全新的视野深化对共产党执政规律、社会主义建设规律、人类社会发展规律的认识，取得重大理论创新成果，集中体现为习近平新时代中国特色社会主义思想。新时代十年，正是在这一科学思想指引下，中国共产党团结带领人民采取一系列战略性举措，推进一系列变革性实践，实现一系列突破性进展，取得一系列标志性成果，党和国家事业取得历史性成就、发生历史性变革。

习近平新时代中国特色社会主义思想既讲是什么、为什么，又讲怎么看、怎么办，既部署“过河”的任务，又指导解决“桥或船”的问题，生动体现了马克思主义世界观和方法论的统一。“六个必须坚持”深刻揭示了习近平新时代中国特色社会主义思想的理论品格和鲜明特质，其中，人民至上是根本的价值立场，自信自立是内在的精神特质，守正创新是鲜明的理论品格，问题导向是源头活水，系统观念是基本工作方法，胸怀天下是特有的大视野大境界。

“六个必须坚持”虽然是第一次作为一个整体集中提出，但其主要内涵贯穿体现在“十个明确”“十四个坚持”“十三个方面成就”的全部内容之中。比如，党的十九大报告所阐述的“十四个坚持”基本方略中：坚持以人民为中心、坚持人民当家作主、坚持在发展中保障和改善民生等，都是坚持人民至上的体现；坚持全面深化改革、坚持全面依法治国、坚持人与自然和谐共生、坚持总体国家安全观等，都蕴含着对系统观念的运用；坚持推动构建人类命运共同体，则是坚持胸怀天下的体现。“六个必须坚持”与党的百年奋斗历史经验一脉相承。党的十九届六中全会通过《中共中央关于党的百年奋斗重大成就和历史经验的决议》，把党的百年奋斗历史经验概括为“十个坚持”，其中就有坚持人民至上、坚持理论创新、坚持独立自主、坚持胸怀天下等。

“六个必须坚持”构成相互联系、内在统一的有机整体，为我们把握好习近平新时代中国特色社会主义思想的精髓、进一步提高全党马克思主义理论水平提供了“金钥匙”。

二、深刻领会“六个必须坚持”蕴含的道理学理哲理

“六个必须坚持”蕴含着深刻的道理学理哲理，只有搞清楚这些“理”，才能更好领会习近平新时代中国特色社会主义思想的科学内涵、精神实质、实践要求，真正做到知其言更知其义、知其然更知其所以然。

坚持人民至上之“理”。人民是历史的创造者，是真正的英雄。人民性是马克思主义的本质属性。习近平总书记强调，“人民是创造历史的动力，我们共产党人任何时候都不要忘记这个历史唯物主义最基本的道理”。中国共产党没有自己特殊的利益，党在任何时候都把群众利益放在第一位。这是中国共产党作为马克思主义政党区别于其他政党的显著标志。中国共产党自成立以来，团结带领人民进行革命、建设、改革，根本目的就是为了让人民过上好日子。党的十八大以来，无论是坚持“一个都不能少”打赢脱贫攻坚战，还是推进健康中国、

平安中国、美丽中国建设，又或是解决人民最关心最直接最现实的利益问题，都充分展现了习近平总书记深厚的人民情怀，展现了习近平新时代中国特色社会主义思想的鲜明本色和根本立场。无论时代和条件如何变化，人民始终是中国共产党执政的最大底气，是我们共和国的坚实根基，是我们强党兴国的根本所在。

坚持自信自立之“理”。“从来就没有什么救世主，也不靠神仙皇帝！要创造人类的幸福，全靠我们自己！”《国际歌》的歌词生动彰显了共产党人自信自立的精神气质。中国人民和中华民族从近代以后的深重苦难走向伟大复兴的光明前景，从来就没有教科书，更没有现成答案，党的百年奋斗成功道路是党领导人民独立自主探索开辟出来的，马克思主义的中国篇章是中国共产党人依靠自身力量实践出来的。走自己的路，是党百年奋斗得出的历史结论。习近平总书记指出：“今天，社会主义中国巍然屹立在世界东方，没有任何力量能够撼动我们伟大祖国的地位，没有任何力量能够阻挡中国人民和中华民族的前进步伐。”坚持自信自立，已经成为中国人民和中华民族的内在气质和精神风貌，是我们战胜前进道路上各种风险挑战的强大精神力量。

坚持守正创新之“理”。守正才能不偏离正道，创新才能顺应时势。习近平总书记强调：“我们通过守正创新形成了中国特色社会主义理论体系，守正就不能偏离马克思主义、社会主义，但不是刻舟求剑，还要往前发展、与时俱进，否则就是僵化的、陈旧的、过时的。”守正是创新的基础，只有在守正基础上的创新才是有源之水、有本之木；创新才能更好地守正，只有创新才能使所守之“正”与时俱进，获得强大生命力。守正与创新相辅相成，体现了“变”与“不变”、继承与发展、原则性与创造性的辩证统一。党的十八大以来，以习近平同志为核心的党中央坚持守正创新，在立场、方向、原则、道路等根本性问题上旗帜鲜明、毫不含糊；同时，面对快速变化的世界和中国，坚持立破并举，以巨大勇气和魄力推进各方面改革创新，使中国共产党的面貌、中国人民的面貌、社会主义中国的面貌、中华民族的面貌焕然一新。

坚持问题导向之“理”。人类认识世界、改造世界的过程，就是一个发现问题、解决问题的过程。毛泽东同志指出：“问题就是事物的矛盾。哪里有没有解决的矛盾，哪里就有问题。”习近平总书记强调：“我们中国共产党人干革命、搞建设、抓改革，从来都是为了解决中国的现实问题。”党的十八大以来，中国共产党始终聚焦重大理论和实践问题，把问题作为研究制定政策的出发点，把化解矛盾、破解难题作为打开局面的突破口。正是基于对一系列重大时代课题的准确把握和科学回答，习近平新时代中国特色社会主义思想得以创立并不断丰富发展，彰显了强烈的问题意识和鲜明的问题导向。

坚持系统观念之“理”。世界上的万事万物都是一个系统，小到个体生命，大到浩瀚宇宙，都是如此。因此，无论是认识世界还是改造世界，都必须坚持系统观念。系统观念是辩证唯物主义的重要认识论和方法论。党的十八大以来，以习近平同志为核心的党中央坚持系统谋划、统筹推进党和国家各项事业，提出统揽伟大斗争、伟大工程、伟大事业、伟大梦想，统筹推进“五位一体”总体布局、协调推进“四个全面”战略布局，对党和国家事业发展作出科学完整的战略部署。在这个过程中，系统观念是具有基础性的思想和工作方法。

坚持胸怀天下之“理”。马克思把人类幸福作为自己的毕生追求，哪怕颠沛流离、贫病交加，仍然矢志不渝。习近平总书记指出：“马克思主义博大精深，归根到底就是一句话，为人类求解放。”中国共产党作为马克思主义政党，自成立之日起就始终以世界眼光关注人类前途命运，把实现共产主义作为最高理想和最终目标。人类是一个整体，地球是一个家园。面对共同挑战，任何人任何国家都无法独善其身，人类只有和衷共济、和合共生这一条出路。党的十八大以来，习近平总书记坚持将中国的前途命运同世界的前途命运紧紧联系在一起，不断为解决人类面临的共同问题提供更多更好的中国智慧、中国方案、中国力量，充分彰显了胸怀天下的深厚情怀。

“六个必须坚持”既与马克思主义的世界观和方法论一脉相承，又来源于党的百年奋斗历史经验特别是党的十八大以来以习近平同志为核心的党中央治国理政经验总结，具有坚实的真理力量和强大的实践力量，是科学的世界观和方法论，必须坚持好、把握好、运用好。

三、牢牢把握“六个必须坚持”，切实把党的创新理论贯彻落实到党和国家工作各方面全过程

理论的目的在于指导实践。前进道路上，形势越复杂，任务越艰巨，越需要牢牢把握习近平新时代中国特色社会主义思想的世界观和方法论，坚持好、运用好贯穿其中的立场观点方法，更好地将其转化为广大党员干部的政治修养、理论素养、道德修养和履职尽责的本领。

必须坚持人民至上。掌权用权，要把人民放在心中最高位置，牢记人民就是江山、江山就是人民；制定目标任务，要落脚在“归根结底就是让全体中国人民都过上好日子”；创造政绩，要懂得为民造福是最大政绩，哪里有人民需要，哪里就能创造政绩；评价工作，要把人民拥护不拥护、赞成不赞成、高兴不高兴、答应不答应作为衡量一切工作得失的根本标准；想问题、作决策、办事情，要始终“以百姓心为心”，想一想是不是站在人民的立场上，是不是有助于解决群众的难题，是不是有利于增进人民福祉；当官行事，要坚持当“老百姓

的官”，把自己也当成老百姓，不要做官当老爷。

必须坚持自信自立。要坚持对马克思主义的坚定信仰、对中国特色社会主义的坚定信念、对实现中华民族伟大复兴的坚定信心，坚定道路自信、理论自信、制度自信、文化自信，确保党和国家事业始终沿着正确方向胜利前进。坚持以中国式现代化全面推进中华民族伟大复兴，始终把国家和民族发展放在自己力量的基点上，把中国发展进步的命运牢牢掌握在自己手中。增强志气、骨气、底气，随时准备经受风高浪急甚至惊涛骇浪的重大考验，不信邪、不怕鬼、不怕压，知难而进、迎难而上，全力战胜前进道路上各种困难和挑战，依靠顽强斗争打开事业发展新天地。

必须坚持守正创新。要以科学的态度对待科学、以真理的精神追求真理，坚持马克思主义基本原理不动摇，坚持党的全面领导不动摇，坚持中国特色社会主义不动摇，既不走封闭僵化的老路，也不走改旗易帜的邪路，始终做到道不变、志不改。紧跟时代步伐，顺应实践发展，以满腔热忱对待一切新生事物，不断拓展认识的广度和深度，敢于说前人没有说过的新话，敢于干前人没有干过的事情，不断开辟马克思主义中国化时代化新境界，谱写新时代中国特色社会主义更加绚丽的华章。

必须坚持问题导向。中华民族伟大复兴绝不是轻轻松松、敲锣打鼓就能实现的，新征程上我们所面临问题的复杂程度、解决问题的艰巨程度明显加大。要增强问题意识，及时发现问题、科学分析问题、正确解决问题，瞄着问题去、迎着问题上。聚焦实践遇到的新问题、改革发展稳定存在的深层次问题、人民群众急难愁盼问题、国际变局中的重大问题、党的建设面临的突出问题，不断提出真正解决问题的新理念新思路新办法。

必须坚持系统观念。推进改革发展、调整利益关系往往牵一发而动全身。党的二十大报告提出加快建设现代化经济体系、加快建设高质量教育体系、完善科技创新体系、健全人民当家作主制度体系、建设中国特色社会主义法治体系、健全基本公共服务体系、健全现代环境治理体系、健全国家安全体系、健全全面从严治党体系等，都离不开系统观念的运用。要用普遍联系的、全面系统的、发展变化的观点观察事物，善于通过历史看现实、透过现象看本质，把握好全局和局部、当前和长远、宏观和微观、主要矛盾和次要矛盾、特殊和一般的关系，不断提高战略思维、历史思维、辩证思维、系统思维、创新思维、法治思维、底线思维能力，前瞻性思考、全局性谋划、整体性推进党和国家各项事业。

必须坚持胸怀天下。要拓展世界眼光，深刻洞察人类发展进步潮流，深刻把握世界之变、时代之变、历史之变，积极回应各国人民普遍关切，为解决人类面临的共同问题作出贡献。始终坚持维护世界和平、促进共同发展的外交政策宗旨，致力于推动构建人类命运共同体。坚持经济全球化正确方向，不断以中国新发展为世界提供新机遇。弘扬和平、发展、公平、正义、民主、自由的全人类共同价值，促进各国人民相知相亲，尊重世界文明多样性，以海纳百川的宽阔胸襟借鉴吸收人类一切优秀文明成果，推动建设更加美好的世界。

周文彰

国家行政学院原副院长、教授、博士生导师

目 录

CONTENTS

代 序 /1

导 论　全面准确把握“六个必须坚持” / 001

第一章　必须坚持人民至上：“江山就是人民，人民就是江山” / 009

第一节　人民性是马克思主义的本质属性 / 010

第二节　党的根基在人民、血脉在人民、力量在人民 / 023

第三节　深入贯彻以人民为中心的发展思想 / 035

第二章　必须坚持自信自立：“我们的道路必将越走越宽广” / 051

第一节　中华民族的伟大复兴没有教科书，更没有现成答案 / 052

第二节　坚定“四个自信” / 061

第三节　发扬更加积极的历史担当和创造精神 / 076

第三章　必须坚持守正创新：“不是刻舟求剑，还要往前发展、与时俱进”/ 091

第一节　坚持守正与创新相统一 / 092

第二节　坚持三个不动摇 / 099

第三节　以新的理论指导新的实践 / 110

第四章　必须坚持问题导向：“从来都是为了解决中国的现实问题” / 129

第一节　回答并指导解决问题是理论的根本任务 / 130

第二节　聚焦五大问题 / 137

第三节　用马克思主义之“矢”去射新时代中国之“的” / 151

第五章　必须坚持系统观念：“不能畸轻畸重，不能以偏概全』/ 163

第一节　前瞻性思考、全局性谋划、整体性推进党和国家各项事业 / 164

第二节　把握好五对关系 / 169

第三节　不断提高七大思维能力 / 183

第六章　必须坚持胸怀天下：“大道不孤，天下一家” / 213

第一节　中国共产党是为人类谋进步、为世界谋大同的党 / 214

第二节　拓展世界眼光 / 227

第三节　推动建设更加美好的世界 / 235

后 记 / 255

导 论

全面准确把握“六个必须坚持”

“十月革命一声炮响，给我们送来了马克思列宁主义。”

马克思主义在中国大地譬如“流火”般的广泛播撒催生了中国共产党。一个以科学真理作为思想武器的政党，从不会忘记刻在自己灵魂中、写在自己旗帜上的光辉主张。马克思主义使得中国共产党拥有了科学的世界观和方法论，拥有了认识世界以及在此基础上改造世界的强大思想武器。

历史与人民选择马克思主义是完全正确的，中国共产党把马克思主义写在自己的旗帜上是完全正确的，坚持马克思主义基本原理同中国具体实际相结合、同中华优秀传统文化相结合，不断推进马克思主义中国化时代化是完全正确的。

马克思主义是我们立党立国的根本指导思想，是中国共产党的灵魂和旗帜。习近平总书记强调：“实践告诉我们，中国共产党为什么能，中国特色社会主义为什么好，归根到底是马克思主义行，是中国化时代化的马克思主义行。”拥有马克思主义科学理论的指导是中国共产党坚定理想信念、掌握历史主动的根本所在。而不断推进马克思主义中国化时代化就正是在这片土地上追寻真理、揭示真理、笃行真理的过程。

党的十八大以来，无论是国内还是国际的形势都发生了巨大变化，百年未有之大变局与中华民族伟大复兴战略全局叠加，这就对中国共产党人从理论和实践的深入结合中找寻“解码”攸关党和国家事业兴衰的一系列重大课题提出了时不我待的明确要求。中国共产党作为中国工人阶级的先锋队，同时是中国人民和中华民族的先锋队，以巨大的政治勇气和高度的政治智慧努力推进理论创新，以宏大的视野深化对于共产党执政规律、社会主义建设规律、人类社会发展规律的认识，取得了重大的党的创新理论成果。这一重大的党的创新理论成果集中体现为习近平新时代中国特色社会主义思想。作为当代中国马克思主义、二十一世纪马克思主义，“十个明确”“十四个坚持”“十三个方面成就”彼此呼应、相互贯通，充分概括了这一重大的党的创新理论成果的主体内容，必须长期坚持并不断丰富发展。

中国共产党的一百年是创造性地坚持、运用和发展马克思主义的一百年。2021 年 7 月 1 日上午，各界代表 7 万余人在天安门广场隆重集会，庆祝中国共产党成立 100 周年。广场花团锦簇、旌旗飘扬。习近平总书记在庆祝中国共产党成立 100 周年大会上明确提出“把马克思主义基本原理同中国具体实际相结合、同中华优秀传统文化相结合”的重大理论观点。“两个结合”的正式提出，是中国共产党立足百年华诞的重大历史时刻和“两个一百年”历史交汇的关键节点，以史为鉴、开创未来，对中国共产党不断推动理论创新的科学概括。中国共产党深刻认识到，只有把马克思主义基本原理同中国具体实际相结合、同中华优秀传统文化相结合，才能正确回答时代和实践提出的重大问题，才能始终保持马克思主义的蓬勃生机和旺盛活力。

坚持和发展马克思主义，必须要同中国具体实际相结合。坚持以马克思主义为指导，绝不是机械地等同于重复其词句，而是要把握其中的精髓，也就是其世界观和方法论，用世界观与方法论解决中国的实际问题，否则就容易陷入教条之中。中国之问、世界之问、人民之问、时代之问，需要马克思主义结合中国具体实际作出正确回答，同时更好地指导中国具体实际。

坚持和发展马克思主义，必须要同中华优秀传统文化相结合。只有将根深深扎入本国的历史文化土壤，充分汲取博大精深、源远流长的中华文化的滋养，才能让中华文明的智慧结晶与马克思主义充分融通，不断为马克思主义赋予中华文化的特色与养分。中国人民在长期生产生活中所形成的一系列价值、观念，都与马克思主义具有高度契合性。

实践是永远没有止境的，在此基础上的理论创新更是亦然。不断谱写马克思主义中国化时代化新篇章，是当代中国共产党人的庄严历史责任。继续推进实践基础上的理论创新，重中之重就是要全面准确把握习近平新时代中国特色社会主义思想的世界观和方法论，就是要坚持好、运用好贯穿其中的立场观点方法，就是要全面准确把握“六个必须坚持”。党的二十大报告明确提出了“六个必须坚持”，即必须坚持人民至上、必须坚持自信自立、必须坚持守正创新、必须坚持问题导向、必须坚持系统观念、必须坚持胸怀天下。这“六个必须坚持”，既是我们深刻理解习近平新时代中国特色社会主义思想必须牢牢把握的基本点，也是继续推进理论创新必须始终坚持的基本点。

必须坚持人民至上。马克思主义不是处在真空之中的，它有其自身的属性。如果要问马克思主义的本质属性是什么？那么答案就是人民性。人民群众是社会物质财富的创造者，是社会精神财富的创造者，是社会变革的决定力量，是历史的创造者。衡量一种思想理论是否具有先进性，具有怎样的先进性的根本尺度也正是在此。在马克思主义指导下，中国共产党成立了。中国共产党从诞生的那天起，就把为中国人民谋幸福、为中华民族谋复兴确立为自己的初心使命，就把“人民”二字铭刻在心。中国共产党将马克思主义作为指导思想，把为中国人民谋幸福作为根本任务使命和最高价值追求。在革命、建设与改革的全过程中，中国共产党始终尊重人民主体地位和首创精神。为什么人的问题，是检验一个政党、一个政权性质的试金石。中国共产党坚持群众路线，保持党同人民群众的血肉联系为人民而生、因人民而兴，始终同人民在一起、为人民利益而奋斗。人民对于美好的生活有着最真挚和朴素的憧憬与向往。一个政党，一个政权，它的前途与命运最终取决于人心向背。对于中国共产党而言，人民对于美好生活的向往就是奋斗的目标。中国共产党之所以能够得到人民拥护，中国特色社会主义之所以能够得到人民支持，正是因为造福了人民，正是因为中国共产党始终做到坚持发展为了人民、发展依靠人民、发展成果由人民共享。其实，中国共产党领导人民打江山、守江山，守的是人民的心。

必须坚持自信自立。中华民族迎来了广阔的光明前景，但是复兴之路没有教科书，更不会有人为我们提供现成的答案。中国共产党百年所取得的辉煌成就全是靠党领导中国人民独立自主探索开辟出来的。马克思主义在中国的生根、发芽、茁壮成长，书写了马克思主义的中国篇章，这同样也是中国共产党人在革命、建设与改革中依靠自身力量实践出来的。中国共产党团结带领中国人民在实现中华民族伟大复兴的历史进程中成功推进和拓展了中国式现代化，充分展现了中国特色社会主义道路自信、理论自信、制度自信。“四个自信”的提出不是一蹴而就的。回顾十多年前，2012年11月8日，党的十八大报告明确指出了“三个自信”，即“道路自信、理论自信、制度自信”。2016年7月1日，习近平总书记在庆祝中国共产党成立95周年大会上正式明确提出，中国共产党人“坚持不忘初心、继续前进”，就要坚持“四个自信”即“中国特色社会主义道路自信、理论自信、制度自信、文化自信”。中国人民从来没有像今天这样满怀自信，中华民族从来没有像今天这样接近伟大复兴。新时代的中国共产党努力带领中国人民增强做中国人的志气、骨气、底气，发扬更加积极的历史担当和创造精神，在新征程上奋勇前进。因为中国共产党知道，只有独立自主，只有自力更生，才能确保将中国的前途命运掌握在自己手中，才能确保中国这个东方大国不被他人侵扰。

必须坚持守正创新。守正创新闪耀着马克思主义哲学的真理光芒。守正创新，不是孤立存在的，而是内含守正与创新两个方面。守正是创新的前提和基础，创新是守正的目的和路径，守正与创新辩证统一，体现了马克思主义唯物论和辩证法的根本要求，也揭示出马克思主义认识世界和改造世界的原则方法。党的十八大以来，在复杂多变的国际国内形势下，“世界怎么了？我们怎么办？”的“时代之问”发人深省。对此，中国共产党人遵循守正创新之道，作出了明确回答。只有守正才能不迷失方向、不犯颠覆性错误；只有创新才能把握时代、引领时代。回顾党的百年奋斗历程，得出最重要的一条结论就是坚持马克思主义基本原理不动摇，就是要把马克思主义当作思想武器，而不是一种僵化的教条，把马克思主义活学活用。中国共产党在马克思主义的指导下诞生，在百年奋斗史上，始终都是中国人民最可靠的主心骨，最坚强有力的领导核心。党的十八大以来，中国特色社会主义进入了新时代。新时代赋予了新的历史使命，中国式现代化正是符合中国发展、反映人民意愿、适应时代潮流的正确之路。实践的发展一往无前，我们必须不断拓展认识的广度和深度，既要有“理论思维”，又要有“实践思维”，不断以新的理论指导新的实践。面对新的战略机遇、新的战略任务、新的战略阶段、新的战略要求、新的战略环境，我们既没有现成的经验可以照搬，也没有现成的模式可以借鉴，就是要在新的斗争中敢于说前人没有说过的新话，敢于干前人没有干过的事情。

必须坚持问题导向。回答并指导解决问题是理论的根本任务。始终站在时代前沿、聆听时代声音，不断探索时代发展提出的新课题、回应人类社会面临的新挑战，是马克思主义能够历久弥新、创新发展的奥妙所在。党的十八大以来，国内外形势新变化和实践新要求，迫切需要我们从理论和实践的结合上深入回答关系党和国家事业发展、党治国理政的一系列重大时代课题。“问题导向”以发现问题为前提，以解决问题为目的，其核心要义是基于实践情境深入洞悉问题之本质。聚焦五大问题就是要聚焦实践遇到的新问题，聚焦改革发展稳定存在的深层次问题，聚焦人民群众急难愁盼问题，聚焦国际变局中的重大问题，聚焦党的建设面临的突出问题。中国共产党有很多光荣传统和优良作风，其中理论联系实际值得我们高度重视。理论联系实际的光荣传统和优良作风对于中国共产党从胜利走向胜利发挥了重要作用。面对纷繁复杂、变幻发展的实际，我们坚持以马克思主义为指导，是要运用其科学的世界观和方法论解决中国的问题，而不是只是当做书斋中的学问，要坚持用马克思主义之“矢”去射新时代中国之“的”。

必须坚持系统观念。我国是一个发展中大国，正在经历广泛而深刻的经济社会变革。在这个时代背景下，抓住战略机遇、应对风险挑战，推进中国式现代化，关键是自觉把改革放在更加突出位置，进一步全面深化改革，前瞻性思考、全局性谋划、整体性推进党和国家各项事业。要从战略和全局高度完整、准确、全面理解系统观念，就要把握好全局和局部的关系，把握好当前和长远的关系，把握好宏观和微观的关系，把握好主要矛盾和次要矛盾的关系，把握好特殊和一般的关系，这五对关系蕴含着哲学思辨和战略策略思考。要提升思维能力，把新时代中国特色社会主义思想的世界观、方法论和贯穿其中的立场观点方法转化为自己的科学思想方法，作为研究问题、解决问题的‘总钥匙’，切实提高战略思维、辩证思维、系统思维、创新思维、历史思维、法治思维、底线思维能力，做到善于把握事物本质、把握发展规律、把握工作关键、把握政策尺度，增强工作科学性、预见性、主动性、创造性。

必须坚持胸怀天下。党的二十大报告明确提出，“中国始终坚持维护世界和平、促进共同发展的外交政策宗旨，致力于推动构建人类命运共同体”。党的十八大以来，以习近平同志为核心的党中央，面对百年变局和世纪疫情相互叠加的复杂局面，积极推动构建人类命运共同体的伟大实践，为共建美好世界作出了新的贡献。世界眼光，深刻体现为立足国内大局和国际大局的相互交织来审视中国和世界发展、谋划党和人民事业发展的大局观念，体现为将自身发展置于人类文明进步潮流之中、以自身发展推动人类文明进程的开阔胸怀和崇高担当。现如今，伴随着经济全球化发展和科学技术日新月异的进步，世界越来越成为一个整体。任何一个国家在追求现代化的道途中，都不可能仅仅依靠自己、在封闭条件下实现。世界各国越来越成为你中有我、我中有你的命运共同体。

“必须坚持人民至上。人民性是马克思主义的本质属性，党的理论是来自人民、为了人民、造福人民的理论，人民的创造性实践是理论创新的不竭源泉。一切脱离人民的理论都是苍白无力的，一切不为人民造福的理论都是没有生命力的。我们要站稳人民立场、把握人民愿望、尊重人民创造、集中人民智慧，形成为人民所喜爱、所认同、所拥有的理论，使之成为指导人民认识世界和改造世界的强大思想武器。”

——习近平：《高举中国特色社会主义伟大旗帜 为全面建设社会主义现代化国家而团结奋斗——在中国共产党第二十次全国代表大会上的报告》

扫一扫，联系客服获取
本章数字课程

第一章 必须坚持人民至上：『江山就是人民，人民就是江山』

第一节　人民性是马克思主义的本质属性

马克思主义不是处在真空之中的，它有其自身的属性。如果要问马克思主义的本质属性是什么？那么答案就是人民性。人民群众是社会物质财富的创造者，是社会精神财富的创造者，是社会变革的决定力量，是历史的创造者。衡量一种思想理论是否具有先进性，具有怎样的先进性的根本尺度也正是在此。在马克思主义指导下，中国共产党成立了。中国共产党从诞生的那天起，就把为中国人民谋幸福、为中华民族谋复兴确立为自己的初心使命，就把“人民”二字铭刻在心。

一、人民群众是历史的创造者

1984年，历史学家黎澍曾经在《历史研究》上发表了一篇一石激起千层浪的文章《论历史的创造及其他》，他认为“人民群众是历史的创造者”这个提法不能成立，主要原因在于他认为当我们去马克思和恩格斯的著作中溯源这种提法会发现并无根据。①但是事实上，黎澍忘记了马克思和恩格斯对于传统历史观进行彻底变革的理论初衷就正是把握人类历史发展的根本动因，而唯物史观恰恰就是对历史发展根本动因的生动阐述。

从根本意义上说，人类历史的主体是人民群众，他们是历史进步的主导力量。在历史的河流中，第一个层次上，人民群众创造了社会物质财富。物质资料的生产活动的主体是广大的劳动群众。广大的劳动群众承担着物质生产的任务，创造了必需的生活资料以及从事政治、科学、文化等活动必需的物质前提。第二个层次上，人民群众还同时是社会精

① 黎澍：《论历史的创造及其他》，载《历史研究》1984年第5期。

神财富的创造者。试想一下，倘若缺乏了一定的物质生活资料以及物质设施，那么科学也好、文化也好、艺术也好，这些精神活动与精神生产又将如何进行。不仅如此，一切的科学、文化、艺术也都来源于广大人民群众的实际生活。第三个层次上，人民群众更是整个社会变革的决定性力量。人民群众在成为社会物质财富与精神财富的创造者的同时，也深度改造着社会关系和生产关系。作为上层建筑的社会制度的更替本质上取决于经济基础生产力的发展，但客观说来它又不会伴随生产力的发展而自发实现，而是需要通过人民群众的革命实践。从这个意义上说，人民群众创造历史的过程与社会基本矛盾的运动规律别无二致。人民群众通过不断推动生产力的发展进而不断改良生产关系，人民群众的人心向背正体现了社会发展的前景与未来。

当然，需要明确指出的是，人民群众是历史的创造者，并不等同于直接否认杰出个人在历史上的重要作用，更不等同于直接否认其他因素作用于历史前进。人民群众是推动历史进步的最终决定力量，即帝王将相等少数人物固然能推动或延缓历史前进的脚步，但最终决定历史格局或决定历史发展趋势的力量则是人民群众。①

中国特色社会主义进入新时代，以习近平同志为核心的党中央，从"三个关系"对人民进行界定与阐释：就现代化和人民的关系看，人民是从思想上和行动上为推动中国特色社会主义现代化事业而奋斗的"全体社会主义劳动者、社会主义事业的建设者、拥护社会主义的爱国者、拥护祖国统一和致力于中华民族伟大复兴的爱国者"②，并始终接受和拥护中国共产党的领导。就国家和人民的关系看，人民是国家的主人，保证人民的真实、有效、广泛的当家作主是社会主义的生命。就党和人民的关系看，新时代的人民与中国共产党不仅是鱼水关系更是血肉关系，人

① 李景源：《人民群众是历史的创造者新论》，载《理论学刊》2015年第4期。
② 《中华人民共和国宪法》，北京：人民出版社2022年版，第5页。

民是“决定党和国家前途命运的根本力量”。[①]“人民群众是历史的创造者”是历史唯物主义的真理，坚持人民群众的历史创造者地位和在社会发展中的首创精神是推动历史进步的根本要求。[②]

现实中的景象也正是如此。回首往昔，在全面建成小康社会的伟大征程中，正是这片土地上无比勤劳而又无比勇敢的人民群众用奋斗创造了一个又一个彪炳史册的人间奇迹。

习近平总书记在庆祝中国共产党成立100周年大会上庄严宣告：“经过全党全国各族人民持续奋斗，我们实现了第一个百年奋斗目标，在中华大地上全面建成了小康社会”。[③]全面建成小康社会，中国共产党兑现了对全体人民的郑重承诺。全面建成小康社会，是一条艰苦奋斗、自强不息之路，也是一条爬坡过坎、攻坚克难之路。“人民是历史的创造者，是真正的英雄。”[④]大家都明白这些年对于这片土地的意义。中学时，政治课本上熟稔于心的“全面建成小康社会”就这样来到了。彻底消除中国几千年的绝对贫困现象，是中华民族伟大复兴的壮阔征程中具有决定性意义的关键一步。全面建成小康社会的历史性成就，饱含人民群众的巨大牺牲，凝聚人民群众的聪明才智，浸润人民群众的辛勤汗水，展现了这片土地上人民群众的志气、骨气、底气。全国上下齐心协力、劲头十足。“吾心信其可行，则移山填海之难，终有成功之日；吾心信其不可行，则反掌折枝之易，亦无收效之期也。”国境之北的毛乌素沙漠成良田；国境之南的港珠澳天堑成通途。中国人民的不懈奋进再一次创

---

① 习近平：《决胜全面建成小康社会 夺取新时代中国特色社会主义伟大胜利——在中国共产党第十九次全国代表大会上的报告》，北京：人民出版社 2017 年版，第 21 页。

② 杨谦，张婷婷：《对“人民群众是历史的创造者”原理的再理解》，载《思想理论教育导刊》2020 年第 1 期。

③ 习近平：《在庆祝中国共产党成立 100 周年大会上的讲话》，北京：人民出版社 2021 年版，第 2 页。

④ 习近平：《在庆祝中国共产党成立 100 周年大会上的讲话》，北京：人民出版社 2021 年版，第 9 页。

造了可歌可泣的人间奇迹，再一次把不可能变成可能。"社会主义是中国人民干出来的，新时代也是中国人民干出来的！"可能你在江南或塞北，可能你在山原或湖海，可能你在四季如春，可能你在白雪皑皑，不管你身处何地，不管你从事何业，你都是奋进者，是创造历史的真正英雄。

一切的伟大的成就一定都是接续奋斗的结果，一切的伟大的事业一定都要在继往开来中不断推进。从全面建成小康社会到基本实现现代化，从基本实现现代化到全面建成社会主义现代化强国，这是中国特色社会主义进入新时代后的分步走的战略安排，也是我们中华儿女砥砺奋进的坐标系。曾经"一辆汽车、一架飞机、一辆坦克、一辆拖拉机都不能造"的中国，短短几十年时间发展成为拥有全世界最完整现代工业体系的国家；改革开放以来，中国 7.7 亿农村贫困人口摆脱贫困，减贫人口占同期全球减贫人口 70% 以上……一个又一个"不可能"，一个又一个难以置信的奇迹，都是中国共产党团结带领人民群众干出来的。

征途漫漫，惟有奋斗。全面建成小康社会，是我们迈向中华民族伟大复兴的关键一步，的确，我们现如今取得了"风景这边独好"的巨大成就，但决不能因此骄傲自满，更不能停下脚步。不管是解决发展不平衡不充分问题，还是缩小城乡区域发展差距，不管是实现人的全面发展，还是全体人民共同富裕，都需要我们乘势而上、再接再厉，在新起点上接续奋斗。

回首过往，亿万人民艰苦卓绝的努力、各族群众胼手胝足的奋斗、全国上下埋头苦干的拼搏，镌刻在广袤的中国大地上，书写在奔腾的历史洪流中。面向未来，我们要在全面建成惠及十几亿人口的更高水平的小康社会基础上，高扬奋进的风帆，以永不懈怠的精神状态、一往无前的奋斗姿态，真抓实干、埋头苦干，向着第二个百年奋斗目标阔步前行。[①]党的二十大闭幕后不久，习近平总书记就来到陕西省延安市安塞区高桥

① 《人民是历史的创造者》，载《人民日报》2021 年 7 月 26 日。

镇南沟村，他对老乡们说，自己在陕北生活了7年，当年看到老乡们生活很艰苦，心里就想着怎么样让大家生活好起来。作为马克思主义政党，中国共产党来自人民、植根人民、造福人民，从诞生之日起就把为中国人民谋幸福、为中华民族谋复兴确立为自己的初心使命，始终代表最广大人民根本利益，与人民休戚与共、生死相依，没有任何自己特殊的利益，从来不代表任何利益集团、任何权势团体、任何特权阶层的利益。中国共产党全心全意为人民服务，只有人民才是历史的创造者。

二、衡量一种思想理论先进性的根本尺度

时光回溯到2019年，习近平主席出访意大利。一个掷地有声的回答“我将无我，不负人民”，迅速“出圈”，这个富有中国哲学色彩的话语引起了国内国际社会的广泛关注和高度赞誉。“不负人民”其实正体现了马克思主义的理论特质。一如习近平总书记在纪念马克思诞辰200周年大会上的重要讲话中所指出的那样，“马克思主义是人民的理论，第一次创立了人民实现自身解放的思想体系……马克思主义之所以具有跨越国度、跨越时代的影响力，就是因为它植根人民之中，指明了依靠人民推动历史前进的人间正道。”①

1842年的春天，马克思还在《莱茵报》编辑部工作时，就开创性地提出了报刊人民性的概念。在马克思看来，报刊应该“生活在人民当中，它真诚地和人民共患难、同甘苦、齐爱憎”②。事实上，早在3年前，马克思在《关于伊壁鸠鲁哲学的笔记》之二中就表达过这样的观点：“所以这些哲人和奥林帕斯山上的诸神的塑像一样极少人民性；他们的运动就是自我满足的平静，他们对待人民的态度如同他们对待实体一样地客

① 习近平：《在纪念马克思诞辰200周年大会上的讲话》，载《人民日报》2018年5月5日。
② 《马克思恩格斯全集》（第一卷），北京：人民出版社1995年版，第9页。

观。"[①] 马克思主义一方面在思想史上完成了首次创立人民实现自身解放的体系创举，同时另一方面在实践中指导人民改造世界，因此我们说它是人民的理论，是实践的理论。实践的观点不仅是马克思主义哲学的基本观点，而且是包括马克思主义政治经济学、科学社会主义在内的整个马克思主义理论体系的基本观点。在马克思主义理论和实践中，人民性和实践性从来都不是互相分离、相互分割的，而是内在贯通、紧密链接的。绝对不存在脱离人民性的实践性，也绝对不存在脱离实践性的人民性。人民性和实践性从来都不是空洞和抽象的，而是具体地、历史地表现为人民群众改造世界的实践活动。

可以说，人民性与实践性正是马克思主义的根本属性与内在特性，也同时成为马克思主义区别于其他各种理论学说的显著标志。马克思、恩格斯设想，在未来社会中"生产将以所有的人富裕为目的""所有人共同享受大家创造出来的福利"。[②] 从包含着"新世界观萌芽"的《关于费尔巴哈的提纲》到凝结着马克思毕生心血的理论巨著《资本论》，无不彰显鲜明的人民性。这样一来，人民性这个根本的价值归属就成为始终镌刻在共产党人灵魂最深处的，为马克思主义永葆生机活力的源泉。

"六个必须坚持"中的第一个就是必须坚持人民至上。《共产党宣言》庄严宣告："过去的一切运动都是少数人的，或者为少数人谋利益的运动。无产阶级的运动是绝大多数人的、为绝大多数人谋利益的独立的运动。"[③] 马克思主义博大精深，归根到底就是一句话：为了全人类的共同解放。习近平总书记也强调："人民性是马克思主义的本质属性"。[④] 坚持人

---

① 《马克思恩格斯全集》（第四十卷），北京：人民出版社 1982 年版，第 66 页。

② 《马克思恩格斯选集》（第一卷），北京：人民出版社 1995 年版，第 243 页。

③ 《马克思恩格斯文集》（第二卷），北京：人民出版社 2009 年版，第 42 页。

④ 习近平：《高举中国特色社会主义伟大旗帜　为全面建设社会主义现代化国家而团结奋斗——在中国共产党第二十次全国代表大会上的报告》，北京：人民出版社 2022 年版，第 32 页。

民至上，正是马克思主义唯物史观的集中体现。

一百多年来，中国共产党在领导中国人民进行波澜壮阔的革命、建设与改革的伟大进程中充分将马克思主义的人民性和实践性落到实处，始终践行初心使命，为中国人民谋幸福、为中华民族谋复兴，从中国的具体实际出发，不断推进马克思主义中国化时代化，以伟大自我革命引领中国人民不断推进伟大社会革命。马克思主义的人民性和实践性在中国得到充分贯彻，一个重要的体现就在于在中国共产党的领导之下，中国人民被彻底地动员和组织起来，投身到伟大的中国特色社会主义实践之中，取得中国革命、建设与改革的伟大成就。从毛泽东思想到邓小平理论，再到“三个代表”重要思想和“科学发展观”特别是习近平新时代中国特色社会主义思想，中国共产党充分感知世情、国情、民情、党情的发展变化，把握时代脉搏与时俱进推动理论创新。中国共产党的百年历史，就是一部中国共产党推动理论创新的百年历史，贯穿其中的是中国共产党立党为公、执政为民的道统承继。在抗日战争时期，毛泽东就曾鲜明指出，“战争的伟力之最深厚的根源，存在于民众之中”。① 革命如此，建设与改革亦然。习近平总书记强调，学习马克思，就要学习和实践马克思主义关于坚守人民立场的思想。他告诫全党要始终把人民立场作为根本立场。坚持人民立场，是尊重唯物史观、尊重历史规律的必然，是中国共产党人不忘初心、牢记使命的自觉。

党的十八大以来，习近平总书记在多个场合对于人民立场进行了强调。“中国人民是具有伟大创造精神的人民”“党的一切工作，必须以最广大人民根本利益为最高标准”“人民是历史的创造者，人民是真正的英雄”“为人民谋幸福，是中国共产党人的初心”“民心是最大的政治”……充分体现了中国共产党对于马克思主义人民性的创新和发展。

中国共产党深刻认识到，人心向背是关系党的生死存亡的重大问题。

① 《毛泽东选集》（第二卷），北京：人民出版社 1991 年版，第 511-512 页。

中国人民是中国共产党的工作的最高裁决者和最终评判者。赢得人民信任，得到人民支持，中国共产党就能够克服任何困难，就能够无往而不胜。党的执政水平和执政成效评判的标准就是人民的满意度，评判的具体内容就是人民的获得感，评判的结果就是民心向背。[①]站在新的历史起点上，新征程中国共产党依然需要一如既往地调动人民群众的积极性，凝聚全体人民的智慧和力量，永远把人民对美好生活的向往作为奋斗目标，做到"始终与人民心心相印，与人民同甘共苦，与人民团结奋斗"，才能向人民交出一份合格的答卷。[②]

我是谁、为了谁、依靠谁，是一个政党首先要解决好的问题。习近平总书记指出："党的领导工作的正确方法就是将群众意见集中起来形成正确的决策，又到群众中宣传解释，将决策化为群众的行动，并在群众实践中检验这些决策是否正确。"[③]扎根人民的理论必然为人民所拥护，服务人民的理论必然为人民所遵循。新征程上，我们要全面贯彻习近平新时代中国特色社会主义思想，站稳人民立场、把握人民愿望、尊重人民创造、集中人民智慧，继续推进实践基础上的理论创新，不断谱写马克思主义中国化时代化新篇章。[④]人民性是马克思主义与生俱来的理论品格。在马克思之前，社会上占统治地位的理论都是为统治阶级服务的。而只有马克思主义是真真正正第一次站到人民的立场，以科学的理论为最终建立一个人人平等人人自由的理想社会指明了方向。马克思主义诞生至今100多年来，在实践中不断丰富、发展和创新，人民性始终贯穿其中。

---

① 姜迎春：《马克思主义的人民性和实践性在中国得到充分贯彻》，载《人民日报》2022年1月24日。

② 舒浩，潘信林：《人民性是马克思主义最鲜明的品格》，载《解放军报》2019年5月22日。

③ 《习近平在广西考察工作时强调 扎实推动经济社会持续健康发展 以优异成绩迎接党的十九大胜利召开》，载《人民日报》2017年4月22日。

④ 《坚持人民至上》，载《人民日报》2022年11月16日。

三、中国共产党性质宗旨的集中体现

党章是党的总章程，集中体现了党的性质和宗旨、党的理论和路线方针政策、党的重要主张，规定了党的重要制度和体制机制，是全党必须共同遵守的根本行为规范。中国共产党章程第一句话就是这样说的：“中国共产党是中国工人阶级的先锋队，同时是中国人民和中华民族的先锋队。”[①]这句话很清楚地表明了党的性质。党的宗旨与此紧密相关，那就是全心全意为人民服务。

2021年11月8日至11日，中国共产党第十九届中央委员会第六次全体会议在北京胜利召开。全会提出，“全党要牢记中国共产党是什么、要干什么这个根本问题，把握历史发展大势，坚定理想信念，牢记初心使命，始终谦虚谨慎、不骄不躁、艰苦奋斗，不为任何风险所惧，不为任何干扰所惑，决不在根本性问题上出现颠覆性错误”。[②]理解和把握好中国共产党是什么、要干什么这个根本问题，有助于我们更好地以咬定青山不放松的执着奋力实现既定目标，以更加昂扬的精神面貌踏上实现第二个百年奋斗目标新的赶考之路，在新时代新征程上赢得更加伟大的胜利和荣光。“中国共产党是什么、要干什么”，是党的性质宗旨、目标任务的集中体现。中国共产党诞生后，一代代中国共产党人用生命和鲜血生动回答了“中国共产党是什么、要干什么”这个根本问题。

中国共产党是具有独特优势的马克思主义政党。毛泽东在《中国革命和中国共产党》一文中指出：“领导中国民主主义革命和中国社会主义革命这样两个伟大的革命到达彻底的完成，除了中国共产党之外，是没有任何一个别的政党（不论是资产阶级的政党或小资产阶级的政党）能够担负的。”[③]习近平总书记也深刻指出：“越是长期执政，越不能

---

① 《中国共产党章程》，北京：人民出版社2022年版，第1页。

② 《中共中央关于党的百年奋斗重大成就和历史经验的决议》，北京：人民出版社2021年版，第72页。

③ 《毛泽东选集》（第二卷），北京：人民出版社1991年版，第652页。

丢掉马克思主义政党的本色，越不能忘记党的初心使命，越不能丧失自我革命精神。"[①] 中国共产党是马克思主义政党。旗帜鲜明讲政治是中国共产党作为马克思主义政党的根本要求，是中国共产党不断发展壮大、从胜利走向胜利的重要保证。中国共产党必须坚持正确政治方向，始终保持党的政治本色，不断加强政治建设，确保党和人民事业始终沿着中国特色社会主义道路前进。

中国共产党是中国工人阶级的先锋队，同时是中国人民和中华民族的先锋队。中国共产党不仅忠诚无我地为中国工人阶级的利益而奋斗，同样忠诚无我地为中国人民和中华民族的利益而奋斗。早在抗日战争时期，毛泽东就昭告天下："我们共产党是无产阶级的先锋队，同时又是最彻底的民族解放的先锋队"，"共产党是为民族、为人民谋利益的政党，它本身决无私利可图"。[②] 在革命、建设与改革的各个历史时期，中国共产党的命运总是同中华民族的命运、中国人民的命运紧密联系在一起。中国共产党把全心全意为人民服务作为根本宗旨，这是中国共产党区别于其他一切政党的根本标志，是它最优胜的地方。中国共产党之所以"能"，就在于它总是能观大势、立涛头、和潮声，始终走在时代前列，总是能以"先锋队"的姿态在历史前进的逻辑中前进，在时代发展的潮流中发展。

中国共产党是中国特色社会主义事业的坚强领导核心。早在新中国成立之初，毛泽东就鲜明地指出："领导我们事业的核心力量是中国共产党，指导我们思想的理论基础是马克思列宁主义。"[③] 在建设中国特色社会主义之初，邓小平就明确指出必须坚持"四项基本原则"，并强调指出，"坚持四项基本原则的核心是坚持共产党的领导"。[④] 习近平总书记明确指出，"中国共产党的领导是中国特色社会主义最本质的特

---

① 《习近平谈治国理政》（第三卷），北京：外文出版社 2020 年版，第 529 页。
② 《毛泽东文集》（第二卷），北京：人民出版社 1993 年版，第 42 页。
③ 《毛泽东文集》（第六卷），北京：人民出版社 1999 年版，第 350 页。
④ 《中共十一届三中全会以来大事记》，北京：人民出版社 1998 年版，第 68 页。

征”。[①] 中国共产党是我们各项事业的领导核心。中国共产党坚强有力，国家就繁荣稳定，人民就幸福安康。中国共产党必须以更大的决心和勇气抓好党的自身建设，确保党在应对国内外各种风险和考验的历史进程中始终成为全国人民的主心骨，在发展中国特色社会主义的历史进程中始终成为坚强的领导核心。

中国共产党要为中国人民谋幸福。人民立场是中国共产党的根本政治立场，这是一个百年大党始终风华正茂的根本原因，也是一个马克思主义政党志在千秋伟业的厚实底气。中国人民在中国共产党的领导下打倒了帝国主义、封建主义、官僚资本主义，彻底摆脱了被欺负、被压迫、被奴役的命运。从几千年封建专制政治向人民民主政治的伟大跨越，让中国人民成为国家、社会和自己命运的主人，中国人民对美好生活的向往也不断变为现实。

中国共产党所付出的一切努力、进行的一切斗争、作出的一切牺牲，都是为了人民幸福。中国特色社会主义进入新时代，以习近平同志为核心的党中央作出重大论断：“我国社会主要矛盾已经转化为人民日益增长的美好生活需要和不平衡不充分的发展之间的矛盾。”[②] 在这一基础上，为人民谋利益的根本宗旨有了新的内涵。下一步，到 2035 年，中国共产党要团结带领人民基本实现社会主义现代化，并在这个基础上再奋斗 15 年，到本世纪中叶全面建成社会主义现代化强国。

中国共产党要为中华民族谋复兴。自 18 世纪英国率先开启工业革命以来，人类社会业已走过两百多年的工业化历程，中国仅用了几十年的时间就走完了发达国家几百年走过的工业化历程，获得了举世瞩目的发展成就，创造了经济快速发展和社会长期稳定两大奇迹。进入新时代，

---

① 习近平：《决胜全面建成小康社会 夺取新时代中国特色社会主义伟大胜利——在中国共产党第十九次全国代表大会上的报告》，北京：人民出版社 2017 年版，第 20 页。

② 习近平：《决胜全面建成小康社会 夺取新时代中国特色社会主义伟大胜利——在中国共产党第十九次全国代表大会上的报告》，北京：人民出版社 2017 年版，第 11 页。

党和国家事业取得历史性成就、发生历史性变革，伟大的中国人民迎来了从站起来、富起来到强起来的伟大飞跃，迎来了实现中华民族伟大复兴的光明前景。当前，国内外形势正在发生深刻复杂变化，改革发展稳定任务之重、矛盾风险挑战之多、治国理政考验之大，都是前所未有的。我们要在危机中育先机、于变局中开新局，就必须高擎习近平新时代中国特色社会主义思想伟大旗帜，以足够的雄心、底气和智慧战胜各种风浪考验，实现中华民族伟大复兴进入了不可逆转的历史进程。

中国共产党要为马克思主义开辟新境界。中国共产党自成立之初，就郑重地将马克思主义写在自己的旗帜上，自那时起，马克思主义的命运就早已同中国共产党的命运、中国人民的命运、中华民族的命运紧紧连在一起。马克思主义没有辜负中国，中国亦没有辜负马克思主义。马克思主义的科学性和真理性在中国得到充分检验，马克思主义的人民性和实践性在中国得到充分贯彻，马克思主义的开放性和时代性在中国得到充分彰显。时至今日，马克思主义依然显示出其作为科学思想的伟大。习近平新时代中国特色社会主义思想是当代中国马克思主义、二十一世纪马克思主义，是中华文化和中国精神的时代精华，实现了马克思主义中国化新的飞跃。中国共产党将继续坚持把历史、现实、未来相贯通，立足时代之基、回答时代之问，努力以中国实践作为理论创新的基础和动力，在历史逻辑、理论逻辑、实践逻辑的有机统一中不断为马克思主义开辟新境界。

中国共产党要为人类进步事业作贡献。中国共产党不仅是为中国人民谋幸福、为中华民族谋复兴的党，也是为人类进步事业而奋斗的党。在一百多年的非凡奋斗历程中，中国共产党始终将实现现代化作为念兹在兹的历史目标，成功地领导中国人民走出了一条中国式现代化道路。放眼望去，百年变局加剧了国际格局和国际关系的"大裂变"，但毋庸置疑，和平与发展仍然是时代主题。坚持和平、发展、合作、共赢，就是站在历史正确的一边、就是站在人类进步的一边。中国共产党将继续坚持和发展中国特色社会主义，推动物质文明、政治文明、精神文明、社会文明、生态文明协调发展，进一步推动对人类文明新形态的探索，进一步拓展发展中国家走向现代化的途径，坚定不移推动共建“一带一路”高质量发展，倡导构建人类命运共同体，为维护人类文明多样性贡献更多智慧，为维护世界和平增添更多力量。

牢记中国共产党是什么、要干什么这个根本问题，迈向实现第二个百年奋斗目标新的赶考之路。中国共产党立志于中华民族千秋伟业，百年恰是风华正茂。过去一百多年，党向人民、向历史交出了一份优异的答卷。站在新的历史起点上，牢记中国共产党是具有独特优势的马克思主义政党，是中国工人阶级的先锋队，同时是中国人民和中华民族的先锋队，是中国特色社会主义事业的坚强领导核心；牢记中国共产党要为中国人民谋幸福、为中华民族谋复兴、为马克思主义开辟新境界、为人类进步事业做贡献，必将进一步凝聚起百年大党的智慧与力量。党的十八大以来，中国特色社会主义进入新时代，以习近平同志为主要代表的中国共产党人，极大丰富了中国共产党的人民观。首先，习近平总书记反复强调人民主体地位，强调人民是历史的创造者、群众是真正的英雄，强调依靠人民创造历史伟业。其次，实现党的初心和使命是习近平总书记的价值追求。他指出，中国共产党人的初心和使命，就是为中国人民谋幸福，为中华民族谋复兴。这个初心和使命是激励中国共产党人不断前进的根本动力。一方面，他将人民对美好生活的向往作为奋斗目标，把“造福人民”作为根本执政理念。另一方面，他始终坚持人民立场，强调实现党的初心使命必须实现全体人民共同富裕。再其次，习近平总书记强调要以“我将无我”的境界投入伟大事业，展现了始终把人民放在心中最高位置的人民情怀。[①]我们坚信，在过去一百多年赢得了伟大

① 戴立兴：《牢记中国共产党是什么、要干什么这个根本问题》，载《中国教育报》2022年5月5日。

胜利和荣光的中国共产党和中国人民，也必将牢记根本问题，迈向新的赶考之路，在新时代新征程上劈波斩浪、行稳致远。

第二节　党的根基在人民、血脉在人民、力量在人民

中国共产党将马克思主义作为指导思想，把为中国人民谋幸福作为根本任务使命和最高价值追求。在革命、建设与改革的全过程中，中国共产党始终尊重人民主体地位和首创精神。为什么人的问题，是检验一个政党、一个政权性质的试金石。中国共产党坚持群众路线，保持党同人民群众的血肉联系，为人民而生、因人民而兴，始终同人民在一起、为人民利益而奋斗。

一、把为中国人民谋幸福作为根本任务使命和最高价值追求

“历史的发源地不是在天上的迷雾中，而是在粗糙的物质生产中。”① 在中国本土政治场景中，各种政治力量轮番登上历史舞台。以政党制度为例，政党制度就经历了三个阶段的流变，以出现的时间为序，第一种形态是“民初的资产阶级多党制，其照搬西方资本主义政党制度，不符合中国国情，昙花一现”；② 第二种形态是“蒋介石国民党‘一党专政’的政党制度，其在较长时期内统治全国，同人民群众相对立，已被人民所唾弃”；③ 第三种形态是中国共产党领导的多党合作和政治协商的当代中国新型政党制度。

作为政治派别或功能性社会组织的“党”，中国自古有之。如“朋党”是对早期朝廷中持有不同政治意见的政治派别的称呼。但是真正作

① 《马克思恩格斯全集》（第二卷），北京：人民出版社 2006 年版，第 191 页。
② 郑宪：《中国民主党派建设理论》，北京：中共中央党校出版社 2000 年版，第 22 页。
③ 郑宪：《中国民主党派建设理论》，北京：中共中央党校出版社 2000 年版，第 22 页。

为中国政党政治与政党制度的肇始，中国同盟会于1905年8月20日，在日本东京召开成立大会，后来也成为中国产生最早、规模最大的资产阶级政党——中国国民党的前身。“同盟会实际负责人之一的宋教仁，1912年8月，在孙中山、黄兴的同意下，以同盟会为基础，以官僚政客组成的统一共和党、国民公党、国民共进会、共和实进会四个小党合并，组建为国民党”①。自此，开始了效仿西方竞争型政党制度的尝试，也进而直接威胁了袁世凯的“称帝”独裁企图。

1913年，宋教仁遇刺，二次革命失败。孙中山流亡日本，再度举起民主革命的旗帜，将国民党改组为中华革命党。1919年10月10日，为“巩固共和和实行三民主义”，中华革命党正式改名为中国国民党，并发出通告：“从前所有中华革命党总章及各支部通则，一律废止；所有印章图记，一律照本规约所定，改用中国国民党名义，以昭统一。”国民党之前再加上“中国”二字，以区别于民初的旧国民党。就在同盟会诞生及其活动的同时，中国的政党如雨后春笋般建立起来②。

具有相似或迥异政治立场与政治观点的不同政党，均以极大的热情投入到中国的政党政治之中。然而，当时混乱的政党竞争时局，不仅没有迎来期待的民主之春，反而从客观上削弱了民主进步力量。1913年11月，袁世凯通过炮制的《中华民国约法》践踏了资产阶级革命的果实，宣告了民初资产阶级建立多党制的失败。

1925年3月，孙中山去世。在此之前，在国共两党的共同努力下，中国的工农运动取得了阶段性的胜利。而后形势急转直下，国民党内“左”右分歧日益公开化，作为右派势力代表的蒋介石逐渐掌握了革命政府的党政军要权。从1927年到1937年，典型的“独裁型”一党制逐步确立。

---

① 张定兴，陈岳军，阐孔璧：《国民党在大陆和台湾》，成都：四川人民出版社1989年版，第13页。

② 尤其是从1911年到1913年仅仅三年的时间内，中国政治图景中掀起了首次建党高潮，出现了312个具有政党性质的政治组织。

“1927 年 4 月 18 日，蒋介石在南京另立国民政府，标志着国共合作体制的终结，也标志国民党一党独裁政府的出现。”[①]1928 年，国民党中央先后颁布了《训政纲领》与《中华民国政府组织法》，一方面，《训政纲领》通过法律的形式直接确认了国民党的一党专政的独裁统治地位；另一方面，在《中华民国政府组织法》的推动下，国民党一党独裁制度在全国初步确立。到了 1931 年，国民大会通过《中华民国训政时期约法》标志国民党一党专政法统确立。[②]

不仅如此，以蒋介石为代表的国民党公然背叛孙中山“联俄、联共、扶助农工”的政治主张，政治上大肆开动国家机器打击其他政党，实行对政权的垄断；在思想上大肆推行党化教育，实行文化专制主义；以蒋介石个人独裁为重要特征的一党独裁成为这个历史时期的特征。抗战胜利后，面对全人民反对内战、和平建国的愿景，蒋介石政府撕毁“双十协定”，发动全面内战。

这一政党制度使得国民党在政治上思想上更加保守反动，使得国民党与人民群众严重对立。1949 年，伴随中国共产党解放战争的胜利，国民党独裁型“一党制”正式宣告消亡。

民国初年竞争型的“多党制”并没有换来民主政治在中国的落地生根和进一步成长，蒋介石国民党“独裁型”一党制更是企图在中国铲除民主政治。在“竞争型多党制”和“独裁型一党制”在中国彻底宣告失败终结后，探索另外一种能更加符合本土特征、更加体现人民民主，能够吸纳中国不断产生的各党各派力量的新型政党制度成为时代课题。中国共产党领导的多党合作和政治协商制度应运而生。

各种政治力量都无法挽救身处“覆屋之下、漏舟之中、薪火之上”的国家、民族和人民，究其根本原因就在于没有能以科学的理论为指导，

---

① 杨爱珍：《当代中国新型政党制度研究》，上海：学林出版社 2004 年版，第 43 页。
② 郑宪，王桂玲，孙瑞华：《中国参政党运行机制》，北京：学苑出版社 2000 年版，第 42 页。

也就无法尊重人民历史主体地位。而以马克思主义为指导的中国共产党，自诞生起就把为中国人民谋幸福写在自己的旗帜上，以什么样的思想理论为指导，决定着一个政党的性质宗旨、行动纲领、路线方针政策，决定着一个政党代表谁、为了谁、服务谁，也决定着一个政党的兴衰成败。

2019 年 5 月 31 日，习近平总书记在"不忘初心、牢记使命"主题教育工作会议上强调："为中国人民谋幸福，为中华民族谋复兴，是中国共产党人的初心和使命，是激励一代代中国共产党人前赴后继、英勇奋斗的根本动力。"[①] 当时也正恰逢庆祝新中国成立 70 周年这一特殊时间节点上的前夕，这样的节点重温初心使命，是中国共产党在新的历史起点上统揽伟大斗争、建设伟大工程、推进伟大事业、实现伟大梦想的重要保障。

初心就是旗帜，高举旗帜，继往开来，重整行装再出发。走得越远，我们越要不忘初心、牢记使命。2019 年 5 月 20 日，习近平总书记在中央红军长征的起点处掷地有声地强调："主题教育就是进一步筑牢理想信念，就是要在新中国成立 70 年的时候宣示下一个 70 年，我们将高举革命的旗帜，继往开来，重整行装再出发。"[②] 习近平总书记在"不忘初心、牢记使命"主题教育工作会议上的重要讲话精神就明确阐释了中国共产党一定要把为中国人民谋幸福作为根本任务使命和最高价值追求，始终坚持以人民为中心，把群众观点、群众路线深深植根于思想中、具体落实到行动上，着力解决群众最关心最现实的利益问题，不断增强人民群众对党的信任和信心，筑牢党长期执政最可靠的阶级基础和群众根基。

民心就是底气，以民为本，心怀苍生，服务人民永无止境。始终坚持把人民对美好生活的向往作为中国共产党永远不变的奋斗目标，是确

① 习近平：《在"不忘初心、牢记使命"主题教育工作会议上的讲话》，北京：人民出版社 2019 年版，第 1-2 页。

② 《习近平在江西考察并主持召开推动中部地区崛起工作座谈会时强调 贯彻新发展理念推动高质量发展 奋力开创中部地区崛起新局面》，载《人民日报》2019 年 5 月 23 日。

保中国共产党长期执政始终底气充足的根本保证。坚守住中国共产党人的初心，就是要牢记中国共产党全心全意为人民服务的根本宗旨，就是要以坚定的理想信念始终不渝地践行共产党人"从群众中来，到群众中去"的执政理念，就是要始终牢记人民对美好生活的向往就是我们的奋斗目标，时刻不忘中国共产党来自人民、根植人民，永远不脱离群众、轻视群众、漠视群众疾苦。

习近平总书记在江西中央苏区这片承载着中国共产党初心和使命的神圣土地考察时满怀深情地指出："只要跟着共产党走，好日子还在后头呢。"[①]这正是人民领袖代表中国共产党给亿万中华儿女的千金之诺，是给人民指明的小康之路、富裕之路、幸福之路，同时也是他对广大党员领导干部提出的根本要求。80多年前，中央苏区"敌军围困万千重"，党中央和中央红军命悬生死一线，为了保留革命火种，党中央决定实行战略大转移。于是，近10万红军集结于都，敌人就在眼皮子底下，30多万于都人民没有走漏半点风声，创造了人类革命史上的奇迹。群众路线是党的生命线，中国共产党从星星之火到熊熊烈焰，从夺取全国政权到打败外国反动势力，从社会主义根本政治制度到改革开放新的伟大革命，从全面小康走向伟大复兴，我们的力量始终来自人民，我们的目标始终为了人民，我们的追求就是人民的幸福。民心就是党执政的最大底气所在，党与人民生死相依、祸福与共。

历史告诉我们："我们的党、我们的事业历经各种坎坷挫折，但愈挫愈奋、愈战愈勇。"[②]只要紧密团结在以习近平同志为核心的党中央周围，把习近平新时代中国特色社会主义思想转化为推进改革发展稳定和党的建设各项工作的实际行动，始终坚守把为中国人民谋幸福作为根

---

① 《习近平在江西考察并主持召开推动中部地区崛起工作座谈会时强调 贯彻新发展理念推动高质量发展 奋力开创中部地区崛起新局面》，载《人民日报》2019年5月23日。

② 《习近平在江西考察并主持召开推动中部地区崛起工作座谈会时强调 贯彻新发展理念推动高质量发展 奋力开创中部地区崛起新局面》，载《人民日报》2019年5月23日。

本任务使命和最高价值追求，不断在伟大历史中汲取正能量，凝聚起十几亿中华儿女万众一心的磅礴伟力，增强战胜艰难险阻、迈过惊涛骇浪的信心，不忘昨天的苦难辉煌，“继续沿着革命先辈们开辟的道路走下去，发展壮大自己”，我们就一定能够无愧今天的使命担当，不负明天的伟大梦想。

二、尊重人民主体地位和首创精神

人民群众既是历史的“剧中人”，也是历史的“剧作者”。

中国共产党为人民而生、因人民而兴，始终同人民在一起、为人民利益而奋斗。省部级主要领导干部“学习习近平总书记重要讲话精神，迎接党的二十大”专题研讨班 2022 年 7 月 26 日至 27 日在北京举行，习近平总书记在开班式上指出：“前进道路上，全党要坚持全心全意为人民服务的根本宗旨，树牢群众观点，贯彻群众路线，尊重人民首创精神”。[①] 尊重人民首创精神，一方面与中国共产党的性质和宗旨相匹配，另一方面也是中国共产党百年奋斗积累的宝贵经验。在马克思、恩格斯看来，历史活动是群众的活动，随着历史活动的深入，必将是群众队伍的扩大。对此，毛泽东强调：“人民，只有人民，才是创造世界历史的动力。”[②] 尊重人民首创精神，集中体现了马克思主义的历史观、价值观，只有善于从人民群众中汲取智慧和力量，始终保持同人民群众的血肉联系，才能凝聚起众志成城的磅礴力量，团结带领人民共创历史伟业。

历史在人民的探索和奋斗中造就也成就了中国共产党。在波诡云谲的中国近代剧烈社会运动中，马克思主义与中国工人运动结合，中国共产党诞生。这是开天辟地的大事变，从根本上扭转了近代以来这片土地

① 《习近平在省部级主要领导干部“学习习近平总书记重要讲话精神，迎接党的二十大”专题研讨班上发表重要讲话强调 高举中国特色社会主义伟大旗帜 奋力谱写全面建设社会主义现代化国家崭新篇章》，载《人民日报》2022 年 7 月 28 日。

② 《毛泽东选集》（第三卷），北京：人民出版社 1991 年版，第 1031 页。

的颓势。

中国共产党在成立之初，就以最坚决的心意要在中国大地上进行"为绝大多数人谋利益的独立的运动"。"组织无产阶级，用阶级斗争的手段，建立劳农专政的政治，铲除私有财产制度，渐次达到一个共产主义的社会"。中国共产党甫一成立，就将人民公仆的第一身份、人民利益的第一目标、为民服务的第一职责，内嵌在了这个政党的基因深处。中国共产党的历代领导人都对尊重人民主体地位和首创精神，站在最广大人民的根本立场，代表最广大人民的根本利益进行了深刻阐述。毛泽东指出："共产党员无论何时何地都不应以个人利益放在第一位，而应以个人利益服从于民族的和人民群众的利益。"[①] 邓小平指出，共产党"是人民群众的全心全意的服务者，它反映人民群众的利益和意志"。[②] 江泽民指出，"党的全部活动都是为了保护和实现广大人民群众的利益"。[③] 胡锦涛指出，"必须牢记我们手中的权力是人民赋予的，只能用来为人民谋利益，而绝不能用来为自己谋私利，要始终为人民掌好权、用好权"。[④] 中国特色社会主义进入新时代，习近平总书记明确指出，为中国人民谋幸福、为中华民族谋复兴是中国共产党人的初心使命。不论革命、建设还是改革，中国共产党始终牢记人民呼声是第一号令，人民需要是第一选择，人民满意是第一标准。

从唯物史观的视野来看，人民群众是历史的主体。回望中国共产党的百年长河，之所以能够取得一个又一个的胜利、之所以能够战胜一个又一个的困难，根本就在于获得了广大人民群众的衷心拥护、支持与追随。习近平总书记指出："在人民面前，我们永远是小学生，必须自觉

---

① 《毛泽东选集》（第二卷），北京：人民出版社 1991 年版，第 522 页。

② 《邓小平文选》（第一卷），北京：人民出版社 1994 年版，第 218 页。

③ 《江泽民论有中国特色社会主义》（专题摘编），北京：中央文献出版社 2002 年版，第 426 页。

④ 《十六大以来重要文献选编》（中），北京：中央文献出版社 2006 年版，第 624 页。

拜人民为师，向能者求教，向智者问策”。[①]倘若没有汪洋大海般的广大人民群众的支持，中国共产党一定不会走到今天。广大人民群众是推动中国共产党之所以能、之所以走到今天的强大动能。

中国共产党深刻认识到，尊重人民主体地位和首创精神就要让中国人民“站起来”。要让中国人民翻身做主人，开启创造幸福生活的新纪元。中国共产党深刻认识到，尊重人民主体地位和首创精神要让中国人民“富起来”。贫穷不是社会主义，为人民谋幸福就要消灭贫穷、摆脱贫困。中国共产党深刻认识到，尊重人民主体地位和首创精神就要让中华民族“强起来”。中国共产党百年来所付出的一切努力、进行的一切斗争、作出的一切牺牲，都是为了人民幸福。实践充分证明，中国共产党打江山、守江山，守的是人民的心，为的就是人民幸福。[②]在以中国式现代化全面推进中华民族伟大复兴的新征程上，我们必须始终站稳人民立场，尊重人民主体地位和首创精神，尽最大可能调动广大人民群众的积极性、主动性和创造性，紧紧依靠人民群众创造新的历史伟业。[③]“群之所为事无不成，众之所举业无不胜。”现如今的世界并不太平，正经历着大变局，实现中华民族伟大复兴也到了爬坡过坎的关键时期，无论是改革还是发展抑或是稳定，都面临着诸多新的考验。我们现如今进行新时代的伟大斗争，就更是必须尊重人民主体地位和首创精神，从广大人民群众那里不断汲取应对各种风浪考验的智慧与能量，从广大人民群众那里不断汲取开创事业发展新局面的智慧和能量，把亿万人民的智慧和能量凝聚到推动党和国家各项事业上来。人民群众的智慧和能量，需要及时地发现、总结，需要源源不断地将人民群众在实践中的好做法上升为理论和政策并加以指导新的未竟的实践。

---

① 习近平:《在纪念毛泽东同志诞辰120周年座谈会上的讲话》，北京：人民出版社2013年版，第18页。

② 《中国共产党的百年奋斗史就是为人民谋幸福的历史》，载《光明日报》2021年6月25日。

③ 《尊重人民首创精神》，载《人民日报》2022年8月23日。

三、坚持群众路线，保持党同人民群众的血肉联系

“站在最大多数劳动人民的一面”，“把屁股端端地坐在老百姓的这一面”。

2021年的金秋时节，正在陕西榆林考察的习近平总书记来到中共绥德地委旧址，在看到展厅里这两行醒目的字时指出：“中国共产党领导人民取得革命胜利，是赢得了民心，是亿万人民群众坚定选择站在我们这一边。”①

习近平总书记轻声念了出来并说道：“端端地，这是关中话，稳稳正正地。”一个“端端地”，映照着中国共产党“与人民心连心、同呼吸、共命运”的光荣传统。始终贯彻党的群众路线，与人民群众同风雨、共患难，是中国共产党战胜一切困难和风险的根本保证。

1991年，已经从党和国家领导人岗位上退下来的耿飚，重返半个世纪前战斗过的陕甘宁陇东某县。晚饭后，他住的招待所外忽然人声鼎沸，黑压压来了一群“告状”的老百姓，诉说他们对一些县乡干部的不满，怎么劝说也不肯离开。

耿飚随后召集省地县的干部做了一次谈话。他不批评、不责备，却讲了一件往事。

50年前，耿飚任副旅长的一二九师三八五旅就曾驻扎过这里。当时，一个战士损害了当地群众的利益，旅部决定按纪律枪毙他。老百姓知道后，也是黑压压来了一大群人，为这个违纪的战士求情。耿飚对父老乡亲们说，纪律是必须坚决执行的。

于是老百姓都跪下了，哭着说共产党都是好人，就饶了这个战士，让他戴罪立功，上前线多杀几个鬼子吧！耿飚反复说明八路军的军纪，可老百姓一个也不起来。

---

①《习近平在陕西榆林考察时强调 解放思想改革创新再接再厉 谱写陕西高质量发展新篇》，载《人民日报》2021年9月16日。

最后，耿飚只得流泪接受了群众的要求。

讲到这里，耿飚激动地大声问道：

"现在，我要问问在座的你们这些人，不管哪一个，如果犯了事，老百姓还会替你们求情吗？"

全场顿时鸦雀无声。这就是"耿飚之问"，此问可谓振聋发聩，撼人心弦，问出了几十年来党群关系、干群关系的根本，值得中国共产党党员领导干部细细品味和深思。

群众路线作为中国共产党的生命线和根本工作路线，是中国共产党永葆青春活力和战斗力的重要传家宝。党的十九届六中全会通过的《中共中央关于党的百年奋斗重大成就和历史经验的决议》全面总结和系统梳理了党的百年奋斗重大成就和历史经验，强调"全党必须永远保持同人民群众的血肉联系"。[①]

值得注意的是，网络时代的到来，对人们的日常生活产生了深远的影响。网络化生活、网络化工作、网络化交往成为人们的生活新常态。截至2024年6月，我国网民人数已达10.9967亿，网络已与政治、经济、文化、社会等多个领域交互关联，网络日益成为党群联络、干群沟通的重要渠道。中国共产党，尤其是党员领导干部应切实转变观念，努力将"各级党政机关和领导干部要学会通过网络走群众路线，经常上网看看，了解群众所思所愿，收集好想法好建议，积极回应网民关切、解疑释惑"的具体要求落到实处，走好网络时代的网络群众路线。

"对建设性意见要及时吸纳"。走好网络时代的网络群众路线，要形成群众有序参与的意见和建议提供平台。通过网络，安排熟悉政策制定与执行的专门人员对网民提出的建设性意见予以积极回应，对富有价值的建设性意见要进行细化分类，再组织相关领域专家学者对该建设性

① 《中共中央关于党的百年奋斗重大成就和历史经验的决议》，北京：人民出版社2021年版，第19页。

意见进行论证评估，对于符合发展规律、有利于国家和人民幸福的建设性意见应当及时吸纳，并积极对意见提出者做出回应，甚至可以给予适当的物质或精神奖励，在社会普遍形成“众人的事情众人商量”的良好风气，推动决策在走网络群众路线的过程中更“接地气”，推动执行在走网络群众路线的过程中更“受欢迎”。

“对困难要及时帮助”。走好网络时代的网络群众路线，要对群众的利益诉求及时处理并进行科学反馈。网络平台是社情民意的“晴雨表”，人民群众借助官方的书记市长信箱、网上留言板或是非官方的微博、论坛、贴吧等工具，能够极大地突破层级限制和时空限度，将涉及切身利益的相关诉求及时、有效地传递到领导干部手中。党政机关领导干部应通过网络各种媒介渠道，积极收集民意诉求，及时受理和解决有关民生的热点难题，尤其是对于反映上来的人民群众在生活中的困难，务必认真落实工作，给予帮助。同时，还要及时进行反馈，与受助人建立长效联系，争取“治标更治本”，从困难源头解决困难群众面临的问题。

“对不了解情况的要及时宣介”。走好网络时代的网络群众路线，要做好网络舆论宣介工作，延伸好网络舆论阵地、巩固好网络舆论阵地。网络时代在给人们带来快速高效便捷的同时，纷繁复杂的信息也是泥沙俱下，让人无法适从甚至难以辨识。尤其对于涉及人民群众利益的公共政策的制定与执行，由于政务公开程度不够，极其容易出现“好心办坏事”的局面。面对这种情况，领导干部应把握好网络舆论宣介工作，积极利用网络媒体平台发声，针对人民群众不了解且反应强烈的情况，做好翔实、准确的回应工作，在宣介过程中，针对人民群众不了解的“点”逐条解答，以期获得人民群众的理解与支持。

“对模糊认识要及时廓清”。走好网络时代的网络群众路线，要弘扬主旋律，坚决廓清网络思想迷雾，还原清朗网络环境。网络平台我们不去占领或者占领得不牢固，别人就会去占领。时至今日，某些西方国家仍然利用其掌握的网络技术优势与话语体系优势，鼓吹毫无限制的“网络自由"，试图混淆视听。网络空间业已成为影响党群关系和执政基础的"最大变量"，成为舆论斗争的主战场。现如今，在各种势力错综复杂的博弈过程中，意识形态领域的模糊认识问题充盈网络空间，这就亟需主旋律内容在网络空间唱响，同时应以契合网民接受方式的喜闻乐见的形式予以传递。只有如此，才能在网络空间中及时廓清思想迷雾，在走网络群众路线中争取民心，巩固马克思主义在意识形态领域的指导地位，巩固全党全国人民团结奋斗的共同思想基础。

"对怨气怨言要及时化解"。走好网络时代的网络群众路线，要切实加强网络舆情监控与研判，建立健全舆情引导机制，打开网民情绪发泄出口，及时化解怨气怨言。利用网络舆情监控与研判，在发现网民集中性非理性言论时，发现苗头与倾向要主动应对、及时疏导，坚持及时准确、公开透明、开放有序的原则，防患于未然，同时要因势利导，寻找怨气怨言的根源，打开网民情绪发泄出口，引导舆情走向理性状态，在平等对话交流的互动中整合利益诉求，积极发挥矛盾调和作用，全面压缩负面情绪，将网民关注点与表达方式引导到健康理性的轨道上来，在走网络群众路线的过程中化解怨气怨言，构建和谐社会秩序。

"对错误看法要及时引导和纠正"。走好网络时代的网络群众路线，要针对网络错误思潮、观点敢抓敢管、敢于亮剑，有理有利有节地进行及时引导和纠正，帮助人民群众划清是非界限。大肆鼓吹与中央路线相左的方针政策，恶意攻击党和国家领导人、攻击社会主义制度，歪曲党史国史的错误言论和看法，任何网络新兴媒体都不得为其打开方便之门。对于业已在网络传播的错误看法，要及时引导和纠正，在第一时间主动发声，亮出鲜明的态度，讲清问题真相，回应广大关切，用事实引导和纠正网民的错误看法，进而实现网络群众路线的重要作用。当然，在工作中要正确区分具有险恶用心的恶意传播的错误看法和出于善意的批评。

网络时代的网络群众路线，开启了"键对键""点对点""心对心"

的党群联络、干群沟通新平台，成为了解群众、贴近群众、为群众排忧解难的新途径和发扬全过程人民民主、接受人民监督的新渠道。群众路线不仅要走基层，更应顺应时代的洪流，走好网络这一新兴媒介，让中国共产党更好地走近群众，让互联网更好地造福国家和人民。

第三节　深入贯彻以人民为中心的发展思想

人民对于美好的生活有着最真挚和朴素的憧憬与向往。一个政党，一个政权，它的前途与命运最终取决于人心向背。对于中国共产党而言，人民对于美好生活的向往就是奋斗的目标。中国共产党之所以能够得到人民拥护，中国特色社会主义之所以能够得到人民支持，正是因为造福了人民，正是因为中国共产党始终做到坚持发展为了人民、发展依靠人民，发展成果由人民共享。其实，中国共产党领导人民打江山、守江山，守的是人民的心。

一、人民对美好生活的向往就是我们的奋斗目标

为的是什么人的问题，这是检验一个政党、一个政权的根本性质的试金石。

"人民对美好生活的向往，就是我们的奋斗目标。"[①]2012 年，党的十八大在北京胜利召开，新当选的中共中央总书记习近平在中外记者见面会上对中国人民许下朴素坚定的承诺。

时光荏苒。

2022 年，党的二十大在北京胜利召开，二十届中共中央政治局常委同中外记者见面时，习近平总书记庄严宣示："不断把人民对美好生活

① 习近平:《人民对美好生活的向往就是我们的奋斗目标》，载《人民日报》2012年11月16日。

的向往变为现实。”[①]

中国共产党百年奋进，矢志不渝。不管是从第一个“五年计划”到第十四个“五年规划”，还是从打赢脱贫攻坚战到全面推进乡村振兴，中国共产党始终以最广大人民利益为依归来谋划发展、推动发展。

“人民是决定我们前途命运的根本力量”，“群众路线是中国共产党的生命线和根本工作路线，是中国共产党永葆青春活力和战斗力的重要传家宝。”[②]习近平总书记在纪念毛泽东同志诞辰120周年座谈会上所发表的重要讲话，就深刻阐释了群众路线这个毛泽东思想活的灵魂，这也成为中国共产党的奋斗目标就是人民对美好生活向往的根本逻辑。人民立场是中国共产党的根本政治立场，党的理论是来自人民、为了人民、造福人民的理论，人民的创造性实践是理论创新的不竭源泉。党的十八大以来，在习近平新时代中国特色社会主义思想的指引下，我们深入贯彻以人民为中心的发展思想，在幼有所育、学有所教、劳有所得、病有所医、老有所养、住有所居、弱有所扶上持续用力，人民生活全方位改善。人均预期寿命提高到78.2岁。居民人均可支配收入从16500元增加到35100元。城镇新增就业年均1300万人以上。建成世界上规模最大的教育体系、社会保障体系、医疗卫生体系，教育普及水平实现历史性跨越。[③]“大鹏之动，非一羽之轻也；骐骥之速，非一足之力也。”以中国式现代化推进中华民族伟大复兴需要十四亿多中华儿女的共同努力，需要心往一处想、劲往一处使。

习近平总书记作为党中央的核心、全党的核心，他是从人民群众中走出来的领袖，是对人民群众怀有深厚感情的人民领袖。党的十八大

① 习近平：《在二十届中央政治局常委同中外记者见面时的讲话》，载《求是》2022年第22期。

② 习近平：《在纪念毛泽东同志诞辰120周年座谈会上的讲话》，北京：人民出版社2013年版，第18页。

③ 《坚持人民至上》，载《人民日报》2022年11月16日。

以来，习近平总书记在讲话中谈到最多的就是人民群众。这与习近平总书记的成长有着密切的关系。习近平总书记为广大青年做出了榜样。青少年时期，他便坚定了报效祖国、报效人民的志向，在梁家河的七年知青岁月涵养了为人民办实事的深厚情怀，在之后不同的工作岗位上，习近平总书记走到哪里都一如既往地保有共产党人的赤子之心："我在黄土地上生根、发芽，在红土地上成长、发展，是党和人民将我培养成人，我愿意在任何地方为党和人民的事业贡献自己的一切。"这样亲民、爱民、为民的崇高品格，为全党树立了光辉的典范。新的征程上，初心未改。在高质量发展中促进共同富裕，"做大蛋糕"也"分好蛋糕"，让每个人共同享有物质文明与精神文明建设成果，共同享有与伟大祖国、伟大时代共同成长的机遇。[①]2022年10月27日上午，党的二十大刚刚闭幕，习近平总书记带领新当选的二十届中共中央政治局常委来到延安。在这个中国革命的圣地，总书记谈到站稳人民立场时，着重强调"扎实推进共同富裕"和"让现代化建设成果更多更公平惠及全体人民"。把人民对美好生活的向往作为我们的奋斗目标，根本在于坚持党的群众路线，关键在于密切联系群众，标准在于"最终都要看人民是否真正得到了实惠，人民生活是否真正得到了改善，人民权益是否真正得到了保障"[②]，路径在于掌握好、贯彻好、运用好"从群众中来，到群众中去"这一根本工作方法。

《中国共产党章程》开宗明义："中国共产党的最大政治优势是密切联系群众，党执政后的最大危险是脱离群众。"[③]毛泽东有过非常生

① 新华社：《发展——从党的二十大看中国共产党的成功密码之六》，http://www.xinhuanet.com/politics/2022-12/25/c_1129231146.htm（新华社记者：安蓓、张辛欣、严赋憬）。

② 习近平：《在纪念毛泽东同志诞辰120周年座谈会上的讲话》，北京：人民出版社2013年版，第19页。

③ 《中国共产党章程》，北京：人民出版社2022年版，第3页。

动的比喻，他把中国共产党肩负的历史使命比作“挖山”，把人民大众比作“上帝”，指出要像愚公移山那样去“感动上帝”，汇聚起人民大众的力量把“山”挖掉。治国有常，利民为本。中国共产党始终把人民放在心目中的最高位置，虽然我们取得了一系列的成就，但决不能躺在功劳簿上睡大觉，而是要为着不断满足人民群众过上更加美好生活的新期待，使发展成果更多更公平惠及全体人民再接再厉。

中国共产党同人民群众的关系越密切，党的执政基础就越巩固，党的领导就越坚强有力，国家就越繁荣昌盛。这是一个正相关的逻辑链条。中国共产党百年来，始终坚持以人民为中心，交出了一份又一份载入史册的答卷。习近平总书记深刻指出：“只有坚持以人民为中心的发展思想，坚持发展为了人民、发展依靠人民、发展成果由人民共享，才会有正确的发展观、现代化观。”[①]人民，在中国共产党人心中位置最高、分量最重。无论国际国内风云如何变幻，中国共产党所坚守的群众路线始终不变。只要中国共产党始终同人民站在一起、想在一起、干在一起，就没有克服不了的困难，就没有成就不了的宏图大业。[②]新的赶考之路上，只要中国共产党始终坚持全心全意为人民服务的根本宗旨，坚持一切为了人民、一切依靠人民，坚持为人民执政、靠人民执政，坚持发展为了人民、发展依靠人民、发展成果由人民共享，坚定不移走全体人民共同富裕道路，就一定能够领导人民夺取中国特色社会主义新的更大胜利。[③]共享作为中国特色社会主义的本质要求，是坚持党的根本宗旨的应有之义。决胜全面建成小康社会，中国共产党坚持“一个都不能少”。[④]只有牢牢把握群众路线这一兴党兴国之根，才能做到“我们决不当李自成”，

① 习近平：《把握新发展阶段，贯彻新发展理念，构建新发展格局》，载《求是》2021年第9期。

② 夏锦文：《始终贯彻党的群众路线》，载《人民日报》2022年10月12日。

③ 《坚持以人民为中心的发展思想》，载《人民日报》2022年10月28日。

④ 《永远保持党同人民群众的血肉联系》，载《人民日报》2021年12月28日。

解决好“其兴也勃焉，其亡也忽焉”的历史性课题，才能继续从胜利走向胜利。[①] 回望波澜壮阔的历史进程，中国共产党团结带领人民进行革命、建设、改革，根本目的就是为了让人民过上好日子，无论面临多大挑战和压力，无论付出多大牺牲和代价，这一点都始终不渝、毫不动摇。

二、坚持发展为了人民、发展依靠人民、发展成果由人民共享

发展为了人民，才拥有根本；发展依靠人民，才拥有动力；发展成果由人民共享，才拥有价值。

时代是出卷人，中国共产党是答卷人，人民是阅卷人。中国共产党带领亿万人民群众攻克一道又一道的难关，倚靠的就是广大人民群众的积极性、主动性和创造性。人民群众追求美好幸福的生活是历久弥新的主题，是永不止境的进行时。而恰恰是这样的主题、这样的进行时，如同涓涓细流一般，逐渐汇成汪洋大海，不断创造举世瞩目的中国奇迹。

党的十八大以来，党的领导全面加强，全过程人民民主扎实推进。党和人民同心同德，勠力前行，创造了新时代的伟大成就。未来，在中国共产党的坚强领导下，全党全军全国各族人民将迈向新的征程，接续奋进，为全面建设社会主义现代化国家、实现第二个百年奋斗目标，全面推进中华民族伟大复兴而奋斗。

人民就是江山，民心是最大的政治。党的二十大是全党共识的汇聚，也是中国人民共识的汇聚。党的二十大代表中有33.6%是生产和工作第一线党员，当选的代表来自社会生活的方方面面，涵盖经济、科技、教育、宣传、政法、卫生和体育等各个领域。代表的广泛性凸显了中国共产党广泛联系群众的作风，始终不变的人民底色凸显了全过程人民民主的广泛、真实和管用。从打赢脱贫攻坚战到全面建成小康社会，从推动全体人民共同富裕取得新的实质性进展，到建设人类命运共同体持续迈出新

---

① 《牢牢把握群众路线这一兴党兴国之根》，载《人民日报》2013年12月29日。

步伐……这一系列的成就印证了江山就是人民，人民就是江山。中国共产党领导人民打江山、守江山，守的是人民的心。更印证了中国共产党治国有常，利民为本，在持续增强着人民群众的获得感、幸福感、安全感。

始终固守圆心，不断扩大共识。习近平总书记在中央统战工作会议上指出：“要把握好固守圆心和扩大共识的关系，不断增进共识，真正把不同党派、不同民族、不同阶层、不同群体、不同信仰以及生活在不同社会制度下的全体中华儿女都团结起来。”①党的十八大以来，我们全面加强党的领导，全面从严治党，党的先锋队作用越来越凸显，圆心越来越坚固。党的二十大是时隔五年又一次党的全国代表大会，将全党的优秀人才、对人民事业有突出贡献的党员汇集北京，更好地凝聚了全党共识和人民共识。每一位海内外中华儿女都一心向党，从根本上说是因为我们的党是为人民服务的党。每一位海内外中华儿女都能在党的二十大报告中找到自己的那部分归属。“实现人民对美好生活的向往”“促进香港、澳门长期繁荣稳定”“完善增进台湾同胞福祉的制度和政策”“加强和改进侨务工作”等等。这一句句深切关怀都体现着以人民为中心的发展思想，将同心圆越画越大。

共识汇聚合力，踔厉奋发新征程。旗帜就是方向，团结就是力量。党的二十大报告凝聚了全党全军全国各族人民对于新时代中国特色社会主义思想、新时代中国特色社会主义伟大实践的共识。共识是奋进的伟力，共识铸造团结，这种共识必将如万千江河奔腾入海一般创造新的历史伟业。中华民族自古以来就是团结的民族，历史上，不论我们遇到什么样的天灾人祸、外敌入侵，我们都团结在一起，取得最后的胜利，这是中华民族的光荣传统，也是中华民族实现伟大复兴的必由之路。全面建设社会主义现代化国家和全面推进中华民族伟大复兴有了中国共产党的领导，有了全国各族人民的团结奋斗，就一定能够实现。这是百余年

① 《习近平著作选读》（第二卷），北京：人民出版社2023年版，第609页。

来的历史事实给予我们的战略自信，这是中国特色社会主义制度赋予我们的历史必然。

"我们党的百年奋斗史就是一部为人民谋幸福的历史。"[①]中国人民始终衷心拥护中国共产党，在中国共产党的坚强领导下创造了百年辉煌。从中国共产党成立到中国共产党第二十次全国代表大会，中国共产党为中国人民谋幸福、为中华民族谋复兴的初心使命始终没有丝毫变化，始终是"国之大者"。中国共产党必将继续凝聚人民共识，圆心必将继续坚固，这个同心圆也必将越画越大、越画越圆。

① 《习近平在推进南水北调后续工程高质量发展座谈会上强调 深入分析南水北调工程面临的新形势新任务 科学推进工程规划建设提高水资源集约节约利用水平》，载《人民日报》2021年5月15日。

延伸阅读

行程万里 人民至上

——习近平总书记春节考察足迹回访

春节，中国人心中最暖的节日，牵动着每一个中华儿女的心；而每一个贫困家庭的春节，更牵动着习近平总书记的心。

2018年春节来临之际，习近平总书记来到凉山彝族自治州、阿坝藏族羌族自治州、成都市等地，深入村镇、企业、社区，考察脱贫攻坚和经济社会发展工作，在汶川考察灾后恢复重建发展情况，给各族干部群众送去党中央的亲切关怀。

翻开习近平总书记的春节日程，不难发现：从“贫瘠甲天下”的甘肃定西到北境边陲阿尔山哨所，从陕西梁家河的窑洞到革命老区井冈山，从河北张北县困难群众家到四川大凉山深处……党的十八大以来，每逢春节将至，他都要到中国最贫困的角落去，体察民情、倾听民意。

关山内外，行程万里，驻足处皆是直抵人心的温暖；

访贫问苦，人民至上，考察后总有切实着力的改变。

近日，新华社记者循着习近平总书记的足迹再次来到这些地方，串联起彼时点点滴滴的温暖，感受在习近平总书记关怀与鼓励下，人们撸起袖子加油干带来的巨大变化。

迎风踏雪，把温暖带到百姓心间——"我最牵挂的还是困难群众，他们吃得怎么样、住得怎么样，能不能过好新年、过好春节"

临近春节，陕西延川文安驿镇梁家河村的道路两旁挂满了红灯笼。村里的秧歌队、锣鼓队正在抓紧排练，到处是过节的喜庆气氛。

67岁的村民刘金莲在窑洞内的灶头架上了油锅，随着锅内的油嗞嗞作响，炸得金黄的年糕不一会儿就堆满了案板。

三年前，也是春节前，刘金莲家来了一位特殊的客人——当年的插队知青、阔别梁家河40年的习近平总书记。总书记带着自己出钱采办的"年货"——饺子粉、大米、食用油、肉制品，还有春联、年画，来给父老乡亲们拜年。

对于梁家河的一草一木、一沟一岔、一峁一梁，习近平总书记都饱含深情、常常牵挂。这一行，他不仅带去党中央对革命老区人民脱贫致富的关心，更带去带领全国人民一道奔小康的决心。

三年过去，梁家河年年有新貌。当年习近平总书记关心的那片果园，如今山地苹果种植已成为村里的主要产业。随着乡村旅游的兴旺发展，2017年全村人均纯收入达到20800元，比三年前翻了一番。

步步深情，点点细节，彰显一位大国领袖的人民情怀、赤子之心：

——在兰州市城关区"虚拟养老院"，习近平总书记细致地询问饭菜价格，端起一个盛满饭菜的餐盘，为杨林太老人送上。

——在边境一线阿尔山市，他顶风踏雪登上海拔1000多米的三角山哨所，对年轻战士张伟说："今天，我和你们一起执勤站岗。"

——在革命老区井冈山，家家都忙着准备年货，看到一家正在打糍粑，习近平总书记饶有兴致地加入其中，和村民一同拿起木槌、打起糍粑来。

……

心里装着人民、讲话贴近人民、奋斗为了人民，人民更将他视如亲人。

他是人民的暖心人——

一次次走村入户，他进门叫一声“老阿姨”，就像自己家里人一样亲切；盘腿上炕拉着手，就像亲戚串门一样自在；抱起年幼的孩童，眉目间尽是慈爱。

他是人民的贴心人——

一次次关怀慰问，他开米缸、察地窖、摸火墙，关心着百姓生活的点点滴滴；孩子上学远不远、看病有没有保障、上厕所方不方便……他惦念着群众日常的方方面面。

他更是人民的知心人——

一次次亲切交谈，他和村民一起“算收支账”，为农家小院规划支招，希望乡亲们同党中央一起“撸起袖子加油干，让好日子芝麻开花节节高”。

五年间，他的足迹遍布东西南北，把实现人民的幸福感、获得感当作义不容辞的责任，把最暖的牵挂、最实的关怀带到老少边穷地区的村村寨寨。

2017年十二届全国人大五次会议期间，在参加四川代表团审议时，习近平总书记特别提到了让他揪心的凉山彝族自治州昭觉县“悬崖村”。

大凉山的百姓如今过得怎么样？冬日的严寒，抵不住心底的牵挂。2018年春节来临之际，习近平总书记“如约”来到地处四川大凉山深处的昭觉县三岔河乡三河村、解放乡火普村，走进彝族贫困群众家中，看实情、问冷暖、听心声，同当地干部群众共商精准脱贫之策。

“治政之要在于安民，安民之道在于察其疾苦。”

梁家河村、德胜村、神山村、元古堆村……习近平总书记心里记挂着无数像三河村、火普村一样的村庄，温暖着百姓的心。

一诺千金，把好日子带到百姓身边——"人民对美好生活的向往，就是我们的奋斗目标"

辞旧迎新，希望来年"日子一年更比一年好"，是每个中国人最质朴的期待；从人民中走来的总书记，最了解人民对美好生活的热切向往。

立春刚过，山里的积雪渐渐融化。甘肃省定西市渭源县元古堆村，群山环抱的易地搬迁安置点上，一栋栋红瓦白墙的住房格外醒目。

每天清晨，86岁的马岗会在炉上熬一壶"罐罐茶"。

五年前，也是这样一个2月初春，绕过九曲十八弯，习近平总书记来到元古堆村。

彼时村貌正如其名，仿若大山深处的"远古"之地——喝水要赶毛驴翻山越岭去驮，遇上下雨天，村里每一条道路都成了烂泥路。

走进当时马岗家破旧、低矮的土坯房，习近平总书记舀起一瓢水、尝了尝，水的滋味让他紧锁眉头。随后，他专门来到引洮工程现场，对负责同志说"民生为上、治水为要"。

五年过去了，今日的元古堆村道路平整了、新房建好了、自来水通了，元古堆村的贫困发生率从57.3%下降到6.72%，2018年底全村有望历史性地整体摆脱贫困。

"那天，总书记对大家说，'咱们一块儿努力，把日子越过越红火。'我做梦也没想到，这么快就实现了。"茶煮沸了，热腾腾的水汽氤氲着马岗的笑容。

"我坚信，中国人民生活一定会一年更比一年好。"

用实干履行庄严承诺，习近平总书记用实际行动启示13亿多中国人民，幸福都是奋斗出来的。

——一次次考察调研，问疾苦、听民声，他叮嘱地方干部"要把人民放在心中最高位置，全力为群众排忧解难”，生动诠释了他“为人民服务，担当起该担当的责任”的执政理念。

——一次次走访慰问，察民情、思对策，在湖南十八洞村、四川战旗村同群众交流时那句“我是人民的勤务员”，道出了“始终同人民想在一起、干在一起”的政治本色。

——一次次专题座谈，听汇报、作部署，研究破解深度贫困之策，“让贫困人口和贫困地区同全国人民一道进入全面小康社会”，是他向全体人民作出的庄严承诺。

“他是最关心百姓的人。”提起四年前的场景，内蒙古阿尔山市伊尔施镇林业退休职工郭永财和老伴冯秀华仍激动不已。

冬日的阿尔山气温经常在零下30℃以下，住房是头等大事。“以前，冬天早晨四点钟就被冻醒。”冯秀华回忆。

2014年隆冬时节，习近平总书记来到他们家中，了解到一些群众还存在住房困难后，他叮嘱当地干部要加快棚户区改造，排出时间表，让群众早日住上新房。

当年6月，郭永财一家告别了几十年的“板夹泥”房，搬进了敞亮的新楼房。

“只要还有一家一户乃至一个人没有解决基本生活问题，我们就不能安之若素；只要群众对幸福生活的憧憬还没有变成现实，我们就要毫不懈怠团结带领群众一起奋斗。”铿锵的话语，彰显了总书记最深的牵挂和最大的担当。

——牵挂老百姓行路难，他强调既要把农村公路建好，更要管好、护好、运营好，为广大农民致富奔小康、为加快推进农业农村现代化提供更好保障；

——牵挂百姓看病难，他为健康中国谋划蓝图，提出要推动医疗卫生工作重心下移、医疗卫生资源下沉，推动城乡基本公共服务均等化，为群众提供安全有效方便价廉的公共卫生和基本医疗服务；

——牵挂百姓上学难，他强调优先发展教育事业，推动城乡义务教育一体化发展，高度重视农村义务教育，办好学前教育、特殊教育和网络教育，普及高中阶段教育，努力让每个孩子都能享有公平而有质量的教育。

……

每一个决策，都为了兑现那句向全体人民许下的庄重誓言——人民对美好生活的向往，就是我们的奋斗目标。

初心不改，把希望带给新的春天——“好日子是干出来的，贫困并不可怕，只要有信心、有决心，就没有克服不了的困难”

新岁正当好，时序更替再出发。

“3年后如期打赢脱贫攻坚战，这在中华民族几千年历史发展上将是首次整体消除绝对贫困现象，让我们一起来完成这项对中华民族、对整个人类都具有重大意义的伟业。”——2018年伊始，习近平总书记新年贺词的话语字字铿锵，回响耳畔。

近年来，习近平总书记走遍了全国14个集中连片特困地区。

“全面建成小康社会，没有老区的全面小康，没有老区贫困人口脱贫致富，那是不完整的。”

“在扶贫的路上，不能落下一个贫困家庭，丢下一个贫困群众。”

——每一句话都是中国共产党人的庄严承诺，亦是以习近平同志为核心的党中央浓浓的为民情怀、坚定的执政信念。

春风晓入，千门万户。北京向北200多公里，河北坝上孕育着勃勃生机。

2017年春节前夕，习近平总书记来到张北县小二台镇德胜村看望慰问困难群众。在村民徐海成家里，他和村里的乡亲们一起，一笔一笔计算着一年的收支账，合计着来年的脱贫计划。

“总书记来我家的情景，我一辈子也忘不了！”徐海成说，总书记当时对大家说，“你们下一步的路子都有了，就是怎么把它市场化、规模化发展起来。”

如今，村里注册了德胜牌马铃薯品牌，新建了280个马铃薯微型薯大棚，预计每个大棚年纯利润近2万元。一排排光伏发电板伫立在村路旁的草滩上，向阳而立，成了全村人的新希望。

草木蔓发，春山可望。

二月的井冈山，风吹竹林飒飒作响，白雪挂在屋瓦上，家家户户火红的春联一派喜庆景象。

2016年春节前夕，雨夹雪，习近平总书记沿着湿滑的山路辗转来到江西井冈山茅坪乡神山村。

“总书记一直握着我的手，从门外走到里屋，现在想起来，心里都热乎着呢。”贫困户彭夏英说，“总书记最关心的是大家脱贫致富的问题，从客厅到厨房、卧室、厕所，问得特别细致。”

“临出门，总书记还不忘回头再问我一句‘你觉得现在过得好不好’。”彭夏英说。

日子好不好、政策好不好，就看老百姓是哭还是笑。

2016年底，井冈山市贫困发生率降至1.6%，成为我国贫困退出机制建立后首个脱贫“摘帽”的贫困县。

两年过去了，村里土坯房全部换上了客家风貌的“新装”；修好了村路，发展乡村旅游，游客大大增长；村办黄桃、茶叶合作社蒸蒸日上，入股的贫困户每年都能拿到3000元以上的分红。

天地之大，黎元为先。

回眸处，倍感温暖。五年间每一个红火的春节，习近平总书记行之所向，言之所至，思之所及，无不关乎人民，始终坚守这份人民情怀。

（新华社北京2018年2月16日电　新华社记者：荣启涵、姜潇，参与采写：邹俭朴、高博、张钦、刘能静、姜辰蓉、李华、范帆）

“必须坚持自信自立。中国人民和中华民族从近代以后的深重苦难走向伟大复兴的光明前景，从来就没有教科书，更没有现成答案。党的百年奋斗成功道路是党领导人民独立自主探索开辟出来的，马克思主义的中国篇章是中国共产党人依靠自身力量实践出来的，贯穿其中的一个基本点就是中国的问题必须从中国基本国情出发，由中国人自己来解答。我们要坚持对马克思主义的坚定信仰、对中国特色社会主义的坚定信念，坚定道路自信、理论自信、制度自信、文化自信，以更加积极的历史担当和创造精神为发展马克思主义作出新的贡献，既不能刻舟求剑、封闭僵化，也不能照抄照搬、食洋不化。”

——习近平：《高举中国特色社会主义伟大旗帜 为全面建设社会主义现代化国家而团结奋斗——在中国共产党第二十次全国代表大会上的报告》

第二章

必须坚持自信自立：「我们的道路必将越走越宽广」

第一节　中华民族的伟大复兴没有教科书，更没有现成答案

中华民族迎来了广阔的光明前景，但是复兴之路没有教科书，更不会有人为我们提供现成的答案。中国共产党百年所取得的辉煌成就全是靠党领导中国人民独立自主探索开辟出来的。马克思主义在中国的生根、发芽、茁壮成长，书写了马克思主义的中国篇章，这同样也是中国共产党人在革命、建设与改革中依靠自身力量实践出来的。

一、党的百年奋斗成功道路是党领导人民独立自主探索开辟出来的

初心如磐砺行致远，崭新征程奋楫扬帆。

2021 年 11 月 8 日至 11 日，中国共产党第十九届中央委员会第六次全体会议在北京胜利召开。全会以决议的形式通过了我们百年大党取得的巨大成就和宝贵的历史经验，回答了“过去我们为什么能够成功、未来我们怎样才能继续成功”的重大命题。决议是一篇光辉的马克思主义纲领性文献，是新时代中国共产党人牢记初心使命、坚持和发展中国特色社会主义的政治宣言，是以史为鉴、开创未来、实现中华民族伟大复兴的行动指南，具有重大的现实意义和深远的历史意义。

“见出以知入，观往以知来。”全会从人民命运、道路选择、理论创新、世界影响、自我革命五个方面对中国共产党百年奋斗的伟大历史意义进行了概括和总结，贯通了中国共产党百年奋斗的历史逻辑、理论逻辑、实践逻辑。深刻领会党百年奋斗的历史意义，对于推动全党增长智慧、增进团结、增加信心、增强斗志必将发挥重要作用。

中国共产党波澜壮阔的百年奋斗，改变了中国人民的前途命运。“人间变了，似天渊翻覆。”中国产生了共产党，这是开天辟地的大事变，深刻改变了近代以来中华民族发展的方向和进程。中国共产党和中国人

民以英勇顽强的奋斗向世界庄严宣告，中国人民从此站起来了，中华民族任人宰割、饱受欺凌的时代一去不复返了，中国发展从此开启了新纪元。中国共产党甫一成立，就把为中国人民谋幸福、为中华民族谋复兴确立为自己的初心使命，紧紧依靠人民创造历史，坚持全心全意为人民服务的根本宗旨，站稳人民立场，贯彻群众路线，尊重人民首创精神，践行以人民为中心的发展思想。"群之所为事无不成，众之所举业无不胜。"历史和现实无可辩驳地证明，中国共产党具有无比坚强的领导力、组织力、执行力，是团结带领人民攻坚克难、开拓前进最可靠的领导力量，从根本上改变了中国人民和中华民族的前途命运。

中国共产党波澜壮阔的百年奋斗，开辟了民族复兴的正确道路。沧桑巨变，大道如砥。一百年来，中国共产党团结带领中国人民进行的一切奋斗、一切牺牲、一切创造，归结起来就是一个主题——实现中华民族伟大复兴。全会从百年党史的四个历史时期出发，深入总结了党如何开辟民族复兴道路，如何将中华民族伟大复兴的历史进程推向深入。全会指出，党和人民百年奋斗，书写了中华民族几千年历史上最恢宏的史诗。党在新民主主义革命时期的奋斗为实现中华民族伟大复兴创造根本社会条件，党在社会主义革命和建设时期的奋斗为实现中华民族伟大复兴奠定根本政治前提和制度基础，党在改革开放和社会主义现代化建设新时期的奋斗为实现中华民族伟大复兴提供充满新的活力的体制保证和快速发展的物质条件。党的十八大以来，中国特色社会主义进入新时代，以习近平同志为核心的党中央深刻把握中华民族伟大复兴战略全局和世界百年未有之大变局，中华民族伟大复兴进入不可逆转的历史进程。

中国共产党波澜壮阔的百年奋斗，展示了马克思主义的强大生机。恩格斯说过："一个民族要想站在科学的最高峰，就一刻也不能没有理论思维。"[①] 党的百年历史，就是一部不断推进马克思主义中国化的历

① 《马克思恩格斯文集》（第九卷），北京：人民出版社 2009 年版，第 437 页。

史，就是一部不断推进理论创新、进行理论创造的历史。习近平总书记在纪念马克思诞辰200周年大会上指出："实践证明，马克思主义的命运早已同中国共产党的命运、中国人民的命运、中华民族的命运紧紧连在一起，它的科学性和真理性在中国得到了充分检验，它的人民性和实践性在中国得到了充分贯彻，它的开放性和时代性在中国得到了充分彰显！"[①] 中国共产党之所以能够带领中国人民实现站起来、富起来到强起来的伟大飞跃，不仅在于党团结带领全国各族人民锐意进取、艰苦奋斗，更在于马克思主义的理论指引和生动实践。

中国共产党波澜壮阔的百年奋斗，影响了人类文明的历史进程。"红日初升，其道大光。"走自己的路，是党的全部理论和实践立足点，更是党百年奋斗得出的历史结论。邓小平曾指出："我们的现代化建设，必须从中国的实际出发。"[②] 百年来，中国共产党团结带领中国人民坚持和发展中国特色社会主义，走出中国式现代化道路，创造了人类文明新形态。中国特色社会主义所创造出的人类文明新形态体现了集物质文明、政治文明、精神文明、社会文明、生态文明于一体的进步状态。这条道路，不仅走得对、走得通，而且也一定能够走得稳、走得好。中国式现代化道路不仅为中华民族伟大复兴开辟了光明前景，也拓展了发展中国家走向现代化的途径，给世界上那些既希望加快发展又希望保持自身独立性的国家和民族提供了全新选择，为解决人类问题贡献了中国智慧和中国方案，必将引领世界现代化新潮流。

中国共产党波澜壮阔的百年奋斗，锻造了走在前列的百年大党。"星星之火，可以燎原。"百年来，中国共产党在斗争中从小到大、从弱到强、从幼稚走向成熟，"开头是稀稀拉拉的几十个人的小组，后来变成整个

---

① 习近平：《在纪念马克思诞辰200周年大会上的讲话》，北京：人民出版社2018年版，第14页。

② 《邓小平文选》（第三卷），北京：人民出版社1993年版，第2-3页。

国家的领导者"。治国必先治党，治党务必从严。中国共产党历经千锤百炼而朝气蓬勃，一个很重要的原因就是我们始终敢于刀刃向内，勇于推动自我革命，不断应对好自身在各个历史时期面临的风险考验。勇于自我革命是中国共产党区别于其他政党的显著标志。实践充分证明，中国共产党能够带领人民进行伟大的社会革命，也能够进行伟大的自我革命。伟大的马克思主义政党不是天生的，而是在长期社会实践中锻造而成的，是在不断自我革命中淬炼而成的。永葆党的先进性和纯洁性，不断提高党的执政能力和领导水平，中国共产党无愧为伟大光荣正确的党。

党的百年奋斗创造了彪炳中华民族发展史的伟大奇迹。中华民族有着五千多年的文明史，是世界上伟大的民族，在几千年的漫长奋斗中，中华民族创造过无数令世界为之惊叹的辉煌，也经历过落后挨打的低谷。特别是近代以来，国家蒙辱、人民蒙难、文明蒙尘。在这个伟大民族遭受前所未有劫难的困顿时期，在马克思主义与中国工人运动紧密结合中，中国发生了开天辟地的大事变——中国共产党应运而生。一百年来，中国共产党始终牢记为中国人民谋幸福、为中华民族谋复兴的初心使命，始终坚持共产主义理想和社会主义信念，领导人民浴血奋战、百折不挠，创造了新民主主义革命的伟大成就；自力更生、发愤图强，创造了社会主义革命和建设的伟大成就；解放思想、锐意进取，创造了改革开放和社会主义现代化建设的伟大成就；自信自强、守正创新，取得了新时代中国特色社会主义的伟大成就，书写了中华民族几千年历史上最恢宏的史诗，创造了彪炳中华民族发展史的伟大奇迹，推进中华民族前所未有接近实现伟大复兴的宏伟目标。

一百年来，中国共产党团结带领中国人民在新民主主义革命胜利的基础上完成社会主义改造，推进社会主义建设，为实现中华民族伟大复兴奠定了根本政治前提和制度基础。在改革开放的历史大潮中，党团结带领全国各族人民开辟了中国特色社会主义道路，推进中国特色社会主义进入新时代，创造了经济建设、政治建设、文化建设、社会建设、生态文明建设和党的建设的巨大成就。一百年来，党始终站在世界社会主义五百年发展历程的坐标中领导中国人民开辟社会主义事业、推动中国特色社会主义向前发展，党既坚持解放思想、立足中国实际，又广泛吸收和借鉴国际共产主义运动中积累的宝贵经验和挫折教训，领导人民创造的彪炳社会主义发展史的伟大奇迹不是简单延续我国历史文化的母版，不是简单套用马克思主义经典作家设想的模板，不是其他国家社会主义实践的再版，也不是国外现代化发展的翻版，而是中国共产党人发扬改革开放精神的原创版，是马克思主义科学理论同中国具体实际相结合、同中华优秀传统文化相结合结出的硕果。

马克思主义将人类社会科学地划分为原始社会、奴隶社会、封建社会、资本主义社会、共产主义社会五大历史阶段，每一个社会形态跃升的根本动力是生产力和生产关系的变革。一百年来，中国共产党始终以马克思主义为指导，始终代表先进生产力的发展方向，不断克服资本主义生产关系的腐朽和没落，既为中国人民谋幸福、为中华民族谋复兴，也为人类谋进步、为世界谋大同，以自强不息的奋斗深刻改变了世界发展的趋势和格局，领导中国人民成功走出中国式现代化道路，创造了人类文明新形态，拓展了发展中国家走向现代化的途径，给世界上那些既希望加快发展又希望保持自身独立性的国家和民族提供了全新选择。在世界百年未有之大变局加速演变的大背景下，中国共产党坚持胸怀天下，推动构建人类命运共同体，为解决人类重大问题，建设持久和平、普遍安全、共同繁荣、开放包容、清洁美丽的世界贡献了中国智慧、中国方案、中国力量，创造了彪炳人类社会发展史的伟大奇迹，成为推动人类发展进步的重要力量。

中国共产党立志于中华民族千秋伟业，百年恰是风华正茂。一百年的成长、一百年的奋斗、一百年的积淀，党创造了彪炳千秋史册的伟大奇迹。时代是出卷人，我们是答卷人，人民是阅卷人。新的征程、新的起点，在实现第二个百年奋斗目标新的赶考之路上，新时代的中国共产党必将永葆生机活力，永葆先进性纯洁性，永葆谦虚、谨慎、不骄、不躁的作风，永葆艰苦奋斗的公仆本色，继续以伟大自我革命引领伟大社会革命，以一往无前的奋斗姿态继续为中华民族、为世界社会主义、为人类文明发展和进步创造新的历史奇迹。“浩渺行无极，扬帆但信风。”站在新的历史起点上，百年大党必将带领在过去一百年赢得了伟大胜利和荣光的中国人民，在新时代新征程上赢得更加伟大的胜利和荣光。守初心之本，蓄奋进之力，怀必胜之志，我们定能在建设社会主义现代化强国新征程中劈波斩浪、行稳致远。

二、马克思主义的中国篇章是中国共产党人依靠自身力量实践出来的

习近平新时代中国特色社会主义思想回答了新时代坚持和发展什么样的中国特色社会主义、怎样坚持和发展中国特色社会主义，建设什么样的社会主义现代化强国、怎样建设社会主义现代化强国，建设什么样的长期执政的马克思主义政党、怎样建设长期执政的马克思主义政党等带有全局性历史性根本性的重大时代课题，以全新视野深化了对共产党执政规律、社会主义建设规律、人类社会发展规律的认识，在马克思主义发展史、中华文化发展史上具有十分重要的地位，对新时代党和国家事业发展、对推进中华民族伟大复兴历史进程具有决定性意义。这正是中国共产党人依靠自身力量实践出的马克思主义的中国篇章。

马克思主义的中国篇章以推进实现共产主义远大理想的理论视野更加科学地回答了“坚持和发展什么样的中国特色社会主义、怎样坚持和发展中国特色社会主义”的全局性问题。中国共产党是马克思主义与中国工人运动相结合的产物，一经成立，就把实现共产主义作为自己的最高理想和最终目标，在革命、建设、改革的不同历史时期，中国共产党都始终站在轰轰烈烈的国际共产主义运动史中、站在世界社会主义五百年的发展历程中确立自己前进的坐标。党的十八大以来，以习近平同志

为核心的党中央坚持把马克思主义基本原理同中国具体实际相结合、同中华优秀传统文化相结合，深刻总结并充分运用党成立以来的历史经验，坚持既不走封闭僵化的老路，也不走改旗易帜的邪路，立足中国实际，胸怀世界大局，推动中国特色社会主义进入新时代，取得了在中华民族几千年历史上彻底消除绝对贫困进而全面建成小康社会的历史性成就，充分彰显了中国特色社会主义推进全体人民在共同富裕道路上取得扎实进展的先进性。恪守“要对世界作出较大贡献”的崇高价值追求，推动构建人类命运共同体，最大限度凝聚世界共识，为解决世界性问题提供中国方案，全面推进“一带一路”建设，以自身发展成果造福世界人民。

习近平新时代中国特色社会主义思想是当代中国马克思主义、二十一世纪马克思主义，是中华文化和中国精神的时代精华。这一思想既立足中华大地，提出中国共产党领导是中国特色社会主义最本质特征，是中国特色社会主义制度的最大优势，深刻阐明了中国共产党和中国人民、中华民族的关系；又关注人类前途命运，聚焦世界发展问题，有力阐明了中国共产党和马克思主义、世界社会主义、人类社会发展的关系，贯通了中国共产党百年奋斗的历史逻辑、理论逻辑、实践逻辑。对马克思主义哲学、政治经济学、科学社会主义各个领域都提出了许多标志性、引领性的新观点，实现了对中国特色社会主义建设规律认识的新跃升，具有深刻的理论内涵和重大的历史意义、现实意义。

马克思主义的中国篇章以致力于中华民族千秋伟业的政治胸襟更加有力地回答了“建设什么样的社会主义现代化强国、怎样建设社会主义现代化强国”的历史性问题。党的十八大以来，习近平总书记对关系新时代党和国家事业发展的一系列重大理论和实践问题进行了深邃思考和科学判断，提出一系列原创性的治国理政新理念新思想新战略，指明了中国式现代化道路的新图景。总结中国民主政治建设的实践，推动发展全过程人民民主取得实质性重大成就。立足新发展阶段，坚持发展是硬道理和以人民为中心的发展思想，赋予发展新的内涵，坚持绿水青山就是金山银山，全面贯彻新发展理念，加快构建新发展格局，着力推动高质量发展。坚持深化改革，扩大开放，统筹发展和安全、开放和安全，深度参与并积极引领经济全球化，以高水平对外开放促进高质量发展。坚持把创新作为引领发展的第一动力，深入实施科教兴国战略、创新驱动发展战略，加强产权和知识产权保护，强化国家战略科技力量，着力解决“卡脖子”关键核心技术，推动实现科技自立自强取得众多突破性进展，为世界发展繁荣作出了越来越大的贡献。坚持“两个毫不动摇”，坚持和完善社会主义基本经济制度，建立和完善中国特色现代企业制度，做强做优做大国有经济，推动各类所有制经济和市场主体公平竞争、相互促进、共同发展。正确处理政府和市场的关系，使市场在资源配置中起决定性作用，更好发挥政府作用，实现了有效市场和有为政府的更好结合。

以习近平同志为核心的党中央以伟大的历史主动精神、巨大的政治勇气、强烈的责任担当，统筹国内国际两个大局，坚持稳中求进工作总基调，出台一系列重大方针政策，推出一系列重大举措，推进一系列重大工作，战胜一系列重大风险挑战，解决了许多长期想解决而没有解决的难题，办成了许多过去想办而没有办成的大事，推动党和国家事业取得历史性成就、发生历史性变革。全党全国各族人民文化自信明显增强，全社会凝聚力向心力极大提升，给走在强国路上的中华民族注入了可以应对世界顶级风浪、在全球层面捍卫发展权利的强大精神力量和雄厚物质力量，在建设现代化强国的伟大征途上迈出了坚实步伐。

马克思主义的中国篇章以当代中国马克思主义、二十一世纪马克思主义的高瞻远瞩更加自信地回答了“建设什么样的长期执政的马克思主义政党、怎样建设长期执政的马克思主义政党”的根本性问题。党的十八大以来，面对前所未有的内外部压力，中国共产党以加强党的全面领导打开工作局面，以全面加强党的建设强化和保证党对一切工作的领导，迅速适应了新的形势任务。同时，在加强党的全面领导和全面加强党的建设的伟大实践中，形成了最重要最根本的政治成果——确立习近平同志党中央的核心、全党的核心地位，确立习近平新时代中国特色社会主义思想的指导地位，强化了全党全军全国人民的主心骨，教育引导全党深刻认识到红色政权来之不易、新中国来之不易、中国特色社会主义来之不易，深刻认识到全面从严治党的重要性和必要性。确保中国共产党始终成为中国特色社会主义事业的坚强领导核心，增强继续前进的勇气和力量，党的政治领导力、思想引领力、群众组织力、社会号召力得到力度空前的增强，开辟了管党治党、兴党强党的新境界。

坚持党的政治建设，把政治建设摆在抓党建强党建的突出位置，始终保持党的团结统一，牢牢把握中国共产党能够成为百年大党、创造千秋伟业的关键所在。进一步强调做到“两个维护”的极端重要性，不管在任何时候任何情况下都能做到在党的旗帜下团结成“一块坚硬的钢铁”，确保全党步调一致向前进。坚定对党的奋斗成就、奋斗经验、奋斗精神的自信，坚守革命理想高于天的精神追求，始终坚持共产主义理想和社会主义信念。坚守责任担当，强调在新的起点上全党必须保持战略定力、锚定战略目标、牢记“国之大者”。保持“必须进行具有许多新的历史特点的伟大斗争，必须准备付出更为艰巨、更为艰苦的努力，必须高度重视和切实防范化解各种重大风险”的清醒和坚定，深刻认识到党在斗争中创造了历史，豪迈宣示党一定要依靠斗争赢得未来，教育全党不断增强斗争精神、斗争意志和斗争本领。始终牢记初心使命，坚持自我革命，不断自我革新，保持对腐败问题的零容忍态度，坚持有腐必反、有贪必肃，着力正风肃纪反腐，保证党的先进性纯洁性，不断提高党的领导水平和执政能力，确保党永远不变质、不变味，永葆生机活力，以伟大自我革命引领伟大社会革命。

新征程上，用信仰之光照亮前行之路，用信念之火淬炼奋斗之志，用信心之风鼓荡梦想之帆，我们就能把中国发展进步的命运牢牢掌握在自己手中，不断谱写新时代中国特色社会主义新篇章。[①] 习近平新时代中国特色社会主义思想是中华文化和中国精神的时代精华。这一思想对中华优秀传统文化进行了创造性转化、创新性发展，凝结着中国人民的伟大创造精神、伟大奋斗精神、伟大团结精神、伟大梦想精神，具有强大的历史穿透力、文化感染力、精神感召力，有效激活了中华优秀传统文化的生命力，使马克思主义在中国大地焕发出新的勃勃生机，为中国共产党注入了强大真理力量。这一思想创立于中华民族伟大复兴历史进程的关键时期，作为马克思主义中国化新的飞跃，以回答三大全局性历史性根本性的重大时代课题为己任，为推进民族复兴伟业提供了科学行动指南，有力保障了中国共产党在中华民族伟大复兴战略全局和世界百年未有之大变局深度演进互动的复杂条件下，始终做到坚持正确前进方向，始终做到科学准确把握发展规律，始终做到自觉运用科学世界观和方法论谋划事业发展、应对风险挑战，带领全国各族人民不断开辟中华民族伟大复兴的光明前景。

第二节　坚定“四个自信”

“四个自信”的提出不是一蹴而就的。2012 年 11 月 8 日，胡锦涛同志代表十七届中央委员会向中国共产党第十八次全国代表大会作了题为《坚定不移沿着中国特色社会主义道路前进 为全面建成小康社会而奋斗》的报告，其中大会报告明确指出了“三个自信”，即“道路自信、理论自信、制度自信”。2016 年 7 月 1 日，习近平总书记在庆祝中国共产党成立 95 周年大会上正式明确提出，中国共产党人“坚持不忘初心、继续前进”，就要坚持“四个自信”即“中国特色社会主义道路自信、理论自信、制度自信、文化自信”。

① 《我们一定会把自己的事业办好》，载《人民日报》2022 年 11 月 16 日。

一、坚定道路自信

习近平总书记明确指出：“我们要把命运掌握在自己手中，就要有志不改、道不变的坚定。”[①]党的十八大以来，中国取得了历史性成就、发生了历史性变革，迎来了历史性跨越。

党的二十大报告对此进行了明确而又深刻的总结，从十八大以来到二十大十年的经历成就、变革、跨越总结出了对党和人民事业具有重大现实意义和深远历史意义的三件大事：一是迎来中国共产党成立一百周年，二是中国特色社会主义进入新时代，三是完成脱贫攻坚、全面建成小康社会的历史任务，实现第一个百年奋斗目标。

这三件大事都标注着新时代的伟大。中国共产党和人民群众在这条中国特色社会主义的道路上所付出的艰辛努力，所留下的宝贵成果，都是中国共产党和人民群众团结奋斗赢得的历史性胜利，是彪炳中华民族发展史册的历史性胜利，也是对世界具有深远影响的历史性胜利。

历史的长河奔流不息。我们可以发现，任何实现了腾飞的国家与民族，一定都是找到了匹配本国国情实际的道路的国家与民族。习近平总书记明确指出：“中国特色社会主义道路，开拓于中国人民共同奋斗，扎根于中华大地，是给中国人民带来幸福安宁的正确道路。”“中国特色社会主义是实现中华民族伟大复兴的必由之路”。[②]新征程上，我们的道路自信更加坚定，既不走封闭僵化的老路，也不走改旗易帜的邪路，在中国特色社会主义道路上昂首迈向中华民族伟大复兴。这一道路展现出了伟大的光明前景。

2022年10月16日10时，中国共产党第二十次全国代表大会在北京人民大会堂开幕，习近平代表第十九届中央委员会向大会作报告。党的二十大报告明确了新时代新征程中国共产党的使命任务，强调从现在

① 《十九大以来重要文献选编》（上），北京：中央文献出版社2019年版，第732页。
② 《十九大以来重要文献选编》（中），北京：中央文献出版社2021年版，第675页。

起，中国共产党的中心任务就是团结带领全国各族人民全面建成社会主义现代化强国、实现第二个百年奋斗目标，以中国式现代化全面推进中华民族伟大复兴。

在新中国成立特别是改革开放以来长期探索和实践基础上，经过十八大以来在理论和实践上的创新突破，中国共产党成功推进和拓展了中国式现代化。实践证明，通向现代化的道路不止一条。中国式现代化，作为党在新时代新征程下探索出的新道路，扎根中国大地，切合中国实际，行得通，也必将走得远。习近平总书记指出：“我们所推进的现代化，既有各国现代化的共同特征，更有基于国情的中国特色。”[①]

党的二十大报告阐述了中国式现代化的特征：中国式现代化是人口规模巨大的现代化，是全体人民共同富裕的现代化，是物质文明和精神文明相协调的现代化，是人与自然和谐共生的现代化，是走和平发展道路的现代化。这充分说明，中国式现代化不是别的什么现代化，而是基于中国国情、具有中国特色的现代化。这五个特征，既是对过去探索的总结，也是对未来道路的规划。

第一，中国有十四亿多人口，这样体量的人口规模超过现有发达国家人口的总和，要想整体迈进现代化社会，必然要以人民为中心，在实现人的现代化的过程中推进国家的现代化。

第二，共同富裕是中国特色社会主义的本质要求。习近平总书记指出：“中国是世界上最大的发展中国家，发展是解决中国所有问题的关键”“共同富裕是社会主义的本质要求，是中国式现代化的重要特征”。[②]作为整体的现代化，那就不是一家、两家的现代化，不是你家、我家的现代化，要坚决防止两极分化，让发展成果更多更公平惠及全

① 《十九大以来重要文献选编》（中），北京：中央文献出版社 2021 年版，第 824 页。

② 习近平：《弘扬传统友好共谱合作新篇——在巴西国会的演讲》，北京：人民出版社 2014 年版，第 11 页。

体人民。

第三，物质贫困不是社会主义，精神贫乏也不是社会主义，物质贫困、精神贫乏更不是中国式现代化的题中之义。中国式现代化在促进物质丰富的同时，要不断加强精神文明建设，弘扬社会主义核心价值观，传承中华优秀传统文化。

第四，中国式现代化强调人与自然和谐共生，就要坚持可持续发展，推进经济社会发展全面绿色转型，像保护眼睛一样保护自然和生态环境，实现中华民族永续发展。

第五，中国式现代化摒弃了“国强必霸”和“国强必战”的逻辑，推动形成更加公正合理的全球治理体系，构建人类命运共同体，以鲜明的立场和态度站在历史正确的一边、站在人类文明进步的一边。

道路决定命运，以中国式现代化推进中华民族伟大复兴任重道远。党的二十大报告明确了前进路上必须牢牢把握的重大原则，为从容应对和战胜中国式现代化道路上的艰难险阻提供了智慧和力量。

一是要坚持和加强党的全面领导。中国共产党是风雨来袭时全体人民最可靠的主心骨。1954 年，毛泽东在第一届全国人民代表大会上庄严宣布：“领导我们事业的核心力量是中国共产党，指导我们思想的理论基础是马克思列宁主义。”习近平总书记强调：“办好中国的事情，关键在党，关键在党要管党、全面从严治党。”[①] 70 多年来，新中国建设所取得的一切成就都离不开中国共产党这个坚强的领导核心。

二是要坚持中国特色社会主义道路。既不走封闭僵化的老路，也不走改旗易帜的邪路，这既是实现中华民族伟大复兴中国梦的题中应有之义，也是中国共产党带领全国各族人民实现伟大梦想的根本要求和重要保障。

① 《中共中央关于党的百年奋斗重大成就和历史经验的决议》，北京：人民出版社 2021 年版，第 30 页。

三是要坚持以人民为中心的发展思想。中国共产党甫一成立，就把为中国人民谋幸福、为中华民族谋复兴确立为自己的初心使命，紧紧依靠人民创造历史，坚持全心全意为人民服务的根本宗旨，站稳人民立场，贯彻群众路线，尊重人民首创精神，践行以人民为中心的发展思想。“群之所为事无不成，众之所举业无不胜。”

四是要坚持深化改革开放。改革开放是一场深刻革命。方向决定前途，道路决定命运，要不断增强社会主义现代化建设的动力和活力，把我国制度优势更好转化为国家治理效能。

五是要坚持发扬斗争精神。增强全党全国各族人民的志气、骨气、底气，“在战争中学会战争，在游泳中学会游泳”，敢于斗争、善于斗争，不信邪、不怕鬼、不怕压。

习近平总书记指出：“我们坚持和发展中国特色社会主义，推动物质文明、政治文明、精神文明、社会文明、生态文明协调发展，创造了中国式现代化新道路，创造了人类文明新形态。”① 全面建设社会主义现代化国家，是一项伟大而艰巨的事业。世界百年未有之大变局之下，我国发展进入战略机遇和风险挑战并存、不确定难预料因素增多的时期。我们既要更有信心实现中华民族伟大复兴的目标，同时也必须准备付出更为艰巨、更为艰苦的努力。唯有此，才能全力战胜前进道路上各种困难和挑战，不断夺取全面建设社会主义现代化国家新胜利。要统筹推进“五位一体”总体布局、协调推进“四个全面”战略布局。习近平总书记指出：“我们要坚持稳中求进工作总基调，统筹推进‘五位一体’总体布局，协调推进‘四个全面’战略布局，一步一个脚印，踏踏实实干好工作。”② 前进道路上，我们要继续统筹推进“五位一体”总体布局、

① 习近平：《在庆祝中国共产党成立100周年大会上的讲话》，北京：人民出版社2021年版，第13-14页。

② 习近平：《决胜全面建成小康社会 夺取新时代中国特色社会主义伟大胜利——在中国共产党第十九次全国代表大会上的报告》，北京：人民出版社2017年版，第2页。

协调推进“四个全面”战略布局，踔厉奋发、勇毅前行、团结奋斗，奋力谱写全面建设社会主义现代化国家崭新篇章。

方向决定道路，道路决定命运。站立在960多万平方公里的广袤土地上，吸吮着中华民族漫长奋斗积累的文化养分，拥有14亿多中国人民聚合的磅礴之力，我们走中国特色社会主义道路，具有无比广阔的时代舞台，具有无比深厚的历史底蕴，具有无比强大的前进定力。① 我们一定能实现第二个百年奋斗目标，实现中华民族伟大复兴的中国梦。

二、坚定理论自信

一个民族要走在时代前列，就一刻不能没有正确理论的指引。习近平总书记指出：“中国共产党为什么能，中国特色社会主义为什么好，归根到底是因为马克思主义行。马克思主义之所以行，就在于党不断推进马克思主义中国化时代化并用以指导实践。”② 这是深刻总结近代以来中国历史发展得出的科学结论，也是我们坚定理论自信的根本依据。中国共产党百年奋斗的伟大实践告诉我们，拥有马克思主义科学理论指导是中国共产党坚定信仰信念、把握历史主动的根本所在。坚持把马克思主义基本原理同中国具体实际相结合、同中华优秀传统文化相结合，以中国化时代化的马克思主义回答中国之问、世界之问、人民之问、时代之问是中国共产党不断创造历史、赢得未来的根本保证。这是我们所必须坚定的理论自信。

中华民族伟大复兴的光明前景证明中国化时代化的马克思主义行。当代中国，既是具有五千年历史的古老中国的当代存在，也是社会主义形态下的崭新中国。中国共产党是领导中国特色社会主义建设的马克思主义执政党，也是肩负着实现中华民族伟大复兴历史使命的先锋队。我

① 《道路自信何以更加坚定》，载《人民日报》2022年9月26日。

② 习近平：《更好把握和运用党的百年奋斗历史经验》，载《求是》2022年第13期。

们前所未有地靠近世界舞台中央、前所未有地接近实现中华民族伟大复兴的目标，充分证明了马克思主义的强大力量在于它与中国具体实际相结合、与中华优秀传统文化相结合。中国化时代化的马克思主义是“两个结合”的成功典范，不断赋予科学理论鲜明的中国特色，不断夯实马克思主义中国化时代化的历史基础和群众基础，让马克思主义在中华大地牢牢扎根，凝聚实现中华民族伟大复兴的强大力量。

中国特色社会主义不断从胜利走向胜利的成功实践证明中国化时代化的马克思主义行。马克思主义所具有的强大真理力量和道义力量对人类历史产生了极为广泛而深刻的影响。中国化时代化的马克思主义赋予了中国特色社会主义无限的创造潜力，中国长期快速发展的现实彰显了中国特色社会主义制度的显著优势和强大自我完善能力。中国化时代化的马克思主义丰富和发展了马克思主义的基本原理，具有强大的方法论价值，是理解当今世界进程本质、指引中国不断发展壮大的强大思想武器，具有世界历史意义。中国特色社会主义的巨大成就鲜明地体现了中国共产党和中国人民的社会创造力，更是以无可辩驳的事实彰显了马克思主义的实践伟力，论证了中国化时代化的马克思主义行。

中国式现代化对人类和平与发展的巨大贡献证明中国化时代化的马克思主义行。实现现代化是中国近代以来无数仁人志士上下求索、付出巨大艰辛苦苦探求的世代夙愿，也是中国共产党百年奋斗的宏伟目标。进入新时代以来，中国共产党勇于进行理论探索和创新，以全新的视野深化对共产党执政规律、社会主义建设规律、人类社会发展规律的认识。党对建设社会主义现代化国家在认识上不断深入、战略上不断成熟、实践上不断丰富，以强大的理论自信向世界明确提出，中国式现代化是人口规模巨大的现代化，是全体人民共同富裕的现代化，是物质文明和精神文明相协调的现代化，是人与自然和谐共生的现代化，是走和平发展道路的现代化。这是在马克思主义科学理论的视野下深刻总结中国现代化建设成功实践的基础上对现代化的全新认识，是对西方式现代化道路的超越，是符合中国实际、顺应人民意愿、令世界瞩目的现代化。

思想就是力量。马克思主义没有终结真理，而是开辟了不断通向真理的道路。习近平总书记指出："马克思主义理论不是教条，而是行动指南，必须随着实践的变化而发展。马克思主义能不能在实践中发挥作用，关键在于能否把马克思主义基本原理同中国实际和时代特征结合起来。"[①]中国共产党是具有强烈理论主动性、精神主动性和战略主动性的马克思主义政党。不断谱写马克思主义中国化时代化新篇章，是当代中国共产党人的庄严历史责任。习近平新时代中国特色社会主义思想体现了人民至上的根本价值导向、自信自立的内在精神特质、守正创新的鲜明理论品格、胸怀天下的视野境界，是当代中国的马克思主义、二十一世纪的马克思主义，必将照亮社会主义振兴之路、党的赶考之路、民族复兴之路、人类文明进步之路。

理论上的成熟是政治上成熟的基础，政治上的坚定源于理论上的清醒。毛泽东讲过："我们敢想、敢说、敢做、敢为的理论基础是马列主义。"[②]习近平总书记指出："中国共产党之所以能够不断历经艰难困苦创造新的辉煌，很重要的一条就是中国共产党始终重视思想建党、理论强党，坚持用科学理论武装广大党员、干部的头脑，使全党始终保持统一的思想、坚定的意志、强大的战斗力。"[③]当代中国正在经历人类历史上最为宏大而独特的实践创新，改革发展稳定任务之重、矛盾风险挑战之多、治国理政考验之大都前所未有，世界百年未有之大变局深刻变化前所未有，提出了大量亟待回答的理论和实践课题。[④]迈

① 习近平：《在纪念马克思诞辰200周年大会上的讲话》，北京：人民出版社2018年版，第9页。

② 《毛泽东年谱（一九四九—一九七六）》（第三卷），北京：中央文献出版社2013年版，第350页。

③ 习近平：《坚持用马克思主义及其中国化创新理论武装全党》，载《求是》2021年第22期。

④ 《理论自信何以更加坚定》，载《人民日报》2022年9月27日。

上全面建设社会主义现代化国家的新征程，把全党 9900 多万名党员、510 多万个基层党组织牢固凝聚起来，进而把全国各族人民紧密团结起来，确保步调一致向前进，形成万众一心、无坚不摧的磅礴力量，必须进一步坚定理论自信。

三、坚定制度自信

"经国序民，正其制度。"国之兴衰系于制，制度是定国安邦之根本。历史和现实都表明，制度稳则国家稳，制度强则国家强。习近平总书记指出："制度优势是一个政党、一个国家的最大优势""中国特色社会主义制度是当代中国发展进步的根本保证"。[①]党的十八大以来，以习近平同志为核心的党中央带领全党全国各族人民坚持和完善中国特色社会主义制度、推进国家治理体系和治理能力现代化，以"中国之制"实现"中国之治"。

坚持和发展中国特色社会主义制度，推进国家治理体系和治理能力现代化既是实现中华民族伟大复兴中国梦的题中应有之义，也是中国共产党带领全国各族人民实现伟大梦想的根本要求和重要保障。中国共产党的领导是中国特色社会主义最本质的特征，是中国特色社会主义制度的最大优势。党是最高政治领导力量，不断加强和完善党的领导是坚持和发展中国特色社会主义制度最关键的制度设计，是推进国家治理体系和治理能力现代化最根本的政治要求。

新时代为推动党的领导制度更加成熟更加定型进行了科学的顶层设计，为更好坚持和完善党的领导提供了根本遵循，为充分发挥党的先锋队作用和领导核心作用指明了政治方向。要坚持和完善党的领导制度体系，提高党科学执政、民主执政、依法执政水平，要更好发挥党总揽全局、协调各方的领导核心作用，把党的领导落实到国家治理各领域各方面各

---

① 《十九大以来重要文献选编》（中），北京：中央文献出版社 2021 年版，第 381 页。

环节。

为了走得更清醒，中国共产党必须要坚守不忘初心、牢记使命的自觉。中国共产党明确提出要建立不忘初心、牢记使命的制度，这是确保全党遵守党章，恪守党的性质和宗旨的重要制度安排。把不忘初心、牢记使命制度化，就要坚持用共产主义远大理想和中国特色社会主义共同理想凝聚全党、团结人民，不断用习近平新时代中国特色社会主义思想武装全党、教育人民、指导工作，持续夯实党执政的思想基础。坚守初心，担当使命，就要全面贯彻党的基本理论、基本路线、基本方略，持续推进党的理论创新、实践创新、制度创新，确保党和国家的一切工作都顺应时代发展的潮流、符合社会发展的规律、体现人民的愿望和意志，确保中国共产党始终走在时代前列、人民衷心拥护。

为了走得更坚定，中国共产党必须要确保事在四方、要在中央的权威。中央和地方的关系是中国几千年政治文明的核心问题，也是中国共产党在治国理政过程中始终关注的大问题。在中央和地方关系中，维护中央权威是一个关系全局、关系根本的大问题。党的十八大以来，党和国家各项事业取得巨大成就的根本就在于党中央有权威，在于全党能够上下一心干事业，步调一致克难关。全党在思想上必须形成共识，在顶层设计上必须把“坚持党政军民学、东西南北中，党是领导一切的，维护党中央权威和集中统一领导”的制度体系不断加以巩固和完善，从而确保中国特色社会主义伟大事业不断从胜利走向胜利，确保中华民族伟大复兴的中国梦如期实现。

为了走得更稳健，中国共产党必须要坚定党要管党、从严治党的意志。办好中国的事情，关键在党，关键在党要管党，从严治党。党的十八大结束后，以中央八项规定出台为标志，中国共产党从中央政治局开始，在全党范围开启了轰轰烈烈、驰而不息的全面从严治党历程。党中央坚定不移反腐败、抓作风建设，始终坚持既治标又治本的方针政策。只有全面从严治党，才能永葆党的肌体健康，党才能完成历史使命。我们必须全面贯彻新时代党的建设总要求，全面深化党的领导体制改革。坚持新时代党的组织路线，健全党管干部、选贤任能等规章制度。规范党内政治生活，严明党的政治纪律和政治规矩，全面净化党内政治生态。坚决同一切影响党的先进性、弱化党的纯洁性的问题作斗争，大力纠治形式主义、官僚主义，不断增强党的创造力、凝聚力、战斗力，确保党始终成为中国特色社会主义事业的坚强领导核心。

1954 年，毛泽东同志在第一届全国人民代表大会上庄严宣布："领导我们事业的核心力量是中国共产党，指导我们思想的理论基础是马克思列宁主义。"① 70 多年来，新中国建设所取得的一切成就都离不开中国共产党这个坚强的领导核心。在关键历史节点上，新时代党的领导制度体系在中国特色社会主义制度建设中取得重大进展，使得党的领导在国家治理体系和治理能力现代化中的顶梁柱作用更加突出，中国特色社会主义制度的优越性更加彰显，为把党的领导落实到国家治理各领域各方面各环节奠定了坚强政治基础。

纵观整个中国共产党领导的制度建设史，从提出"制度改革"任务并全面推进，到提出要"形成一整套更加成熟更加定型的制度"，再到提出"完善和发展中国特色社会主义制度、推进国家治理体系和治理能力现代化"，一直到党的十九届四中全会提出坚持和完善中国特色社会主义制度、推进国家治理体系和治理能力现代化的总体目标，中国共产党对我国国家制度建设和国家治理的规律性认识不断深化。②一个国家的现代化，一个国家治理的成熟，绝对不单单只是某个方面、某个领域的成熟，而是制度的现代化、制度的成熟。社会主义现代化强国建成之时，我们将全面实现国家治理体系和治理能力现代化，中

① 《毛泽东文集》（第六卷），北京：人民出版社 1999 年版，第 350 页。

② 《进一步坚定制度自信》，载《人民日报》2020 年 3 月 26 日。

国特色社会主义制度更加巩固、优越性充分展现。[①]我们要以更加坚定的制度自信向着这个目标努力推动中国特色社会主义制度的更加完善和发展。

四、坚定文化自信

文化可以说是支撑一个民族生存、延续的不竭源泉，是精神养料。习近平总书记指出："文化自信是一个国家、一个民族发展中最基本、最深沉、最持久的力量。"[②]绵延上下五千年的中国文化博大精深，包罗万象，犹如万古江河，源远流长。中华优秀传统文化作为中华民族的精神命脉，业已嵌入到中国共产党人的革命、建设和改革实践之中。习近平总书记在庆祝中国共产党成立100周年大会上的重要讲话中，明确提出"把马克思主义基本原理同中国具体实际相结合、同中华优秀传统文化相结合"的重大理论观点。马克思主义是中国共产党人理想和信念的灵魂，中华优秀传统文化与马克思主义相融相通，两者的有机结合为中国共产党提供了强大的精神动力。百年峥嵘过，风华前处看。中华文化经典中蕴含着的"心力"，深刻影响着中国共产党的思想文化传统，也影响着在"百年未有之大变局"中的中国共产党如何"乱云飞渡仍从容"，以及脚下这片我们热爱的土地在四海风云中的光明未来。

如果说一个民族的复兴有什么标志的话，那么文化的强盛势必是其中的重要组成部分。习近平总书记指出："马克思主义始终是中国共产党和国家的指导思想，是我们认识世界、把握规律、追求真理、改造世界的强大思想武器。"[③]中国共产党坚持把马克思主义基本原理同中国

---

① 《制度自信何以更加坚定》，载《人民日报》2022年9月28日。

② 《十九大以来重要文献选编》（中），北京：人民出版社2021年版，第693页。

③ 习近平：《在纪念马克思诞辰200周年大会上的讲话》，北京：人民出版社2018年版，第15页。

具体实际相结合、同中华优秀传统文化相结合，激活了中华民族所创造的伟大文明。[①] 在马克思主义指导下，中国共产党始终作为中华优秀传统文化的继承者和弘扬者，创造性地形成了激昂向上的革命文化和生机勃勃的社会主义先进文化。

2022 年 4 月 25 日，习近平总书记在中国人民大学考察时强调，要以中国为观照、以时代为观照，立足中国实际，解决中国问题，不断推动中华优秀传统文化创造性转化、创新性发展，不断推进知识创新、理论创新、方法创新，使中国特色哲学社会科学真正屹立于世界学术之林。在百年变局的复杂背景下，面对着艰巨繁重的改革发展稳定任务、重峦叠嶂的矛盾风险挑战，党在坚持和发展中国特色社会主义的理论和实践中、在新的时代条件下推进治国理政的大考中提出了大量亟待回答的理论和实践课题，也前所未有地需要哲学社会科学的大发展大繁荣。

哲学社会科学是人们认识世界、改造世界的重要工具，是推动历史发展和社会进步的重要力量。一个没有发达的自然科学的国家不可能走在世界前列，一个没有繁荣的哲学社会科学的国家也不可能走在世界前列。这是文化自信的重要内容。

当代中国哲学社会科学要有"为天地立心、为生民立命、为往圣继绝学、为万世开太平"的使命感。纵观人类文明发展的漫长历史，哲学社会科学起着无可替代的重要作用，人类社会每一次重大进步，人类文明每一次重大发展，都离不开哲学社会科学的知识变革和思想先导。回顾中华民族五千年文明史，我们取得的每一次重大进展背后都有哲学社会科学的强大推力。总结中国共产党百年奋斗取得重大成就的历史经验，哲学社会科学起着"归根结底是因为马克思主义行"的突出作用。时代是思想之母，实践是理论之源。习近平总书记指出："人类社会与动物界的最大区别就是人是有精神需求的，人民对精神文化生活的需求时时

① 常培育，王雪朋：《增强做中国人的志气骨气底气》，载《光明日报》2021 年 7 月 14 日。

刻刻都存在”“满足人民日益增长的精神文化需求，必须抓好文化建设，增加社会的精神文化财富”。[①] 今天，中国特色社会主义发展进入了一个全新的境界，我国国家治理体系和治理能力在和世界各国治理制度的对比中表现十分出众，同时，我们面对的困难、挑战、不确定性也十分尖锐地摆在面前，亟须具有强大分析力、解释力、说服力、引领力的理论工具破解发展难题、指引前进航向。可以说，哲学社会科学在当代中国肩负着研究解决事关党和国家全局性、根本性、关键性重大问题的艰巨任务和光荣使命。

习近平总书记指出：“没有高度的文化自信，没有文化的繁荣兴盛，就没有中华民族伟大复兴。”[②] 当代中国哲学社会科学要聚焦回答“中国之问、世界之问、人民之问、时代之问”。社会发展总是在矛盾运动中不断前进的，解决发展中的矛盾首先要有强烈的问题意识，进而集中力量锤炼出强大的理论工具分析花样翻新的社会问题。列宁在一战爆发时，首先做的就是扎进马克思主义的基础理论研究中去，先做让“脑袋疼”的工作。正是对马克思主义基本原理，特别是对资本主义危机的深刻研究，列宁准确清晰地分析了一战爆发的原因，从而转危为机，为后来苏联的崛起奠定了坚实基础。在中国共产党的历史上，毛泽东、邓小平等老一辈无产阶级革命家坚持以解决中国问题为导向，将马克思主义基本原理与中国具体实际相结合，指引“中国号”巨轮一次次穿越深沟大壑，一次次冲出狂风暴雨。今天，世界之变、时代之变、历史之变正以前所未有的方式展开，给全人类提出了必须严肃对待的挑战。因此，中国特色社会主义的发展进步不仅仅具有推动民族复兴的重大意义，而且具有为人类提供制度安排的另一种可能的普遍世界意义。

---

① 中共中央文献研究室编：《习近平关于社会主义文化建设论述摘编》，中央文献出版社2017年版，第8页。

② 《习近平谈治国理政》（第三卷），北京：外文出版社2020年版，第32页。

社会主义没有辜负中国，中国也不会辜负社会主义。中国共产党在马克思主义指导下完成了救中国的历史重任，进而团结带领中国人民在发展中国的宏伟事业中不可逆转地踏上了伟大复兴的历史进程。习近平总书记强调"中华优秀传统文化是中华民族的突出优势，是我们在世界文化激荡中站稳脚跟的根基"，强调"推动中华优秀传统文化创造性转化、创新性发展"。[①]在世界百年未有之大变局的当下，中国已经取得的成功给人类社会注入了强心针，世界盼望中国继续取得更大成功，从而更多地为推动构建人类命运共同体的崇高事业作出更大贡献。习近平总书记指出："没有先进文化的积极引领，没有人民精神世界的极大丰富，没有民族精神力量的不断增强，一个国家、一个民族不可能屹立于世界民族之林。"[②]当代中国哲学社会科学要坚持把马克思主义基本原理同中国具体实际相结合、同中华优秀传统文化相结合，加快构建中国特色哲学社会科学体系，以更强烈的人类情怀传播中国声音、中国理论、中国思想，让世界更好读懂中国，让中国更好走向世界、走向未来。

国家之魂，文以化之，文以铸之。现在，中国共产党正团结带领中国人民踏上了全面建设社会主义现代化国家、向第二个百年奋斗目标进军的新征程。我们必须高扬思想旗帜、强化价值引领、激发奋斗精神，建设中华民族共有精神家园，增强全民族的凝聚力、向心力、创造力，把文化自信所蕴含的最基本、最深沉、最持久的力量充分激发出来。[③]具有高度文化自觉的中国共产党，将站在时代的高起点上，高扬革命理想、弘扬民族精神、发展先进文化，引领中国人民不断坚定文化自信。

---

① 《中共中央关于党的百年奋斗重大成就和历史经验的决议》，北京：人民出版社 2021 年版，第 46 页。

② 习近平：《在文艺工作座谈会上的讲话》，北京：人民出版社 2015 年版，第 6 页。

③ 《文化自信何以更加坚定》，载《人民日报》2022 年 9 月 29 日。

第三节　发扬更加积极的历史担当和创造精神

中国人民从来没有像今天这样满怀自信，中华民族从来没有像今天这样接近伟大复兴。新时代的中国共产党努力带领中国人民增强做中国人的志气、骨气、底气。因为中国共产党知道，只有独立自主、自力更生，才能将前途命运掌握在自己手中，不被他人侵扰。

一、增强志气、骨气、底气

增强志气、骨气、底气的提出，不是一蹴而就的，而是有着特定的历史和时代背景。

从国际上看，当今世界正经历“百年未有之大变局”，这是习近平总书记作出的一个重大战略判断。准确把握这一大变局的丰富内涵和发展趋势，是稳妥应对变局、抓住战略机遇的前提和基础。具体来看，新一轮科技革命和产业变革是大变局的重要推动力量，国际力量对比深刻调整尤其是“东升西降”是大变局发展的主要方向，世界进入动荡变革期是大变局的基本特征。

从国内来看，经过中国共产党带领中国人民100多年奋斗、新中国70多年建设、改革开放40多年开拓，中国已成为世界第二大经济体，经济实力、科技实力、综合国力实现历史性提升，中华民族以崭新姿态屹立于世界东方。特别是党的十八大以来，在以习近平同志为核心的党中央坚强领导下，党和国家事业取得历史性成就、发生历史性变革，为进一步发展打下坚实基础。

正是在这样的时代背景下，习近平总书记统筹国际国内两个大局，提出了“增强做中国人的志气、骨气、底气”的重要论断。“增强做中国人的志气、骨气、底气”的相关表述，最早可追溯到2013年12月30日习近平总书记在十八届中共中央政治局第十二次集体学习时的讲话，他在讲话中强调：“对中国人民和中华民族的优秀文化和光荣历史，要加大正面宣传力度，通过学校教育、理论研究、历史研究、影视作品、文学作品等多种方式，加强爱国主义、集体主义、社会主义教育，引导我国人民树立和坚持正确的历史观、民族观、国家观、文化观，增强做中国人的骨气和底气。"[①] 关于"志气、骨气、底气"的完整表述，同时也是针对青年群体的表述首见于习近平总书记于 2021 年 4 月 19 日考察清华大学期间的重要讲话。他明确指出，"广大青年要爱国爱民，从党史学习中激发信仰、获得启发、汲取力量，不断坚定'四个自信'，不断增强做中国人的志气、骨气、底气，树立为祖国为人民永久奋斗、赤诚奉献的坚定理想。"[②]2021 年 5 月 9 日，习近平总书记在给《文史哲》编辑部全体编辑人员的回信中再一次提到相关表述。他指出"增强做中国人的骨气和底气，让世界更好认识中国、了解中国，需要深入理解中华文明，从历史和现实、理论和实践相结合的角度深入阐释如何更好坚持中国道路、弘扬中国精神、凝聚中国力量"。直至 2021 年 7 月 1 日，习近平总书记在庆祝中国共产党成立 100 周年大会上明确指出："新时代的中国青年要以实现中华民族伟大复兴为己任，增强做中国人的志气、骨气、底气，不负时代，不负韶华，不负党和人民的殷切期望。"[③]

中国传统文化强调做人要有志气，笃信"三军可夺帅也，匹夫不可夺志也"。曾参说："士不可以不弘毅，任重而道远。仁以为己任，不亦重乎？死而后已，不亦远乎？"曹操说："夫有其志必成其事，盖烈士之所徇也"。陶渊明说："丈夫志四海，我愿不知老。"陆游说："丈夫结发志功名，大事真当以死争。"革命烈士申耀东说："人云百年树人，我知终身树志。志在何方，终身见之；志在何事，终身行之；志可有节，

① 《习近平谈治国理政》（第一卷），北京：外文出版社 2018 年版，第 68 页。

② 《坚持中国特色世界一流大学建设目标方向 为服务国家富强民族复兴人民幸福贡献力量》，载《人民日报》2021 年 4 月 20 日。

③ 习近平：《在庆祝中国共产党成立 100 周年大会上的讲话》，北京：人民出版社 2021 年版，第 11 页。

困难试之；志可有价值，大评议之；志为立身之本，事业之本，人生要有意义，志在脑中不可须臾辞也。”毛泽东说：“中国人要有志气。我们应当教育全国城市、乡村的每一个人，要有远大的目标，有志气。”概而言之，做中国人的志气，就是“敢叫日月换新天”的气魄，就是永久奋斗的坚定恒心，就是“为中华崛起而读书”的爱国情怀，就是扛起“强国有我”的历史担当，就是为中国革命胜利而拼搏、为中华民族伟大复兴而奋进、把青春奋斗根植于党和人民事业的精神。

中国传统文化强调做人要有骨气，笃信“厚德载物，自强不息”。文天祥说：“人生自古谁无死，留取丹心照汗青。”于谦说：“粉身碎骨全不惜，要留清白在人间。”吉鸿昌说：“松间明月常如此，身外浮云何足论。”鲁迅说：“我们从古以来，就有埋头苦干的人，有拼命硬干的人，有为民请命的人，有舍身求法的人，……这就是中国的脊梁。”夏明翰烈士说：“砍头不要紧，只要主义真。杀了夏明翰，还有后来人。”方志敏烈士说：“清贫、洁白朴素的生活，正是我们革命者能够战胜许多苦难的地方。”陶行知说：“滴自己的汗，吃自己的饭，自己的事自己干。靠人、靠天、靠祖上，不算是好汉。”概而言之，做中国人的骨气，就是不怕鬼、不信邪的胆气，就是面对强敌宁死不屈的浩气，就是面对牺牲不为所惧的节气，就是面对邪恶刚正不阿的正气，就是面对困难逆流而上的锐气，就是自力更生、艰苦奋斗、自强不息、敢于胜利的精神。

中国传统文化强调做人要有底气，笃信“腹有诗书气自华”。底气来自踏实而行。李大钊说：“凡事都要脚踏实地去做，不驰于空想，不骛于虚声，而唯以求真的态度做踏实的功夫。以此态度求学，则真理可明；以此态度做事，则功业可就。”张闻天说：“一切革命的工作，只要坚持地干下去，一定可以得到一定的成绩。巨大的建筑工程，没有一砖一瓦的安置，是永远建筑不成功的。伟大的理想不经过许多胜利和失败是永远不会实现的。”毛泽东说：“我们在精神上和物质上都要有所准备，当着突然事变发生的时候，才不至于措手不及。”概而言之，做中国人的底气，就是源自政治、经济、文化实力而产生的高度自信，就是源自中华民族辉煌历史而产生的高度自信，就是源自能够拥抱时代和未来，必将开创美好前景的高度自信。一百多年来，中国共产党团结带领中国人民，开辟伟大道路、创造伟大事业、取得伟大成就，增强了中华儿女做中国人的强大底气。

百余年来，这片土地从跌入历史发展的低谷到现如今前所未有地接近民族复兴的伟大目标，中国人的志气、骨气、底气伴随中华民族的伟大复兴进程不断提升。[①] 自从中国有了中国共产党，中国革命的面貌就焕然一新了，这是开天辟地的大事件。中国共产党带领全国各族人民同心勠力创造了巍然屹立于世界民族之林的中华民族坚实物质基础，同时也增强了全国各族人民日益走近世界舞台中央的精神底气。雄关漫道真如铁，而今迈步从头越。中国人的主体意识逐步觉醒与确立，以前所未有的志气、骨气、底气拒绝任何"教师爷"般颐指气使的说教，自立自信于世界东方。

二、只有独立自主、自力更生，才能将前途命运掌握在自己手中

"独立自主"从源头上并非一个独立词语，而是一个现当代的合成词。这个词语分别由"独立"和"自主"这两组词合并组合而成。在《辞海》中，"独立"主要是指"不依赖外力，不受外界束缚"[②] 的意思；"自主"则主要是指"自己作主，不受别人支配"[③] 的意思。"独立"以及"自主"这两个词本身的词义也十分接近。"独立自主"一般可以理解为不依赖、不依靠别人，靠自己、靠自身作主。在中国源远流长的传统文化中，"独立"也与国家以及政权相互关联，因而"独立"也有"国家、民族或政

① 常培育，王雪朋：《增强做中国人的志气骨气底气》，载《光明日报》2021 年 7 月 14 日。
② 《辞海》（中卷），上海：上海辞书出版社 1979 年版，第 1879 页。
③ 《辞海》（中卷），上海：上海辞书出版社 1979 年版，第 4336 页。

权不受外族统治、支配”[1]这层意思。

中国共产党坚持独立自主实际指的是：“坚持中国的事情必须由中国人民自己作主张、自己来处理。”[2]中国共产党对独立自主的深刻体悟是与中华民族文化中蕴含的独立自主的精神基因，以及马克思主义经典作家有关独立自主的相关论断有关。[3]党的二十大报告高度评价了新时代的十年我们所经历的对于党和人民事业具有重大现实意义和深远历史意义的三件大事。一是迎来中国共产党成立一百周年，二是中国特色社会主义进入新时代，三是完成脱贫攻坚、全面建成小康社会的历史任务，实现第一个百年奋斗目标。这三件大事共同揭示了一个真理——独立自主是中国共产党从中国实际出发，依靠党和人民力量进行革命、建设、改革的必然结论。党的二十大报告充分体现了独立自主的探索和实践精神，贯穿着坚持走自己的路的坚定决心和信心。

时光荏苒。十月革命的一声炮响给中国送来了马克思列宁主义。在此之后的很长一段时期内，“以俄为师”成为主流。然而，中国共产党正处于幼年时期，在学习的过程中，不能够很好地做到独立自主，不能够很好地将马克思主义基本原理与中国当时的革命实际结合到一起。在综合因素的作用下，党内先后出现了右倾机会主义错误和“左”倾教条主义错误，这些错误毫不夸张地说，“曾使中国革命几乎陷于绝境”。[4]1930年毛泽东在《反对本本主义》一文中振聋发聩地提出了“中国革命斗争的胜利要靠中国同志了解中国情况”的著名论断。[5]1935年1月，贵州遵义。中共中央在这里召开政治局扩大会议，可以说，这是尚处在稚嫩

---

① 陈至立：《辞海》（第二卷），上海：上海辞书出版社2020年版，第959页。

② 习近平：《在纪念毛泽东同志诞辰120周年座谈会上的讲话》，北京：人民出版社2013年版，第21页。

③ 刘暖：《中国共产党坚持独立自主的理论溯源、实践诠释及现实启示》，载《北京理工大学学报（社会科学版）》，2022年第6期。

④《关于建国以来党的若干历史问题的决议》，北京：人民出版社1981年版，第40页。

⑤《毛泽东选集》（第一卷），北京：人民出版社1991年版，第666页。

时期的中国共产党第一次独立自主地运用马克思主义基本原理解决中国自己的问题。长征途中的遵义会议，开启了中国共产党独立自主解决中国革命实际问题新阶段。1937 年毛泽东在《实践论》《矛盾论》中用马克思主义认识论的观点揭露了党内存在的教条主义，深刻指出实事求是、独立自主对于中国革命的极端重要性。1938 年，毛泽东在党的六届六中全会中提出“使马克思主义在中国具体化”重要命题。[①]1949 年，中华人民共和国成立后，中国共产党领导人民独立自主、自力更生，在一穷二白的基础上建立起了比较完整的工业体系和国民经济体系，让中国大地的面貌焕然一新。1978 年，改革开放以来，中国人民继承和发扬独立自主精神，走出了中国特色社会主义道路。邓小平在党的十二大中说：“独立自主，自力更生，无论过去、现在和将来，都是我们的立足点”“我们坚持执行独立自主的对外政策”“中国决不依附于任何大国或者国家集团，决不屈服于任何大国的压力”。[②]1989 年，江泽民在总结《新中国四十年历史的基本结论》中明确指出：“发扬爱国主义精神，坚持独立自主、自力更生的方针，是中国革命也是中国社会主义建设取得胜利的一条根本经验。”[③]2003 年，胡锦涛《在纪念毛泽东同志诞辰一百一十周年座谈会上的讲话》中指出：“中国革命、建设、改革长期实践充分证明，独立自主，自力更生，坚定不移走适合中国国情的发展道路，无论过去、现在和将来，都是我们的根本立足点。”[④]2013 年 12 月 26 日，习近平总书记在《坚持和运用好毛泽东思想活的灵魂》中指出：“独立自主是中国共产党从中国实际出发、依靠党和人民力量进行革命、建设、改革的必然结论。不论过去、现在和将来，我们都要把国家和民

---

① 《毛泽东选集》（第二卷），北京：人民出版社 1991 年版，第 534 页。

② 《邓小平文选》（第三卷），北京：人民出版社 1993 年版，第 3 页。

③ 《江泽民文选》（第一卷），北京：人民出版社 2006 年版，第 68 页。

④ 《胡锦涛文选》（第二卷），北京：人民出版社 2016 年版，第 141 页。

族发展放在自己力量的基点上。”[①] 这种“独立自主的探索和实践精神”和“坚持走自己的路的坚定信心和决心”，是“中国共产党全部理论和实践的立足点，也是党和人民事业不断从胜利走向胜利的根本保证”。党的十九届六中全会审议通过党的第三个历史决议，将“坚持独立自主”作为中国共产党百年奋斗积累的十条历史经验之一。

历史和现实一再告诉我们，中国共产党什么时候坚持了独立自主，我们的事业就会赢得胜利；中国共产党什么时候背弃了独立自主，党和国家就会走弯路。中国要发展，最终要靠自己。[②] 在整个人类的历史上，不存在任何一个民族、任何一个国家可以通过依赖外部的力量、照搬外国的模式、跟在他人后面亦步亦趋实现强大和振兴。那样做的结果，不是必然遭遇失败，就是必然成为他人的附庸。[③] 中国共产党必须旗帜鲜明反对“飞来峰”，“鞋子合不合脚，只有穿的人才知道”“千万不能‘邯郸学步，失其故行’”。新的征程上，我们要进一步坚定信心，聚焦我们正在做的事情，坚持独立自主，面对各种风险挑战，把中国发展进步的命运牢牢掌握在自己手中。

① 《习近平谈治国理政》（第一卷），北京：外文出版社 2018 年版，第 29 页。

② 新华社：《自主——从党的二十大看中国共产党的成功密码之五》，http：//www.xinhuanet.com/ 2022- 12/24/c_1129229783.htm（新华社记者：胡浩、徐壮）。

③ 孙来斌：《把中国发展进步的命运牢牢掌握在自己手中》，载《人民日报》2022年5月25日。

延伸阅读

中国特色社会主义道路越走越宽广

——"十个明确"彰显马克思主义中国化新飞跃述评之二

思想的光芒，总能穿透历史烟云，点亮未来征途。

"明确坚持和发展中国特色社会主义，总任务是实现社会主义现代化和中华民族伟大复兴，在全面建成小康社会的基础上，分两步走在本世纪中叶建成富强民主文明和谐美丽的社会主义现代化强国，以中国式现代化推进中华民族伟大复兴"。

翻开《中共中央关于党的百年奋斗重大成就和历史经验的决议》，"十个明确"中的这一重要论述，是习近平新时代中国特色社会主义思想核心内涵的重要方面。

积蓄百年伟力，起笔复兴新篇。乘势而上开启全面建设社会主义现代化国家新征程，向着中华民族伟大复兴的光辉彼岸砥砺进发，以习近平同志为核心的党中央带领人民在中国特色社会主义道路上越走越光明、越走越宽广。

彪炳史册的伟大飞跃："党和国家事业取得历史性成就、发生历史性变革，彰显了中国特色社会主义的强大生机活力"

沐浴着虎年的阳光，开通不久的赣深高铁上，一列列火车飞驰而过。

赣州，深圳。道路的两端意味深长：一端是见证中国共产党带领人民探索革命道路的红色热土，一端是肩负"中国特色社会主义先行示范区"新使命的创新热土。

仿佛一种隐喻，两个具有标志意义的地点，勾勒出一个矢志复兴的民族不懈奋进的历史曲线。

“一百年来，中国共产党团结带领中国人民进行的一切奋斗、一切牺牲、一切创造，归结起来就是一个主题：实现中华民族伟大复兴。”习近平总书记的论述坚定豪迈、发人深省。

党的十八大以来，中国特色社会主义进入新时代。这是我国发展新的历史方位。

新时代坚持和发展什么样的中国特色社会主义、怎样坚持和发展中国特色社会主义？

围绕关系全局的历史性变化，以习近平同志为核心的党中央把握大势、总揽全局，为坚持和发展中国特色社会主义明确清晰的任务书、时间表、路线图：

提出并深刻阐述“中国梦”，强调必须坚定不移坚持和发展中国特色社会主义；

明确坚持和发展中国特色社会主义，总任务是实现社会主义现代化和中华民族伟大复兴；

从全面建成小康社会到基本实现现代化，再到全面建成社会主义现代化强国，明确新时代中国特色社会主义发展的战略安排；

“坚持党对一切工作的领导”“坚持以人民为中心”……“十四个坚持”构成新时代坚持和发展中国特色社会主义的基本方略；

……

在深刻思考和不懈求索中，以习近平同志为主要代表的中国共产党人，从理论和实践结合上作出系统回答。

新矛盾呼唤新变革。以新发展理念为指导，一场关系中国发展全局的深刻变革就此开启——

“地下煤海”，鄂尔多斯。

走进伊金霍洛旗江苏工业园区的远景现代能源装备产业园，热火朝天的建设景象映入眼帘。

2014 年、2019 年，习近平总书记两次考察内蒙古；2018 年起，全国两会期间，他连续4年来到所在的全国人大内蒙古代表团参加审议，提出要把现代能源经济这篇文章做好，要求探索以生态优先、绿色发展为导向的高质量发展新路子。

鄂尔多斯、包头、乌海……遵循指引，牢记嘱托，推动质量变革、效率变革和动力变革，在重塑中激发源源动力。

“把握新发展阶段、贯彻新发展理念、构建新发展格局”，习近平总书记审时度势，谋划长远。

黄浦江畔，上海浦东探路社会主义现代化建设引领区；

南海，琼州海峡南岸，海南“启航”中国特色自由贸易港；

雄安新区，承接北京非首都功能和建设同步推进……

放眼神州，长江、黄河两大母亲河发展新战略，南水北调、西气东输、西电东送、青藏铁路四大工程，京津冀、粤港澳、长三角三大新增长极……宏阔格局、万千气象，正是马克思主义中国化新飞跃的时代注脚。

新时代大潮涌起，推动中国特色社会主义迈向新阶段——

经济实力、科技实力、综合国力和人民生活水平跃上新的台阶，稳居世界第二大经济体；全面建成小康社会，历史性地解决绝对贫困问题，向着共同富裕的目标稳步前进……

“我们能够创造出人类历史上前无古人的发展成就，走出了正确道路是根本原因。”习近平总书记深刻指出。

今日之中国，以自信自强的奋斗姿态宣示：

“我们坚持和发展中国特色社会主义，推动物质文明、政治文明、精神文明、社会文明、生态文明协调发展，创造了中国式现代化新道路，创造了人类文明新形态。”

深植国情的道路选择：“我们建设的现代化必须是具有中国特色、符合中国实际的”

2022年1月29日，成都城厢站，一声汽笛响起，一列中欧班列驶出站台，开往1万余公里外的德国纽伦堡。

第5万列！新的里程碑。疫情下，中欧班列逆势而上，助力“一带一路”沿线国家共同发展，展现出中国发展的强劲脉动。

所有国家都在时间长河中航行，如何实现国家富强、人民幸福，看的就是能不能顺应时代潮流，走出一条适合国情的发展之路。

“走自己的路，是党的全部理论和实践立足点，更是党百年奋斗得出的历史结论。”习近平总书记指出。

“中国式现代化”，习近平总书记凝练概括：“我国现代化是人口规模巨大的现代化，是全体人民共同富裕的现代化，是物质文明和精神文明相协调的现代化，是人与自然和谐共生的现代化，是走和平发展道路的现代化”。

“共同富裕路上，一个不能掉队。”中国走出的是一条以全体人民共同富裕为价值旨归的现代化之路——

六盘山西麓，宁夏隆德。

春节前一天，县城张灯结彩，年味浓浓。闽宁扶贫产业园内，闽商郑开煌的农用薄膜生产线仍然机器声隆隆。

帮助20多个西海固打工人在家门口圆了就业梦，已在这里度过三个春节的郑开煌倍感欣慰，“会觉得自己被需要”。

2020年11月，西海固历史性告别绝对贫困，但闽宁协作并不会因此结束。

从摆脱贫困，到全面小康，再到迈向共同富裕，为民初心恒久不变。

鼓励勤劳创新致富，坚持基本经济制度，尽力而为量力而行，坚持循序渐进……习近平总书记对共同富裕的谋划，化为新时代中国的勇毅笃行。

坚持在发展中保障和改善民生，始终把推动高质量发展放在首位；

不断完善公共政策体系，把蛋糕分好，形成人人享有的合理分配格局；

脱贫攻坚取得胜利后，全面推进乡村振兴，“三农”工作重心实现历史性转移；

赋予浙江高质量发展建设共同富裕示范区、为全国探路的使命……

一步一个脚印，“撸起袖子加油干”，让全体人民清晰看到共创美好生活的前景。

“物质财富要极大丰富，精神财富也要极大丰富”，中国走出的是一条物质文明与精神文明协调发展的现代化之路——

除夕夜，《只此青绿》一舞惊艳神州，寓意赓续五千年的中华文脉汇入新时代澎湃洪流。

立春日，北京冬奥会开幕式上，诗情画意的中国式浪漫，让八方宾朋领略中华文化盛大气象。

“文化自信是更基本、更深沉、更持久的力量。”习近平总书记考量深远。

以“中国梦”唤醒中国人民最深厚的文化基因，确立和坚持马克思主义在意识形态领域指导地位的根本制度，以社会主义核心价值观引领文化建设，推动中华优秀传统文化创造性转化、创新性发展……

党的十八大以来，习近平总书记举旗定向，坚持把马克思主义基本原理同中国具体实际相结合、同中华优秀传统文化相结合，立民族文化之根，拓文明发展之道，用文化之火照亮民族复兴之路。

“生态兴则文明兴，生态衰则文明衰。”中国走出的是一条生态优先、绿色发展的现代化之路——

“共抓大保护，不搞大开发”，2016年1月5日，重庆，推动长江经济带发展座谈会上，习近平总书记语重心长。

沿江化工企业关改搬转，“十年禁渔”全面实施，这背后，是一场事关中华民族永续发展的深刻实践。

“绿水青山就是金山银山”“保护生态环境就是保护生产力，改善生态环境就是发展生产力”……

深邃的思考，指引美丽中国从愿景走向实景：

加快生态文明体制改革，打好污染防治攻坚战，实行最严格的生态环境保护制度，形成绿色发展方式和生活方式，努力实现碳达峰碳中和……推进生态文明建设，中国步伐坚定。

“既发展自身又造福世界。”中国走出的是一条通过合作共赢实现共同发展、和平发展的现代化之路。

矢志复兴的奋进宣言：“我们正在此前发展的基础上续写全面建设社会主义现代化国家新的历史”

2022年1月，安徽省凤阳县小岗村喜迎第五年分红。至此，这个村累计分红超1000万元。

“从‘户户包田’到‘人人分红’，见证从解决温饱到迈向振兴的乡村大变化。”昔日的“大包干”带头人严金昌，如今不禁感慨。

初心如磐，笃行致远。

“新中国成立不久，中国共产党就提出建设社会主义现代化国家的目标，未来30年将是我们完成这个历史宏愿的新发展阶段。”习近平总书记道出历史的经纬。

时间的车轮已驶到2022年。

使命催人奋发：距离到2035年基本实现现代化，还有13年；距离到本世纪中叶建成富强民主文明和谐美丽的社会主义现代化强国，还有28年。

前路绝非坦途：我国仍处于并将长期处于社会主义初级阶段，新情况新需求不断出现，高质量发展亟待新突破；百年变局与世纪疫情交织叠加，风险挑战更趋严峻复杂。

坚持和发展中国特色社会主义是一篇大文章。

“现在，我们这一代共产党人的任务，就是继续把这篇大文章写下去。”习近平总书记说。

这是科学正确的行动指南——

2021年12月21日，马来西亚吉隆坡会展中心。

《习近平谈治国理政》第一卷马来文版首发式在此举办。150位中外人士齐聚一堂，探究中国的发展密码。

此前一个多月，中国北京。党的十九届六中全会上，党确立习近平同志党中央的核心、全党的核心地位，确立习近平新时代中国特色社会主义思想的指导地位，"对新时代党和国家事业发展、对推进中华民族伟大复兴历史进程具有决定性意义"写入党的第三个历史决议。

思想之光点亮复兴之路。不断丰富和发展的习近平新时代中国特色社会主义思想，指引新时代中国行稳致远。

这是改革创新的坚定追求——

2022 年 2 月 1 日，中国空间站里，中国航天员首次在太空过春节。

"嫦娥五号"探月、"天问一号"落火……一项项大国重器，夯实中国奔向现代化的底气。

"坚持创新在我国现代化建设全局中的核心地位，把科技自立自强作为国家发展的战略支撑"，党中央鲜明定调。

变化的时代，改革创新是不变的主题。

从理论创新、制度创新到实践创新，全面深化改革破障开路，推进国家治理体系和治理能力现代化不断取得新成效，"中国之治"展现更加蓬勃的生机。

这是务实笃实的奋进步履——

"壬寅虎年，我们要以虎虎生威的雄风、生龙活虎的干劲、气吞万里如虎的精神，继续书写中国特色社会主义伟大事业的历史新篇章！"

2022 年春节团拜会上，习近平总书记发出号召。

为人民谋幸福，为民族谋复兴，中国共产党人的初心和使命从未改变。

"回首过去，展望未来，有中国共产党的坚强领导，有全国各族人民的紧密团结，全面建成社会主义现代化强国的目标一定能够实现，中华民族伟大复兴的中国梦一定能够实现！"习近平总书记话语坚定。

（新华社北京 2022 年 2 月 14 日电　新华社记者：邹伟、安蓓、樊曦、赵文君）

“必须坚持守正创新。我们从事的是前无古人的伟大事业，守正才能不迷失方向、不犯颠覆性错误，创新才能把握时代、引领时代。我们要以科学的态度对待科学、以真理的精神追求真理，坚持马克思主义基本原理不动摇，坚持党的全面领导不动摇，坚持中国特色社会主义不动摇，紧跟时代步伐，顺应实践发展，以满腔热忱对待一切新生事物，不断拓展认识的广度和深度，敢于说前人没有说过的新话，敢于干前人没有干过的事情，以新的理论指导新的实践。”

——习近平：《高举中国特色社会主义伟大旗帜 为全面建设社会主义现代化国家而团结奋斗——在中国共产党第二十次全国代表大会上的报告》

扫一扫，联系客服获取
本章数字课程

第三章

必须坚持守正创新：『不是刻舟求剑，还要往前发展、与时俱进』

第一节　坚持守正与创新相统一

守正创新闪耀着马克思主义哲学的真理光芒。守正创新，不是孤立存在的，而是内含守正与创新两个方面。守正是创新的前提和基础，创新是守正的目的和路径，守正与创新辩证统一，体现了马克思主义唯物论和辩证法的根本要求，也揭示出马克思主义认识世界和改造世界的原则方法。党的十八大以来，在复杂多变的国际国内形势下，“世界怎么了？我们怎么办？”的“时代之问”发人深省。对此，中国共产党人遵循守正创新之道，作出了明确回答。只有守正才能不迷失方向、不犯颠覆性错误；只有创新才能把握时代、引领时代。

一、守正才能不迷失方向、不犯颠覆性错误

“正”通俗一些说就是正道，就是事物表面之下的本质与规律。守正，就是坚持守住正道，坚持按照事物的本质和规律办事。

党的十八大以来，中央对于初心、对于历史非常重视，从某种意义上说，这就是在要求广大党员领导干部要从把握源流的角度守好正。对于一个从苦难中诞生、于斗争中成长、在辉煌时谦虚谨慎的伟大政党来说，只要理想信念在，不管多么残酷的围追堵截，不论多么严密的封锁打压，党的事业都一定会成功，这是历史的必然。“理想信念之火一经点燃，就永远不会熄灭。”新的征程上，我们要始终守正，牢记共产党人永不褪色的初心和使命，筑牢信仰之基、补足精神之钙、把稳思想之舵，不断坚定对共产主义远大理想的信仰，对中国特色社会主义的信念，对实现中华民族伟大复兴中国梦的信心。

历史是最好的教科书。习近平总书记指出，“党员领导干部要把学习贯彻党的创新理论作为思想武装的重中之重，同学习马克思主义基本

原理贯通起来，同学习党史、新中国史、改革开放史、社会主义发展史结合起来，同新时代我们进行伟大斗争、建设伟大工程、推进伟大事业、实现伟大梦想的丰富实践联系起来，在学懂弄通做实上下苦功夫，在解放思想中统一思想，在深化认识中提高认识，切实增强贯彻落实的思想自觉和行动自觉。”[①] 只有不断加强“四史”教育，提升理论素养和党性修养，让广大党员干部找准共产党人理想信念的航标，滋养深沉绵长的爱国主义情怀，砥砺开拓创新的拼搏精神，坚守正道，才能以更加昂扬的状态阔步走向未来。

从百余年党的光荣历史中守好理想信念的“正”。中国共产党党史，就是一部中国共产党人为实现共产主义远大理想和崇高追求而不怕牺牲、不懈奋斗、前赴后继、奋勇向前的历史。百余年的雄关漫道，中国共产党从小到大，由弱变强，团结带领全国各族人民战胜各种艰难险阻，不断夺取革命、建设、改革事业的伟大胜利，在中国特色社会主义的大道上开辟出民族复兴的光明前景。其成功的秘诀就在于中国共产党对共产主义的远大理想、对马克思主义的坚定信念始终坚定不移。习近平总书记强调，“走得再远、走到再光辉的未来，也不能忘记走过的过去，不能忘记为什么出发。”[②] 建党百余年的峥嵘岁月，中国共产党和中国人民用鲜血、汗水、泪水写就的历史，充满着苦难和辉煌、曲折和胜利、付出和收获，永远是中华民族发展史上不能忘却、不容否定的壮丽篇章，也是中国人民和中华民族继往开来、奋勇前进的现实基础。新时代，面对新任务、新挑战，迫切需要在全党深入开展党史教育，把理想信念教育作为思想建设的战略任务，教育引导广大党员永远保持对人民的赤子之心，永远保持建党时的奋斗精神，保持全党在理想追求上的政治定力，

---

① 习近平：《论中国共产党历史》，北京：中央文献出版社 2021 年版，第 160 页。

② 习近平：《在庆祝中国共产党成立 95 周年大会上的讲话》，北京：人民出版社 2016 年，第 8 页。

让党的光荣历史淬炼出的理想灯塔和精神之光，照亮新时代9900多万中国共产党人砥砺奋进之路。

从70多载新中国史中守好爱国主义情怀的“正”。中华人民共和国的诞生，彻底改变了近代以后100多年中国积贫积弱、受人欺凌的悲惨命运，中华民族走上了实现伟大复兴的壮阔道路。70多年来，在党的坚强领导下，中国人民勇于探索、敢于创新，成功开辟了中国特色社会主义道路，推动中国特色社会主义进入新时代，中国大踏步地赶上了时代发展的步伐。中国人民发愤图强、艰苦创业，创造了“当惊世界殊”的发展成就，书写了人类发展史上的伟大传奇。中国始终不忘为人类社会谋大同的大国担当，为推动构建人类命运共同体、推动人类和平与发展的崇高事业作出了巨大贡献。今天，社会主义中国巍然屹立在世界东方，中国人民能够自豪地宣称：没有任何力量能够撼动我们伟大祖国的地位，没有任何力量能够阻挡中国人民和中华民族的前进步伐。在全党加强新中国史的学习教育，就是要滋养全体党员的爱国主义情怀，激发新时代共产党人的革命斗志和奋斗精神，凝聚起实现中华民族伟大复兴的磅礴力量。

从40多年改革开放史中守好进取精神的“正”。改革开放是当代中国最鲜明的特色，是中国共产党在新的历史时期最鲜明的旗帜。实行改革开放的历史性决策，是基于对党和国家前途命运的深刻把握，是基于对社会主义革命和建设实践的深刻总结，是基于对时代潮流的深刻洞察，是基于对人民群众期盼和需要的深刻体悟。40多年来，中国共产党人不断解放思想、实事求是，大胆地试、勇敢地闯，干出了一片新天地。改革开放极大地改变了中国的面貌、中华民族的面貌、中国人民的面貌、中国共产党的面貌。面对世界百年未有之大变局，面对艰巨繁重的改革发展稳定任务，在全党加强改革开放史的学习研究，目的是砥砺全党同志的进取意识，通过思想再解放、改革再深化，不断完善和发展中国特色社会主义制度、推进国家治理体系和治理能力现代化，在各方面形成一整套更加成熟定型的制度，让发展更有质量、治理更有水平、人民更有获得感。

从500多年世界社会主义史中守好理论的"正"。社会主义从空想到科学、从理论到实践、从一国实践到多国发展，从取得巨大成就到遭遇重大挫折，再到中国特色社会主义取得举世瞩目的成就，500多年来，人类对社会主义的追求从未止步。中国特色社会主义不断成功，很大程度扭转了冷战结束后世界社会主义万马齐喑的局面，扭转了社会主义同资本主义在长期竞争中形成的被动局面。作为马克思主义政党，中国共产党在中国这样一个有着14亿多人口的大国执政，面对十分复杂的国内外环境，肩负十分繁重的执政使命，更加需要加强理论学习，深入认识共产党执政规律、社会主义建设规律、人类社会发展规律，不断增强战胜各种风险和困难的理论思维能力。中国是一个世界大国，每前进一步都十分不易，都十分依赖科学理论的指导。要在世界历史的发展进程中找准坐标，必须花更大气力在全党加强社会主义发展史教育，不断增强走中国特色社会主义道路的政治定力，把科学社会主义基本原则同中国的具体实际、历史文化传统、时代要求紧密结合起来，在实践中不断总结经验、把握规律，努力在不懈奋斗和顽强拼搏中把中华民族伟大复兴的蓝图变为美好现实。

二、创新才能把握时代、引领时代

对于一个百年大党来说，想要创新并不是那么容易。创新需要有长期学习的积累，这也正是为什么中国共产党一直强调学习。如果不学习，势必无法创新，那也就自然无法把握时代、无法引领时代。

学习就是保障，必须坚定信念，提振精神，持续不断加强学习。中国共产党是在不断学习和创新中发展壮大的政党，也是在不断学习和创新中取得胜利的伟大政党。学习和创新是新时代取得更大胜利的重要保障，是克服"本领恐慌"的不二法门。中国共产党走过的百年多峥嵘历史，中华人民共和国不断成长的70多载壮阔征程，都是持续不断的学习之旅、创新之旅。

2009年，党的十七届四中全会提出“要把建设马克思主义学习型政党作为重大而紧迫的战略认为抓紧抓好”。2012年，党的十八大提出要建设学习型、服务型、创新型的马克思主义执政党的治党战略，这是中国共产党在对国际局势多极化、国内形势复杂化以及党自身建设的规律性把握的基础上提出的战略构想，是对马克思主义执政党建设的时代性要求，也是共产党执政能力建设知识化、科学化诉求的实现保证。

恩格斯指出：“每一时代的理论思维，包括我们时代的理论思维，都是一种历史的产物，在不同的时代具有不同的形式，并因而具有非常不同的内容。因此，关于思维的科学，和其他任何科学一样，是一种历史的科学，关于人的思维的历史发展的科学。”① 中国特色社会主义事业的稳步推进需要科学理论的指导，中国共产党作为执政主体，它的建设与发展也需要以政治知识化、理论化为基础，理论思维的提升是衡量共产党人执政科学化的关键，持续不断的学习正是中国共产党对当前政治系统内部与外部进行全面的科学检视后的现实必然，在发挥主体自觉性、把握历史发展规律性和加强党自身执政能力上与建设学习型政党有着内在的逻辑耦合性。

主体性是人的自然属性和社会属性的本质力量的显现，主体自觉性是人认识自然，改造自然的关键。马克思在《1844年经济学哲学手稿》中详细辩述了人作为主体要从异化劳动的积极扬弃中实现主体自由自觉的复归，在《共产党宣言》中又提出了无产阶级政党担负着全人类主体本质力量解放的历史使命，因此，在阶级社会中，一个国家、民族的人民的主体自觉性在一定程度上依赖于国家执政党的主体自觉性的觉悟程度。自中国共产党成立以来，围绕着“什么是社会主义，怎样建设社会

① 《马克思恩格斯文集》（第九卷），北京：人民出版社2009年版，第436页。

主义""建设什么样的党，怎样建设党""实现什么样的发展，怎样发展"等重大问题，我国的社会主义事业取得了卓越的成就，但在进程中也不可避免地存在一些缺陷和失误，特别是党的主体自觉性建设问题，比如党内的利己主义、信仰危机、本领恐慌、道德滑坡、官本位、权力寻租等问题正是主体责任意识、主体自觉性缺乏的映射，因此，建设学习型政党，加强党员的理论武装，将批判的武器转化为武器的批判是党执政建设的内在需求。"政治路线确定之后，干部就是决定的因素。"①国家治理现代化需要充分调动人们的主观能动性，尤其是发挥领导干部的先锋模范作用对于带动整体队伍的先进，进而锻造和推进政党的先进具有重大意义。

社会主义现代化建设是一项长期而又艰巨的系统工程，中国共产党在应对全球化浪潮带来的挑战中，也经受着国内经济社会大转型的考验。从国际局势来看，全球化是一把双刃剑，它为发展中国家提供了新的机遇，促进了生产力发展及资源优化配置，但同时也对民族国家的国际政治经济发展环境带来了挑战。作为执政党，驾驭复杂局面、应对风险挑战、抵御西化渗透、维护民族独立都对党的执政能力建设提出了更高的要求。从国内形势来看，中国特色社会主义事业进入改革的"深水区"和"攻坚期"，各种问题不断地考验着党的执政能力。"我们要建设大党，我们的干部非学习不可。学习是我们注重的工作，特别是干部同志，学习的需要更加迫切，如果不学习，就不能领导工作，不能改善工作与建设大党。"②因此，建设学习型政党是社会主义现代化建设的需要，是提高党的执政能力的重要举措。

社会的发展始终是以人的发展为出发点和落脚点的，人不仅是一种实体性的存在，也是价值关系的总和，人的需要的满足和发展是衡

① 《毛泽东选集》第二卷，北京：人民出版社 1991 年版，第 526 页。

② 《毛泽东文集》第二卷，北京：人民出版社 1991 年版，第 179 页。

量社会发展的最高价值尺度。马克思认为考察人类社会发展不能运用思辨的方法，从任意的前提出发，而是运用经验的方法，从现实的前提出发。这个“前提不是任意提出的，不是教条，而是一些只有在想象中才能撇开的现实前提。这是一些现实的个人，是他们的活动和他们的物质生活条件，包括他们已有的和由他们自己的活动创造出来的物质生活条件……全部人类历史的第一个前提无疑是有生命的个人的存在。因此，第一个需要确认的事实就是这些个人的肉体组织以及由此产生的个人对其他自然的关系。”[①]社会的物质财富、精神财富是由人民群众创造出来的，社会发展变革的决定力量也来自人民群众。一切历史活动的剧作者都是处在物质生产实践过程中的、经验的个人，人们在认识自然、改造自然的同时也改造着自己生活本身，后代人总是在批判地继承前代人优秀成果的基础上创造着新生事物，进而推动着社会历史的不断发展。

中国共产党作为马克思主义忠实的信仰者无疑要坚定不移地继承马克思主义的人本观，在新民主主义革命时期，群众路线成为推动中国共产党夺取新民主主义革命胜利的“三大法宝”之一；在改革开放的新时期，动员广大人民群众进行社会主义建设，完成了第二次的历史性飞跃；新时期，面对经济新常态，十八届五中全会提出了共享发展理念，让人民共享发展成果，推动着中国梦的顺利实现。因此，加强学习型政党建设就是要加强向群众学习的价值取向，以人为本，注重人的全面协调发展，践行群众路线，“从群众中来，到群众中去。这就是说，将群众的意见（分散的无系统的意见）集中起来（经过研究，化为集中的系统的意见），又到群众中去做宣传解释，化为群众的意见，使群众坚持下去，见之于行动，并在群众行动中考验这些意见是否正确。然后再从群众中集中起来，再到群众中坚持下去。如此无限循环，一次比一次地更正确、

---

① 《马克思恩格斯选集》（第一卷），北京：人民出版社 1995 年版，第 66-67 页。

更生动、更丰富。"[①]同时要积极引导基层党组织和广大党员眼睛向下、面朝实践，深入开展调查研究，及时了解群众所思、所想，关心群众疾苦，带领群众所干、所创，将群众的智慧凝结为理论的结晶，将学习的理论转化为现实的力量，惠及全体人民。

改革开放现如今已过"不惑之年"，中国共产党人越来越清醒而深刻地认识到政党与国家、社会之间的协调共生发展的重要性，政党作为国家的一个政治组织，是国家权力的代表者和执行者，国家通过政党的政策制定和制度实施履行国家使命，同时，政党是由社会中最先进的积极分子所组成的集体，体现的是人民群众的整体利益和长远利益，承担着推动社会发展的历史任务，因此，执政党的建设具有至关重要的作用，学习与创新成为政党现代化的内生动力，一个政党不能与时俱进地学习与创新，不能面向中国现实问题地学习与创新，不能站在人民立场地学习与创新，就会失去政党执政的公信力，陷入"塔西佗陷阱"，致使执政党建设陷入民众期望与失望巨幅落差的尴尬境地。因此，执政党加强学习与创新，始终确保政党与民众的良性互动，是执政党建设的应然性与实然性选择。

第二节　坚持三个不动摇

回顾党的百余年奋斗历程，得出最重要的一条结论就是坚持马克思主义基本原理不动摇，就是要把马克思主义当作思想武器，而不是一种僵化的教条。中国共产党在马克思主义的指导下诞生，在百余年奋斗史上，始终都是中国人民最可靠的主心骨，最坚强有力的领导核心。党的十八大以来，中国特色社会主义进入了新时代。新时代赋予了新的历史使命，中国式现代化正是符合中国发展、反映人民意愿、适应时代潮流

① 《毛泽东选集》（第三卷），北京：人民出版社，1991 年，第 899 页。

的正确之路。

一、坚持马克思主义基本原理不动摇

2022年1月11日，省部级主要领导干部学习贯彻党的十九届六中全会精神专题研讨班在中央党校（国家行政学院）开班。中共中央总书记、国家主席、中央军委主席习近平在开班式上发表重要讲话，明确强调要更好把握和运用党的百年奋斗历史经验，弘扬伟大建党精神，进而增加历史自信、增进团结统一、增强斗争精神。

“党面临的形势越复杂、肩负的任务越艰巨，就越要保持党的团结统一。”① 党的十九届六中全会通过的《中共中央关于党的百年奋斗重大成就和历史经验的决议》，从十三个方面对党的十八大以来党和国家事业取得的历史性成就和发生的历史性变革进行了阐述，其中第二个方面“在全面从严治党上”指出，“马克思主义信仰、共产主义远大理想、中国特色社会主义共同理想，是中国共产党人的精神支柱和政治灵魂，也是保持党的团结统一的思想基础。”②

理想信念标识着政党的价值追求和精神动力，回答了政党因何而来、为何而去的问题。就共产党人而言，理想信念是精神支柱和政治灵魂，也是其初心的本质要求。党的十八大以来，习近平总书记反复强调党员干部要把牢理想信念“总开关”，特别指出坚定理想信念，坚守共产党人精神追求，始终是共产党人安身立命的根本。

坚持马克思主义基本原理不动摇，就要有坚定的马克思主义信仰。毛泽东同志早在延安时期就说过：“如果中国共产党有一百个至二百个系统地而不是零碎地、实际地而不是空洞地学会了马克思列宁主义的同

① 《习近平关于严明党的纪律和规矩论述摘编》，北京：中央文献出版社、中国方正出版社2016年版，第6页。

② 《中共中央关于党的百年奋斗重大成就和历史经验的决议》，北京：人民出版社2021年版，第31页。

志，就会大大地提高中国共产党的战斗力量。"① 无论时代怎样发展和变迁，马克思主义依然显示出科学思想的伟力。马克思主义是维护人民利益，指导人类解放、实现美好的共产主义社会的科学、系统的思想理论体系。只要站在人民的立场上，只要中国共产党人全心全意为人民服务的根本宗旨不变，马克思主义就永远不会过时，就永远是我们的指导思想，是我们的立党立国之本。习近平总书记指出："《共产党宣言》发表 170 年来，马克思主义在世界上得到广泛传播。在人类思想史上，没有一种思想理论像马克思主义那样对人类产生了如此广泛而深刻的影响。"② 马克思主义解答了人类最终走向的时代之问，将人类对于美好社会的向往置于现实的基础之上，为人类特别是工人阶级锻造了伟大的认识和实践工具，让长期在黑暗中徘徊的人类有了照亮前进方向的思想火炬。

坚持马克思主义基本原理不动摇，就要有坚定的共产主义远大理想。习近平总书记在庆祝中国共产党成立 95 周年大会的讲话中明确指出："中国共产党之所以叫共产党，就是因为从成立之日起中国共产党就把共产主义确立为远大理想。"③ 入党宣誓时，为共产主义奋斗终身，随时准备为党和人民牺牲一切，是每一名共产党员所作出的无悔誓言。中国共产党是有远大理想的无产阶级政党，是为崇高使命而奋斗的世界大党。没有远大理想的激励和引领，再崇高的事业也可能失去精神支撑和思想动力。一个政党的理想信念是否远大崇高，关键在于这一理想信念是否以科学理论为根基，是否以大多数人的利益为出发点。共产主义远大理想一经提出，就成为无产阶级政党为之不懈奋斗的坚定信念。恩格斯指

---

① 《毛泽东选集》（第二卷），北京：人民出版社 1991 年版，第 533 页。

② 习近平：《在纪念马克思诞辰 200 周年大会上的讲话》，北京：人民出版社 2018 年版，第 10 页。

③ 习近平：《在庆祝中国共产党成立 95 周年大会上的讲话》，北京：人民出版社 2016 年版，第 10 页。

出：“共产主义现在已经不再意味着凭空设想一种尽可能完善的社会理想，而是意味着深入理解无产阶级所进行的斗争的性质、条件以及由此产生的一般目的。”[①]实现共产主义之所以能够成为无产阶级政党坚守的信念，恰是因为它是真正“关于无产阶级解放的条件的学说”。共产主义绝不是“土豆烧牛肉”那么简单，绝不能因为共产主义不是马上可以实现的目标，就没有持久而坚定的理想信念。共产主义远大理想的必然性存在于不同历史阶段的长期探索实践之中，实现共产主义绝不是一蹴而就的，必须要在每一个历史阶段中体现远大理想与现实任务的有机统一，体现“远景”与“近景”的有机统一，只有这样，才能逐步实现共产主义运动的整体发展目标。

坚持马克思主义基本原理不动摇，就要有坚定的中国特色社会主义共同理想。习近平总书记指出：“中国特色社会主义，是科学社会主义理论逻辑和中国社会发展历史逻辑的辩证统一，是根植于中国大地、反映中国人民意愿、适应中国和时代发展进步要求的科学社会主义。”[②]中国特色社会主义是科学社会主义，根本依据是坚持和遵循了科学社会主义的理论基石、根本原则和人民立场，传承和延续了科学社会主义的核心要旨与内在精髓。“主义譬如一面旗子，旗子立起来了，大家才有所指望，才知所趋赴。”[③]中国特色社会主义是改革开放以来党的全部理论和实践的主题，是中国共产党和中国人民团结的旗帜、奋进的旗帜、胜利的旗帜。中国特色社会主义是中国共产党坚持马克思主义基本原理同中国具体实际相结合、同中华优秀传统文化相结合的产物，是我们立足社会主义初级阶段坚持走自己路的正确选择，是党和人民历经千辛万苦、付出巨大代价取得的根本成就。实现共产主义是共产党人的最高理想，

① 《马克思恩格斯文集》（第四卷），北京：人民出版社 2009 年版，第 233 页。
② 《习近平谈治国理政》，北京：外文出版社 2014 年版，第 21 页。
③ 《毛泽东早期文稿（1912.6—1920.11）》，长沙：湖南出版社 1990 年版，第 554 页。

需要一代又一代人接续奋斗，我们现在坚持和发展中国特色社会主义的一切实践，都是向着最高理想进行的实实在在的努力。夺取新时代中国特色社会主义伟大胜利，把我国建成富强民主文明和谐美丽的社会主义现代化强国，实现中华民族伟大复兴，是新时代全国各族人民的共同理想。

历史和现实都告诫我们，有了坚定的理想信念，才能经得住各种风浪考验，才能走得更稳、走得更远，全党理想信念坚定，党就拥有无比强大的力量；没有理想信念，或者理想信念不坚定，就经不起风吹浪打，关键时刻就会私心杂念丛生，甚至临阵脱逃，全党理想信念淡薄，党就会成为乌合之众，风一吹就散。站在新的历史起点上，中国共产党必须夯实团结统一的思想基础，确保我们全党上下拧成一股绳，心往一处想、劲往一处使，怀以坚定的马克思主义信仰、坚定的共产主义远大理想、坚定的中国特色社会主义共同理想，坚持马克思主义基本原理不动摇，迈向实现第二个百年奋斗目标新的赶考之路。

二、坚持党的全面领导不动摇

《共产党宣言》指出："过去的一切运动都是少数人的或者为少数人谋利益的运动。无产阶级的运动是绝大多数人的、为绝大多数人谋利益的独立的运动。"[①] 坚持党的全面领导不动摇，其理论依据就是共产党是"为绝大多数人谋利益的"。党的十九届六中全会通过的《中共中央关于党的百年奋斗重大成就和历史经验的决议》用"十个明确"，对习近平新时代中国特色社会主义思想的核心内容作了高度概括，其中"明确全面从严治党的战略方针"提出，新时代党的建设总要求，要"全面推进党的政治建设、思想建设、组织建设、作风建设、纪律建设，把制度建设贯穿其中，深入推进反腐败斗争，落实管党治党政治责任，以伟

① 《马克思恩格斯选集》（第一卷），人民出版社 1995 年版，第 283 页。

大自我革命引领伟大社会革命”。[①]

“欲筑室者，先治其基。”组织建设是党的建设的重要基础。党的组织路线是为党的政治路线服务的。全党要深化认识并认真贯彻落实好新时代党的组织路线，切实抓好新时代党的组织建设，坚定不移推进党的伟大自我革命，把党的组织体系织密建强，把党的执政大厦根基筑牢夯实。

坚持党的领导，为党的组织建设“引航”。抓牢坚持和加强党的全面领导制度这个根本。在新征程上不断把党建设得更加坚强有力，就要抓住坚持和加强党的全面领导制度这个根本，不断教育引导全党自觉在思想上政治上行动上同以习近平同志为核心的党中央保持高度一致，保持坚强政治定力和正确前进方向。要充分发挥各级党委（党组）、各领域基层党组织的政治功能和组织功能，把广大党员、干部和各方面人才有效组织起来，更加广泛地把广大人民群众凝聚起来，不断积聚起为夺取新时代中国特色社会主义新胜利而团结奋斗的磅礴力量。“纷繁世事多元应，击鼓催征稳驭舟。”党的百年历史表明，什么时候坚持正确组织路线，党的组织就蓬勃发展，党的事业就顺利推进；什么时候组织路线发生偏差，党的组织就遭到破坏，党的事业就出现挫折。党的组织路线是为党的政治路线服务的，正确的政治路线要靠正确的组织路线来保证。中国共产党的领导是中国特色社会主义事业的最本质特征，是中国特色社会主义制度的最大优势，包括组织建设在内的党的各方面建设都必须在党的领导下有力推进。要坚持目标导向、问题导向和结果导向相统一，围绕如何把中国共产党建设得更加坚强有力这个目标任务，在坚持党的领导下贯彻落实“五个抓好”基本要求，为中国共产党长期执政、永葆活力提供坚强组织保障。

---

① 《中共中央关于党的百年奋斗重大成就和历史经验的决议》，北京：人民出版社2021年版，第25页。

完善组织体系，为党的组织建设“塑形”。“如身使臂，如臂使指”。新时代党的组织路线明确提出，党的组织建设要以党的组织体系建设为重点。严密的组织体系，是马克思主义政党的优势所在、力量所在。中国共产党是有着9900多万名党员、510多万个基层党组织的世界第一大执政党，从中央组织到地方组织再到基层组织，中国共产党建立了严密完备的组织体系。如果把党的组织体系比作人的筋骨，那么完善组织体系建设就好比“强筋健骨”，党的中央组织、地方组织、基层组织都坚强有力、充分发挥作用，党的组织体系的优势和威力才能充分体现出来，才能做到闻令而动，全党一盘棋，上下同欲者胜。

贯彻科学理论，为党的组织建设“铸魂”。抓好用党的科学理论武装全党思想这个关键。在新征程上不断把党建设得更加坚强有力，就要抓好用党的科学理论武装全党这个关键。各级党委及其组织部门要自觉用党的科学理论指导党的组织建设，结合新的实际推进改革创新，使各项工作更好体现时代性、把握规律性、富于创造性，为实现新时代党的历史使命提供坚强组织保证。要不断加强马克思主义特别是习近平新时代中国特色社会主义思想的理论武装，使各级党组织和广大党员、干部特别是领导干部掌握马克思主义理论武器，提高马克思主义理论水平和运用能力，共同把党的创新理论转化为推进新时代中国特色社会主义伟大事业的实践力量。“心中有信仰，脚下有力量”。习近平总书记指出，“组织是‘形’，思想是‘魂’。加强党的组织建设，既要‘造形’，更要‘铸魂’。”[①]中国共产党之所以能够完成近代以来各种政治力量不可能完成的艰巨任务，带领人民取得革命、建设、改革的辉煌成就，就在于始终把马克思主义作为行动指南，始终坚持用马克思主义中国化最新成果武装全党，使全党始终保持统一的思想、坚定的意志、协调的行动、强大的战斗力。作为党的组织建设的首要任务，用党的科学理论武装全党，就是要坚持

① 《习近平谈治国理政》（第四卷），北京：外文出版社2022年版，第502页。

马克思主义指导地位，深入贯彻习近平新时代中国特色社会主义思想，使全体党员干部在思想上政治上行动上和党中央保持高度一致，增强“四个意识”，坚定“四个自信”，坚决做到“两个维护”，筑牢信仰之基、补足精神之钙、把稳思想之舵。

培养骨干人才，为党的组织路线“蓄力”。抓稳执政骨干队伍和人才队伍建设这个要害。在新征程上不断把党建设得更加坚强有力，就要抓稳执政骨干队伍和人才队伍建设这个要害。锻造一支高素质的执政骨干队伍和人才队伍，各级党组织要严格把好政治关、廉洁关，严把素质能力关，及时把那些愿干事、真干事、干成事的干部发现出来、任用起来。要加强干部教育培训，使广大干部政治素养、理论水平、专业能力、实践本领跟上时代发展步伐。要深化干部制度改革，完善管思想、管工作、管作风、管纪律的从严管理机制，推动形成能者上、优者奖、庸者下、劣者汰的正确导向。要深化人才发展体制机制改革，破除人才引进、培养、使用、评价、流动、激励等方面的体制机制障碍，实行更加积极、更加开放、更加有效的人才政策，形成具有吸引力和国际竞争力的人才制度体系。“人才自古要养成，放使干霄战风雨”。我们要应变局、育新机、开新局、谋复兴，关键是要把党的各级领导班子和干部队伍建设好、建设强。广大党员干部是我们进行伟大斗争、建设伟大工程、推进伟大事业、实现伟大梦想的生力军，抓好党员干部队伍建设，把好选人、育人、用人关，才能保证党的重大战略和各项事业行稳致远、落地生效。要坚持忠诚、干净、担当的用人价值取向，着力集聚爱国奉献的各方面优秀人才，坚持德才兼备、以德为先、任人唯贤的方针原则，为实现中华民族伟大复兴的中国梦蓄积充足的人才力量。

健全组织制度，为党的组织建设“固基”。抓实党的组织体系和组织制度建设这个核心。在新征程上不断把党建设得更加坚强有力，就要抓实党的组织体系和组织制度建设这个核心。在贯彻落实党中央决策部署方面，要充分发挥中央和国家机关“最初一公里”的带头作用，不断增强地方党委"中间段"的传导功能，坚决打通基层党组织贯彻落实党中央决策部署的"最后一公里"。要不断提高各级党组织的政治领导力、思想引领力、群众组织力、社会号召力，把广大人民群众紧紧团结在党的周围。各级党委党组要建立健全包括组织设置、组织生活、组织运行、组织管理、组织监督等在内的完整组织制度体系，完善党委（党组）落实全面从严治党主体责任的制度，并严格抓好执行，不断提高党的组织建设的制度化、规范化、科学化水平。"君子为国，正其纲纪，治其法度"。健全维护党的集中统一的组织制度是坚持和完善党的领导制度体系的重要内容，也是国家制度和国家治理体系的重要组成部分。毋庸置疑，建立健全包括组织设置、组织生活、组织运行、组织管理、组织监督等在内的完整组织制度体系，将会使党的组织建设更有保障，在应对内外部风险挑战时就更能发挥出制度优势，更加彰显"中国之治"。"制度生命力在于执行"，要明确组织制度执行的主体责任，加强对制度执行情况的监督，广大党员干部特别是各级领导干部要带头执行党的组织制度，真正把党的组织制度优势巩固好、发展好、发挥好。

"求木之长者，必固其根本"。在新征程上，我们要毫不动摇坚持和完善党的领导、继续推进党的建设新的伟大工程，贯彻落实好新时代党的组织路线，不断把党建设得更加坚强有力。今天，我们比历史上任何时期都更接近、更有信心和能力实现中华民族伟大复兴的目标。同时，全党必须清醒认识到，中华民族伟大复兴绝不是轻轻松松、敲锣打鼓就能实现的，前进道路上仍然存在可以预料和难以预料的各种风险挑战。百余年党史昭示我们，坚强有力的组织是党的力量源泉，要在加强党的组织建设中不断提升政治领导力、思想引领力、群众组织力、社会号召力，坚持刀刃向内，勇于自我革命。全党必须铭记生于忧患、死于安乐，常怀远虑、居安思危，坚持抓好党的组织建设的各个方面，不断把党建设得更加坚强有力，敢于战胜前进道路上的一切困难和挑战，不断推动中国特色社会主义事业航船劈波斩浪、勇往直前。中国共产党致力于中华民族千秋伟业，百年恰是风华正茂。中国号巨轮在面对百年未有之大变局的不确定性时，就务必要毫不动摇坚持和完善党的领导、继续推进党的建设新的伟大工程，贯彻落实好新时代党的组织路线，不断把党建设得更加坚强有力，牢牢把握住9900多万名共产党员、14亿多中国人民的最大确定性。唯有如此，我们才能拥有“乱云飞渡仍从容”的战略定力，蹄疾步稳地不断推进中国共产党领导下的中国特色社会主义事业取得新的更大的胜利。

三、坚持中国特色社会主义不动摇

恩格斯曾说过：“所谓‘社会主义社会’不是一种一成不变的东西，而应当和任何其他社会制度一样，把它看成是经常变化和改革的社会。”[①]中国特色社会主义不是教条，而是科学社会主义理论逻辑与中国社会发展历史逻辑的辩证统一，是根植于中国大地、反映中国人民意愿、适应中国和时代发展进步要求的社会形态。

中国特色社会主义事业总体布局离不开“两个文明”的提出。1978年5月11日，《光明日报》发表特约评论员文章《实践是检验真理的唯一标准》引发了全社会关于真理标准问题的大讨论。同年12月，解放思想、实事求是的思想路线在十一届三中全会上重新确立。在这一思想解放的基础上，中国共产党深刻总结中国革命与建设的经验教训，从中国经济状况单薄的实际出发，首先强调的是物质文明建设，强调“以经济建设为中心”，“就是把国家的工作重点坚决转移到社会主义现代化经济建设上来。”提出大力发展生产力是“当前最伟大的历史任务”。[②]但是在片面强调以经济建设为中心的同时，随着改革开放的日益深入，思想领域中利己主义、享乐主义和拜金主义等西方腐朽浪潮侵入国内，

① 《马克思恩格斯选集》（第四卷），北京：人民出版社1995年版，第693-694页。

② 《三中全会以来重要文献选编》（上），北京：人民出版社1982年版，第121页。

在社会上产生了不良影响，中国共产党逐渐认识到精神文明建设的必要性与重要作用。

次年10月，在中国文学艺术工作者第四次代表大会上，邓小平在祝辞发言中提出：“我们在建设高度物质文明的同时，提高全民族的科学文化水平，发展高尚的丰富多彩的文化生活，建设高度的社会主义精神文明。”[①]1980年12月，党的中央工作会议在北京召开，会议决定加强党的思想政治工作，在《贯彻调整方针，保证安定团结》中，邓小平强调“加强思想政治工作，改进宣传工作，已经作为保证这次调整的顺利实现、巩固安定团结的政治局面的一项极端重要的任务，摆在全党同志面前”。[②]同时，在这次讲话中对“社会主义精神文明”的内涵首次作出了科学的界定：“所谓精神文明，不但是指教育、科学、文化，而且是指共产主义的思想、理想、信念、道德、纪律，革命的立场和原则，人与人的同志式关系。”“没有这种精神文明，没有共产主义思想，没有共产主义道德，怎么能建设社会主义？”[③]

1982年9月，党的十二大在北京胜利召开，会议首次提出了“建设有中国特色的社会主义”。同时，基于当时改革开放初期精神文明建设的迫切形势，党的十二大报告首次厘清了物质文明和精神文明的科学内涵及相互关系，提出“两个文明一起抓，是建设社会主义的战略方针。”[④]在报告的“努力建设高度的社会主义精神文明”部分中，还进一步阐述了邓小平“两手抓”的重要思想，将精神文明建设与物质文明建设摆到同样战略高度。党的十二届六中全会正式将“精神文明建设”列入我国社会主义现代化建设总体布局之中。“两种文明的建设，互为条件，又

① 《邓小平文选》（第二卷），北京：人民出版社1994年版，第168页。
② 《邓小平文选》（第二卷），北京：人民出版社1994年版，第208页。
③ 《邓小平文选》（第二卷），北京：人民出版社1994年版，第288页。
④ 《十二大以来重要文献选编》（上），北京：人民出版社1986年版，第356页。

互为目的。”[①]由此，“两个文明”布局基本形成，成为中国共产党在探索建设中国特色社会主义进程中的最初布局。

中国共产党领导中国人民进行了革命、建设和改革，取得了一系列辉煌成就，也曾有过经验教训。当前的中国，面临诸多前所未有的困难与挑战，对中国特色社会主义事业总体布局的理论研究显得尤为重要。中国特色社会主义事业的总体布局经历了“两个文明”“三位一体”“四位一体”和“五位一体”四个发展阶段，这些不同的发展阶段都是源于中国共产党在领导国家建设的实践过程中对于中国特色社会主义事业认识的不断深化，对于“什么是社会主义、怎样建设社会主义”问题思考的升华。

党的十八大对中国特色社会主义事业总体布局进行了进一步的完善，提出了包括经济建设、政治建设、文化建设、社会建设和生态文明建设在内的，紧扣我国现代化建设中的突出矛盾和问题的“五位一体”总体布局。党的十八届五中全会在“五位一体”总体布局的基础上，提出了创新、协调、绿色、开放、共享的五大发展理念，这五大发展理念，相互贯通统一于“五位一体”总体布局之中，是中国特色社会主义事业“五位一体”总体布局的当代引领。

第三节　以新的理论指导新的实践

实践的发展一往无前，我们必须不断拓展认识的广度和深度，既要有“理论思维”，又要有“实践思维”，不断以新的理论指导新的实践。面对新的战略机遇、新的战略任务、新的战略阶段、新的战略要求、新的战略环境，我们既没有现成的经验可以照搬，也没有现成的模式可以借鉴，就是要在新的斗争中敢于说前人没有说过的新话，敢于干前人没

① 《十二大以来重要文献选编》(下)，北京：人民出版社 1988 年版，第 187 页。

有干过的事情。

一、不断拓展认识的广度和深度

广度是谓事物的范围程度，宽宏的气度；深度是指触及事物本质的程度，事物向更高阶段发展的程度。知常明变者赢，守正创新者进。中国共产党的历史，就是一部不断推进马克思主义中国化时代化的历史，就是一部不断推进理论创新、进行理论创造的历史。我们从事的是前无古人的伟大事业，必须不断拓展认识的广度和深度，以科学的态度对待科学、以真理的精神追求真理。

不断拓展认识的广度和深度离不开学习。党的十八大以来，我们党开展了多次集中性学习教育。其中开展"两学一做"学习教育，是以习近平同志为核心的党中央加强党的思想政治建设的一项重大部署，是协调推进"四个全面"战略布局，特别是推动全面从严治党向基层延伸的有力抓手。近年来，我们按照基础在学、关键在做的要求，坚持学做结合、知行合一，坚持全覆盖、常态化、重创新、求实效，强化问题导向，注重以上率下，扎实有序推进了"两学一做"学习教育，促进了各项工作任务落实。我们一个重要体会是，学习要持之以恒、求真务实、融会贯通，不断拓展学的深度和广度，切实在真学、真懂上下功夫，真正夯实"学"的"基础"，将学的效果转化为把握方向、掌握方法、解决问题和推动工作。

要持之以恒"学"。俗话说得好，活到老，学到老。学习不是一朝一夕的事情，不可能一蹴而就，必须坚持不懈。"锲而舍之，朽木不折；锲而不舍，金石可镂。"广大党员干部要带头学习，必须把学习作为一种良好习惯融入自己的生活之中，长期抓，抓长期，一步一步地推进，一点一点地积累。绝不能"三天打鱼两天晒网"，上来头脑发热，声势浩大；时间一长，热度一低，就偃旗息鼓、无声无息。毛泽东曾这样说过："学习的敌人是自己的满足，要认真学习一点东西，必须从不自满开始。

对自己，‘学而不厌’，对人家，‘诲人不倦’，我们应取这种态度。”①

要求真务实“学”。学习的方法是多种多样的，而学习态度却仅仅只有一种，那就是时时刻刻都要认认真真。态度决定一切。党员干部带头学习提高，必须真抓实干，实打实、真对真，采取硬措施，拿出好办法。古人读书讲究“博学之、审问之、慎思之、明辨之、笃行之”，既是一个学习过程，更是对学习的要求。学习须从自身特点和实际需要出发，区分主次，突出重点，做到基本理论笃学，本职业务深学，修身知识勤学，急需知识先学，学就要学出真知，学就要学出真效，学习时要把“学”和“思”结合起来，如果学习时不动脑子，不想问题，就不可能学到真正的知识，如果将学习当作一种负担，嘴上说一套，实际上做一套，那样既不会取得效果，还会影响党员的形象和威信。毛泽东曾这样教导革命军人，“知识的问题是一个科学问题，来不得半点的虚伪和骄傲，我们必须向一切内行的人们（不管什么人）学习。拜他们做老师，恭恭敬敬地学，老老实实地学。不懂就是不懂，不要装懂。”②

要融会贯通“学”。实践出真知。知而不行，如同耕田后没撒种子，无论多么勤劳，都将一无收获。学习不是目的，关键是提升素质、增强能力，关键是服务群众、推进工作。说白了，学了就要管用，就要起作用。要结合实际，在学习中工作，在工作中学习，本着缺什么、补什么，干什么、学什么，不仅要学到真知、掌握技能，更要学会思考，举一反三，融会贯通，自觉将学习成果转化到工作中，创新工作思路，改进工作方法，提升工作水平。同时，要把向书本学习和向实践学习结合起来，到基层和群众中去，运用、检验、深化所学的知识。如果脱离实际抓学习，将成为“无本之木、无源之水”。毛泽东在学以致用方面，有这样一句名言，

① 《毛泽东选集》（第二卷），北京：人民出版社 1991 年版，第 535 页。

② 《毛泽东选集》（第一卷），北京：人民出版社 1991 年版，第 264 页。

“读书是学习，使用也是学习，而且是更重要的学习。”①

二、敢于说前人没有说过的新话，敢于干前人没有干过的事情

毛泽东说过：“我们的任务是过河，但是没有桥或没有船就不能过。不解决桥或船的问题，过河就是一句空话。”②党的二十大科学谋划了未来5年乃至更长时期党和国家事业发展的目标任务和大政方针。面对新的战略机遇、新的战略任务、新的战略阶段、新的战略要求、新的战略环境，我们既没有现成的经验可以照搬，也没有现成的模式可以借鉴，就是要在新的斗争中敢于说前人没有说过的新话，敢于干前人没有干过的事情。

鲁迅曾有言：“什么是路？就是从没路的地方践踏出来的，从只有荆棘的地方开辟出来的。”新时代以来，我们遭遇的风险挑战风高浪急，有时甚至是惊涛骇浪，各种风险挑战接踵而至，其复杂性严峻性前所未有。我们采取一系列战略性举措，推进一系列变革性实践，实现一系列突破性进展，取得一系列标志性成果，攻克了许多长期没有解决的难题，办成了许多事关长远的大事要事，经受住了来自政治、经济、意识形态、自然界等方面的风险挑战考验，党和国家事业取得历史性成就、发生历史性变革。③其中突出的一点就在于在党的建设方面。习近平总书记在中国共产党第十九届中央纪律检查委员会第六次全体会议上发表重要讲话，明确强调要“以伟大自我革命引领伟大社会革命，坚持不懈把全面从严治党向纵深推进”。

党的十八以来，以习近平同志为核心的党中央坚定不移推进全面从严治党，探索出依靠党的自我革命跳出历史周期率的成功路径，成为“第

① 《毛泽东选集》（第一卷），北京：人民出版社1991年版，第8页。
② 《毛泽东选集》（第一卷），北京：人民出版社1991年版，第139页。
③ 樊伟伟，彭煜：《敢于干前人没有干过的事情》，载《解放军报》2022年12月1日。

二个答案”。在中国共产党成立100周年之际，在全面建成小康社会进而开启全面建设社会主义现代化国家新征程的历史性时刻，中国共产党人深刻总结运用党的百年奋斗历史经验，坚持不懈把全面从严治党向纵深推进，以伟大自我革命引领伟大社会革命，确保党始终不变质、不变色、不变味，永葆马克思主义政党鲜明本色，开辟了百年大党自我革命新境界。

敢于说前人没有说过的新话，敢于干前人没有干过的事情，在党的建设领域，就是要以政治建设为统领，坚守自我革命根本政治方向。党的政治建设是党的根本性建设，决定着党的建设方向和效果。以党的政治建设为统领，把全面从严治党不断向纵深推进，要始终保证民主集中制在全党不折不扣地贯彻执行，要始终保证全党坚决维护习近平总书记党中央的核心、全党的核心地位，坚决维护党中央权威和集中统一领导。党的百年奋斗历程，历经无数艰难困苦，创造无数辉煌成就，不断从胜利走向更大的胜利，根本在于党始终牢记“为中国人民谋幸福，为中华民族谋复兴”的初心使命，关键在于党始终把政治建设摆在加强自身建设的统领地位，勇于坚持真理、修正错误，勇于刀刃向内、刮骨疗毒，保证了党长盛不衰、不断发展壮大。习近平总书记在十九届中央纪委六次全会上用四个“任重道远”叮嘱全党“必须清醒认识到，腐败和反腐败较量还在激烈进行”，全党务必保持反腐败政治定力，吹响反腐败永远在路上的“冲锋号”，不断增强“四个意识”、坚定“四个自信”、拥护“两个确立”、做到“两个维护”，不断实现不敢腐、不能腐、不想腐一体推进的战略目标。

敢于说前人没有说过的新话，敢于干前人没有干过的事情，在党的建设领域，就是要以思想建设为基础，淬炼自我革命锐利思想武器。在推进新时代党的建设新的伟大工程的时代背景下，党中央和习近平总书记致力于强化党的思想建设，更加强调马克思主义的指导地位，更加强调继承和发展马克思主义建党学说，更加强调对党员领导干部加强理想信念教育。党的十九届六中全会聚焦总结运用党的百年奋斗历史经验，标明了习近平新时代中国特色社会主义思想在马克思主义发展史、中华文化发展史上的重要地位，明确提出"确立习近平同志党中央的核心、全党的核心地位，确立习近平新时代中国特色社会主义思想的指导地位"，为在全面建设社会主义现代化国家新征程上更加深入推进管党治党的实践创新、理论创新、制度创新提供了强大思想武器。在习近平新时代中国特色社会主义思想指引下，在新的赶考之路上的中国共产党人始终牢记"中国共产党是什么、要干什么"这个根本问题，坚持唯物史观和正确党史观，对建设什么样的长期执政的马克思主义政党、怎样建设长期执政的马克思主义政党的规律性认识达到新的高度，淬炼出了党始终勇于自我革命、勇于刮骨疗毒的锐利思想武器，凝聚起了"坚持不懈把全面从严治党向纵深推进"的强大思想共识。

敢于说前人没有说过的新话，敢于干前人没有干过的事情，在党的建设领域，就是要以纪律建设为堤坝，不断丰富自我革命有效途径。路线是王道，纪律是霸道，没有铁的纪律作保证，党的理论就无法变成现实，党的路线方针政策就无法得到有效贯彻落实。党的十八大以来，党中央以八项规定破题开路，以严明纪律整饬作风，以雷霆之势反腐惩恶，以前所未有的勇气和定力推进党风廉政建设和反腐败斗争，刹住了一些多年未刹住的歪风邪气，解决了许多长期没有解决的顽瘴痼疾，清除了党、国家、军队内部存在的严重隐患，政治生态实现风清气正，管党治党宽松软状况得到根本扭转。社会革命的永无止境决定着党的自我革命也是永无止境的，面对新的形势任务，习近平总书记以马克思主义政治家的高瞻远瞩站在中华民族伟大复兴战略全局和世界百年未有之大变局的高度告诫全党同志"要永葆自我革命精神，增强全面从严治党永远在路上的政治自觉，绝不能滋生已经严到位的厌倦情绪"，党风廉政建设和反腐败斗争是一场攻坚战、持久战，必然要求锻造更加坚强有力的马克思主义政党。面对形式主义、官僚主义这个党和国家事业发展的大敌，党的纪律建设的堤坝只能加强、不能削弱，必须锲而不舍纠“四风”树新风，不断丰富自我革命有效途径，确保反腐败的利剑永远锋利。

勇于自我革命、敢于刀刃向内、主动刮骨疗毒是中国共产党“百年恰是风华正茂”的强大支撑。在过去一百多年的艰辛探索和艰苦奋斗中，中国共产党积累了十分丰富的党的建设的宝贵经验。在全面推进实现第二个百年奋斗目标的历史进程中，我们要充分总结运用好这些宝贵精神财富，以永远在路上的坚定执着，不断增强党在长期执政条件下自我净化、自我完善、自我革新、自我提高能力，为保持平稳健康的经济环境、国泰民安的社会环境、风清气正的政治环境，把党的伟大自我革命不断推向前进，去说更多前人没有说过的新话，去干更多前人没有干过的事情。

延伸阅读

让当代中国马克思主义放射出更加灿烂的真理光芒

——"十个明确"彰显马克思主义中国化新飞跃

习近平新时代中国特色社会主义思想是当代中国马克思主义、二十一世纪马克思主义，是中华文化和中国精神的时代精华，实现了马克思主义中国化新的飞跃。

党的十九届六中全会审议通过《中共中央关于党的百年奋斗重大成就和历史经验的决议》，用"十个明确"概括了习近平新时代中国特色社会主义思想的核心内容。

习近平新时代中国特色社会主义思想深刻回答了新时代坚持和发展什么样的中国特色社会主义、怎样坚持和发展中国特色社会主义，建设什么样的社会主义现代化强国、怎样建设社会主义现代化强国，建设什么样的长期执政的马克思主义政党、怎样建设长期执政的马克思主义政党等重大时代课题，提出一系列原创性的治国理政新理念新思想新战略。深入领会"十个明确"，准确把握习近平新时代中国特色社会主义思想蕴含的原创性贡献，是新征程上我们把握历史主动、创造新的胜利的根本保证。

"坚定不移走这条道路、与时俱进拓展这条道路，推动中国特色社会主义道路越走越宽广"

中国特色社会主义进入新时代是我国发展新的历史方位。

党的十八大以来，以习近平同志为核心的党中央统筹把握中华民族伟大复兴战略全局和世界百年未有之大变局，团结带领亿万人民承前启后、继往开来，在新的历史条件下继续夺取中国特色社会主义伟大胜利。

新时代坚持和发展什么样的中国特色社会主义、怎样坚持和发展中国特色社会主义？习近平总书记进行了深邃思考。

明确“中国共产党领导”是中国特色社会主义最本质的特征、中国特色社会主义制度的最大优势——

习近平总书记深刻指出：“中国共产党领导是中国特色社会主义最本质的特征，是中国特色社会主义制度的最大优势，是党和国家的根本所在、命脉所在，是全国各族人民的利益所系、命运所系。”

中国共产党是中国特色社会主义事业的领导核心，处在总揽全局、协调各方的地位。

以习近平同志为核心的党中央深刻揭示党的领导与中国特色社会主义的相互关系，标志着中国共产党对马克思主义建党学说和社会主义发展规律的认识达到新的高度。

把“党政军民学，东西南北中，党是领导一切的”写入党章，把“中国共产党领导是中国特色社会主义最本质的特征”写入宪法……

在党中央组建一系列顶层机构，全面加强党对全面深化改革、全面依法治国、财经、外事、国家安全、网信等重大工作的领导；将党的领导贯彻和融入意识形态、国有企业治理、高校领导体制、群团组织建设等各领域各方面工作之中……

一系列基础性、创制性、战略性举措，使党中央真正成为坐镇中军帐的“帅”，车马炮各展其长，一盘棋大局分明。全党上下“如身使臂，如臂使指，叱咤变化，无有留难”。

擘画中国特色社会主义事业“五位一体”总体布局和“四个全面”战略布局，强调坚定“四个自信”——

2014年12月，习近平总书记在江苏调研时，将“全面建成小康社会、全面深化改革、全面推进依法治国、全面从严治党”并提，明确了中国共产党治国理政的战略布局。

党的十九大明确，中国特色社会主义事业总体布局是“五位一体”、战略布局是“四个全面”，强调坚定道路自信、理论自信、制度自信、文化自信。

站在历史的交汇点上，党的十九届五中全会为“十四五”时期发展谋篇布局，“四个全面”战略布局中的首个“全面”由“全面建成小康社会”发展为“全面建设社会主义现代化国家”。

统筹推进“五位一体”总体布局，协调推进“四个全面”战略布局，以习近平同志为核心的党中央推动党和国家事业取得历史性成就、发生历史性变革，创造了一个又一个彪炳史册的奇迹。

着眼国家治理体系和治理能力现代化，为中国特色社会主义提供更加坚实的制度支撑——

经国序民，正其制度。

党的十八大以来，习近平总书记把制度建设摆到更加突出的位置，强调“构建系统完备、科学规范、运行有效的制度体系，使各方面制度更加成熟更加定型”。

2013年11月，具有划时代意义的党的十八届三中全会，首次提出“推进国家治理体系和治理能力现代化”这个重大命题。

党的十八届三中全会作出全面深化改革的顶层设计、四中全会专题研究全面依法治国，党的十九届三中全会拉开改革开放以来最大规模机构改革大幕、四中全会在党的历史上首次专题研究坚持和完善中国特色社会主义制度、推进国家治理体系和治理能力现代化问题……

九年多来，支撑中国特色社会主义制度的根本制度不断筑牢、基本制度更加完善、重要制度不断创新，各领域基础性制度框架基本确立，系统完备、科学规范、运行有效的制度体系日渐成型。

如期实现全面建成小康社会目标，历史性解决绝对贫困问题，开启全面建设社会主义现代化国家新征程；经济总量超过110万亿元，连年对世界经济增长贡献率超过30%；改革发展成果惠及更多百姓，天蓝、地绿、水清的“美丽中国”画卷徐徐展开……

“中国之制”充分转化为国家治理效能，成就了经济快速发展和社会长期稳定“两大奇迹”。

大道之行，壮阔无垠。

历史和现实充分证明，中国特色社会主义是实现中华民族伟大复兴的唯一正确道路。

“全面建成社会主义现代化强国的目标一定能够实现，中华民族伟大复兴的中国梦一定能够实现”

建设一个现代化的强国，是近代以来中国人矢志不渝的梦想。

从发展全过程人民民主，到推动人的全面发展、全体人民共同富裕取得更为明显的实质性进展；从贯彻新发展理念、构建新发展格局，到推动高质量发展；从新时代的强军目标，到中国特色大国外交……

习近平新时代中国特色社会主义思想指明了中国式现代化道路的新图景，深刻回答了建设什么样的社会主义现代化强国、怎样建设社会主义现代化强国的重大时代课题。

2021年7月1日，天安门城楼上，习近平总书记庄严宣告——

“经过全党全国各族人民持续奋斗，我们实现了第一个百年奋斗目标，在中华大地上全面建成了小康社会，历史性地解决了绝对贫困问题，正在意气风发向着全面建成社会主义现代化强国的第二个百年奋斗目标迈进。”

全面建设社会主义现代化强国，习近平总书记在党的十九大上清晰描绘时间表、路线图——

“在全面建成小康社会的基础上，分两步走在本世纪中叶建成富强民主文明和谐美丽的社会主义现代化强国”。

以中国式现代化推进中华民族伟大复兴，在一代又一代接续奋斗的基础上，作出新的“两步走”战略安排，不仅把原来第二个百年目标实现的时间表提前了15年，还提出了更高的目标、更高的追求。

“我们建设的现代化必须是具有中国特色、符合中国实际的”，习近平总书记深刻揭示中国式现代化的丰富内涵——

“我国现代化是人口规模巨大的现代化，是全体人民共同富裕的现代化，是物质文明和精神文明相协调的现代化，是人与自然和谐共生的现代化，是走和平发展道路的现代化”。

治国之道，富民为始。

2021年6月，《中共中央 国务院关于支持浙江高质量发展建设共同富裕示范区的意见》发布。“所有的人富裕”这一马克思、恩格斯对未来社会的美好设想，正在中国大地化为“共同富裕”的生动实践。

习近平总书记强调，共同富裕是社会主义的本质要求，是人民群众的共同期盼。

从脱贫攻坚“一个也不能少”的庄严承诺，到疫情防控“一个都不放弃”的全力救治；从“十三五”规划纲要把“坚持人民主体地位”作为首要原则，到“十四五”规划纲要将“全体人民共同富裕取得更为明显的实质性进展”作为奋斗目标……人民至上，是建设社会主义现代化强国的价值取向和力量源泉。

“现代化不是单选题。历史条件的多样性，决定了各国选择发展道路的多样性。”习近平总书记在对历史规律的深刻把握中，展现出马克思主义政治家、战略家的远见与自信。

对全面建设社会主义现代化强国，习近平总书记高瞻远瞩、把舵定向——

2012年12月，党的十八大后首次出京考察前往广东，习近平总书记思虑深远：“我们建设现代化国家，走美欧老路是走不通的，再有几个地球也不够中国人消耗。”

九年后的几乎同一时间，中央经济工作会议上，习近平总书记强调：“必须坚持高质量发展”。

九年多来，从作出新常态的重大判断，到推进供给侧结构性改革的重大部署，从创造性提出新发展理念的理论飞跃，到作出构建新发展格局的战略抉择……习近平总书记为马克思主义政治经济学注入新的时代内涵。

九年多来，实施创新驱动发展战略，引领文化建设，保障和改善民生，推进国防和军队现代化……习近平总书记提出的“健康中国”“美丽中国”“平安中国”等奋斗目标，汇成社会主义现代化强国的“大愿景”。

把握新发展阶段，贯彻新发展理念，构建新发展格局。

今天，“嫦娥探月”“天问探火”等一项项大国重器夯实中国奔向现代化的底气，奔腾不息的长江黄河奏响新的澎湃乐章，昔日黄沙遮天的塞罕坝变成绿意盎然的林海，“一带一路”朋友圈不断壮大……在创新、协调、绿色、开放、共享的新发展理念指引下，中国高质量发展之路越走越宽广。

展望本世纪中叶，中国十几亿人口整体迈入现代化社会，将彻底改写现代化的世界版图，意义深远——

中华民族，将以更加昂扬的姿态屹立于世界民族之林，为促进人类进步作出更大贡献。

“我们探索出一条长期执政条件下解决自身问题、跳出历史周期率的成功道路”

“勇于自我革命是中国共产党区别于其他政党的显著标志，是党跳出治乱兴衰历史周期率、历经百年沧桑更加充满活力的成功秘诀。”

2022年1月20日，十九届中央纪委六次全会通过的公报鲜明指出百年大党永葆生机的奥秘。

70多年前，在陕北的窑洞，面对如何跳出历史周期率的问题，毛泽东同志给出了第一个答案：“只有让人民起来监督政府，政府才不敢松懈”。

经过百年奋斗特别是党的十八大以来新的实践，习近平总书记提出"党的自我革命"这一重要命题，引领中国共产党用勇于自我革命的行动找到"窑洞之问"的"第二个答案"，充分体现了以习近平同志为核心的党中央对马克思主义建党学说的丰富发展，对共产党执政规律的认识达到新的高度。

时间回到九年前。世界百年变局加速演变，中华民族伟大复兴进入关键阶段，"四大考验"严峻复杂，"四种危险"尖锐深刻。

2012 年 11 月 15 日，中外记者会聚北京人民大会堂东大厅。

镁光灯下，刚刚当选为中共中央总书记的习近平斩钉截铁地说："全党必须警醒起来。打铁还需自身硬。"

两天后，在主持十八届中共中央政治局第一次集体学习时，习近平总书记再次发出振聋发聩的警告：大量事实告诉我们，腐败问题越演越烈，最终必然会亡党亡国！

习近平总书记以革命者必先自我革命的坚定意志和决心，开启了新时代党的自我革命的伟大实践。

党的十八大以来的第十个年头，习近平总书记在十九届中央纪委六次全会上深刻指出："十年磨一剑，党中央把全面从严治党纳入'四个全面'战略布局，以前所未有的勇气和定力推进党风廉政建设和反腐败斗争，刹住了一些多年未刹住的歪风邪气，解决了许多长期没有解决的顽瘴痼疾，清除了党、国家、军队内部存在的严重隐患，管党治党宽松软状况得到根本扭转，探索出依靠党的自我革命跳出历史周期率的成功路径。"

依靠党的自我革命跳出历史周期率，必须旗帜鲜明讲政治，确保党不变色——

"全面从严治党首先要从政治上看，不能只讲腐败问题、不讲政治问题。"

习近平总书记提出新时代党的建设总要求，强调"以党的政治建设为统领”“把党的政治建设摆在首位”，体现了对马克思主义政党建设规律认识的新飞跃。

万山磅礴，必有主峰。

2016年10月，党的十八届六中全会确立习近平同志为党中央的核心、全党的核心，正式提出以习近平同志为核心的党中央。

一年后，党的十九大把习近平新时代中国特色社会主义思想和习近平总书记的核心地位一同载入党章，写在党的旗帜上。

2021年11月，党的十九届六中全会通过的党的第三个历史决议指出，党确立习近平同志党中央的核心、全党的核心地位，确立习近平新时代中国特色社会主义思想的指导地位，反映了全党全军全国各族人民共同心愿，对新时代党和国家事业发展、对推进中华民族伟大复兴历史进程具有决定性意义。

新征程上，9500多万党员切实把“两个确立”的政治共识转化为“两个维护”的实际行动，就一定能够带领亿万中国人民战胜各种艰难险阻，在全面建设社会主义现代化国家新征程上创造新的时代辉煌、铸就新的历史伟业。

依靠党的自我革命跳出历史周期率，必须坚定不移反腐败，确保党不变质——

习近平总书记指出，只有以反腐败永远在路上的坚韧和执着，深化标本兼治，保证干部清正、政府清廉、政治清明，才能跳出历史周期率，确保党和国家长治久安。

从“打虎”“拍蝇”“猎狐”的震慑，到制度笼子的约束、精神之“钙”的补足，再到一体推进不敢腐、不能腐、不想腐体制机制建设……

一系列重要安排，开拓了党长期执政条件下自我净化、自我完善、自我革新、自我提高的新境界。

依靠党的自我革命跳出历史周期率，必须驰而不息抓作风，确保党不变味——

2013 年 7 月 11 日，细雨中的西柏坡草木葱茏。纪念馆内，习近平总书记在一块展板前驻足良久。

“不做寿，这条做到了；不送礼，这个还有问题，所以反‘四风’要解决这个问题；少敬酒，现在公款吃喝得到遏制，关键是要坚持下去……”总书记边看展板边说。

对照中国共产党人“进京赶考”前定下的规矩，中央八项规定指向清晰、具体可行，引领了一场深刻的党风政风之变、党心民心之变。

全面推进党的政治建设、思想建设、组织建设、作风建设、纪律建设，把制度建设贯穿其中……党的十八大以来，党在革命性锻造中更加坚强，焕发出新的强大生机活力。

“置身这一历史巨变之中的中国人更有资格、更有能力揭示这其中所蕴含的历史经验和发展规律，为发展马克思主义作出中国的原创性贡献”

2022 年 2 月 20 日晚，北京冬奥会闭幕，标志着疫情发生以来首次如期举办的全球综合性体育盛会圆满结束。

独具匠心的奥运村，令人惊叹的比赛场馆，非凡卓越的组织工作……国际奥委会主席巴赫用“真正无与伦比”来盛赞这场“伟大的盛会”。

北京冬奥会的成功，正是党领导人民推动经济社会发展取得历史性成就、发生历史性变革的浓缩写照，是以“十个明确”为核心内容的习近平新时代中国特色社会主义思想科学指引的必然结果。

伟大思想引领伟大事业，实践创新推动理论创新。

在庆祝改革开放 40 周年大会上，习近平总书记曾指出，我们要强化问题意识、时代意识、战略意识，用深邃的历史眼光、宽广的国际视野把握事物发展的本质和内在联系，紧密跟踪亿万人民的创造性实践，借鉴吸收人类一切优秀文明成果，不断回答时代和实践给我们提出的新的重大课题，让当代中国马克思主义放射出更加灿烂的真理光芒。

习近平新时代中国特色社会主义思想正是深刻总结并充分运用党成立以来的历史经验，从新的实际出发，以全新视野深化了对共产党执政规律、社会主义建设规律、人类社会发展规律的认识。

2020年3月，之江大地春寒料峭。

疫情发生后，习近平总书记首次实地考察复工复产。在世界货物吞吐量第一大港舟山港，总书记一路深入调研，进行着深邃的思考。

如何准确识变、科学应变、主动求变？

考察后不久，习近平总书记作出重大决策："构建以国内大循环为主体、国内国际双循环相互促进的新发展格局"。党的第三个历史决议，将这一重大决策纳入"十个明确"。

与伟大实践相结合，与时代发展同进步。

在党的十九大报告概括的"八个明确"基础上，党的十九届六中全会用"十个明确"对习近平新时代中国特色社会主义思想的核心内容作出进一步概括。

一系列战略思想和创新理念，是党对中国特色社会主义建设实践和理论创新的成果。

2022年1月27日，在山西瑞光热电有限责任公司考察调研时，习近平总书记谈到煤炭清洁化利用问题，明确提出要加快绿色低碳技术攻关，持续推动产业结构优化升级。

这是近半年来，总书记地方考察期间第三次调研能源企业。

绿色低碳，事关长远和全局。一系列考察与会议，着眼解决关系社会主义现代化强国建设的战略问题，习近平总书记以深远的战略眼光，作出战略部署，强调"完整准确全面贯彻新发展理念""坚定不移走生态优先、绿色低碳的高质量发展道路""如期实现碳达峰、碳中和目标"。

立足时代之基，回应时代之问，引领时代之变。

2013年11月26日，在山东曲阜的孔府和孔子研究院参观考察时，习近平总书记指出，"一个国家、一个民族的强盛，总是以文化兴盛为支撑的”。

站在坚定文化自信、实现民族复兴的高度，习近平总书记为传承发展中华优秀传统文化注入固本培元、立根铸魂的思想力量。

万物有所生，而独知守其根。

在庆祝中国共产党成立100周年大会上，习近平总书记首次提出，坚持把马克思主义基本原理同中国具体实际相结合、同中华优秀传统文化相结合。

立足中华民族伟大复兴战略全局，植根广袤中国大地和中华文化沃土，习近平新时代中国特色社会主义思想将对中华优秀传统文化地位和作用的认识提升到崭新高度，实现了马克思主义思想精髓与中华优秀传统文化精神特质的融会贯通。

思想如永恒灯塔，指引壮阔新征程。

2022年新年伊始，中央党校（国家行政学院）礼堂座无虚席。省部级主要领导干部学习贯彻党的十九届六中全会精神专题研讨班开班式在这里举行。

在这堂面向“关键少数”的“开年第一课”上，习近平总书记向全党发出号召：

“更好把坚持马克思主义和发展马克思主义统一起来，坚持用马克思主义之‘矢’去射新时代中国之‘的’，继续推进马克思主义基本原理同中国具体实际相结合、同中华优秀传统文化相结合，续写马克思主义中国化时代化新篇章。”

伟大思想与非凡事业彼此辉映，科学理论与伟大实践相互激荡。新征程上，以习近平新时代中国特色社会主义思想为指南，14亿多中国人民必将创造中华民族新的历史辉煌，书写人类文明新的精彩华章。

（新华社北京2022年2月23日电　新华社记者：张晓松、胡浩、史竞男、丁小溪、黄玥）

“必须坚持问题导向。问题是时代的声音，回答并指导解决问题是理论的根本任务。今天我们所面临问题的复杂程度、解决问题的艰巨程度明显加大，给理论创新提出了全新要求。我们要增强问题意识，聚焦实践遇到的新问题、改革发展稳定存在的深层次问题、人民群众急难愁盼问题、国际变局中的重大问题、党的建设面临的突出问题，不断提出真正解决问题的新理念新思路新办法。”

——习近平：《高举中国特色社会主义伟大旗帜 为全面建设社会主义现代化国家而团结奋斗——在中国共产党第二十次全国代表大会上的报告》

第四章

必须坚持问题导向：「从来都是为了解决中国的现实问题」

第一节　回答并指导解决问题是理论的根本任务

始终站在时代前沿、聆听时代声音，不断探索时代发展提出的新课题、回应人类社会面临的新挑战，是马克思主义能够历久弥新、创新发展的奥妙所在。党的十八大以来，国内外形势新变化和实践新要求，迫切需要我们从理论和实践的结合上深入回答关系党和国家事业发展、党治国理政的一系列重大时代课题。

一、问题是时代的声音

习近平总书记在党的二十大报告中明确强调：“我们要增强问题意识，聚焦实践遇到的新问题、改革发展稳定存在的深层次问题、人民群众急难愁盼问题、国际变局中的重大问题、党的建设面临的突出问题，不断提出真正解决问题的新理念新思路新办法。”[①]问题是时代的声音。正是基于对于新时代坚持和发展什么样的中国特色社会主义、怎样坚持和发展中国特色社会主义，建设什么样的社会主义现代化强国、怎样建设社会主义现代化强国，建设什么样的长期执政的马克思主义政党、怎样建设长期执政的马克思主义政党等重大时代课题的准确把握和科学回答，习近平新时代中国特色社会主义思想实现了马克思主义中国化时代化新的飞跃。

“哲学家们只是用不同的方式解释世界，而问题在于改变世界”。[②]马克思主义不是书斋里的学问，而是直接服务于人民群众的实践科学，

① 习近平：《高举中国特色社会主义伟大旗帜 为全面建设社会主义现代化国家而团结奋斗——在中国共产党第二十次全国代表大会上的报告》，北京：人民出版社2022年版，第20页。

② 《马克思恩格斯文集》（第一卷），北京：人民出版社2009年版，第506页。

是为了“人的解放”，根本上也就是为了实现人类美好生活的科学理论。一个时代有一个时代的问题，一代人有一代人的使命。党的二十大吹响了以中国式现代化全面推进中华民族伟大复兴的进军号角。踏上全面建设社会主义现代化国家新征程，我们国家的发展的确具备了更为坚实的基础和保障。但同时也必须承认的是，我们即将面临问题的复杂程度、解决问题的艰巨程度也明显增加。在危机中育新机、于变局中开新局，必须时刻保持清醒头脑和敏锐眼光，敢于正视问题、善于发现问题，不回避、不躲闪，瞄着问题去、迎着问题上，在发现问题和解决问题中不断开创党和国家事业发展新局面。[①] 新时代的马克思主义者不单单要做好马克思主义理论的研究工作，同时更要在为人民服务的实践中深刻体会马克思主义的人民性和实践性。基层实践是服务人民的第一线，也是建设人民美好生活的第一线，只有在基层的实践中才能锻造出有情怀、有本领、有作为的新时代马克思主义者。

人民性是马克思主义最鲜明的品格，锻造新时代的马克思主义者，首先需要打好为人民服务的鲜明底色。实践是认识的来源，对人民的深厚感情在“象牙塔”中学不来，在“衙门”里也悟不透，只有在为人民服务的生动实践中，才能形成对人民的深厚感情。基层实践是直接面向人民群众、直接服务人民群众的最前线，基层实践最能看清人民群众的生活全貌，最能体察人民群众的安危冷暖，也最能使人从心底产生对人民的深情厚谊。

马克思主义者若心怀人民，则能主动担起社会责任和时代使命。反之，若心无人民，即便再“优秀”，也不是真正的马克思主义者。马克思主义者最崇高的理想，就是实现“人的解放”，让所有人过上自由、富足、美好的生活。厚植为人民服务的情怀和理想，努力成长为于国于民于己有益的人，而不能做精致的利己主义者，这是马克思主义者必须扣好的

① 郑水泉：《坚持问题导向》，载《人民日报》2022 年 11 月 22 日。

第一粒扣子。

为人民服务是锻造马克思主义者的题中之义。人民群众是历史的创造者，是社会历史的主人，这是历史唯物主义的基本观点。群众路线是党的生命线，全心全意为人民服务是党的根本宗旨，也是一切马克思主义者的崇高使命。然而在现今社会，不乏一些“精英”，热衷“高大上”“接天线”，眼睛只向上看，不愿深入困难艰苦地区，不愿同基层群众打交道，甚至漠视基层群众，这是马克思主义者必须坚决杜绝的思想倾向。为人民服务的实践过程，撸起袖子加油干的奋发作为，既是改造客观世界的过程，又是改造主观世界的过程，是对马克思主义者精神境界的升华和认识水平的深化。

我国发展不平衡不充分的现实国情，呼唤着马克思主义者投身基层、服务基层。解决城市和乡村发展的不平衡，基层发展特别是乡村发展的不充分的矛盾，是时代发展对马克思主义者提出的课题，也正亟待一批马克思主义者作为生力军和先锋队投身其中。马克思主义者服务基层群众必须踏踏实实走进基层，助力基层发展，完善基层治理，改善基层生态，焕新基层面貌，为基层群众带来真真切切的实惠，把基层人民对美好生活的向往变为现实。

“为人民服务”从来不是一个理论问题，而是一个行动问题。邓小平指出：“干，才是马列主义；不干，半点马列主义也没有。”马克思主义者，必须真抓实干，沉到基层一线，在为人民服务的实践工作中练就一身本领。

马克思主义者要学会抓住工作主要矛盾的本领。习近平总书记曾指出，基层工作可谓是上面千条线，下面一根针。面对千头万绪的基层工作，必须要学会“两点论”和“重点论”，学会“十个指头弹钢琴”的工作艺术，分清工作主次，看清问题根源。青年马克思主义者要学会调查研究的本领。“没有调查就没有发言权”，基层工作更是如此。基层工作纷繁复杂，不了解实际状况，就肯定做不好工作，必须学会通过调查研究来了解实际情况，形成正确认识，得出正确结论，做出正确决策。青年马克思主义者要学会干好具体业务的本领。"麻雀虽小，五脏俱全"，基层工作涵盖方方面面，干好基层工作不能做固守"一亩三分地"的专才，而要做各方面都有所了解的通才。最重要的，青年马克思主义者要学会与人民群众打交道的本领。要把自己代入到群众身边，放下矜持和架子，不能说"官话"，要学说"俗话"，不仅要会讲政策，更要会拉家常，不仅要会说道理，更要会暖人心，不仅要会干工作，更要会为人民。说到底，这些都是中国共产党人走群众路线的扎实本领。

马克思主义最鲜明的理论品格就是人民性，实践性则是马克思主义理论区别于其他理论的显著特征。广阔的基层是最贴近人民群众的地方，马克思主义者只有走出"舒适圈"，走进人民群众之中，直接面向群众、直接服务群众、直接接触群众，在基层实践中不断厚植为人民服务的情怀，奋发为人民服务的作为，提升为人民服务的本领，真正倾听时代的声音，真正发现问题，才能真正锻造成为合格的新时代的马克思主义者。

二、坚持问题导向是马克思主义的鲜明特点

马克思指出："一个时代所提出的问题，和任何在内容上是正当的因而也是合理的问题，有着共同的命运：主要的困难不是答案，而是问题。"[①] 在马克思看来，出现问题并不可怕，应该正确看待问题："问题就是时代的口号，是它表现自己精神状态的最实际的呼声。"[②] 列宁强调："马克思主义者必须考虑生动的实际生活，必须考虑现实的确切事实，而不应该抱住昨天的理论不放。"[③] 不能随着时间、地点和条件转移，就不是"活的马克思主义"。毛泽东指出："问题就是事物的矛

---

① 《马克思恩格斯全集》（第四十卷），北京：人民出版社 1982 年版，第 289-290 页。

② 《马克思恩格斯全集》（第四十卷），北京：人民出版社 1982 年版，第 289 页。

③ 《列宁选集》（第三卷），北京：人民出版社 1995 年版，第 26 页。

盾。哪里有没有解决的矛盾，哪里就有问题。”[1]毛泽东充分领会马克思主义的理论精髓，认识到马克思主义是中国共产党人解决问题的重要法宝，强调“没有抽象的马克思主义，只有具体的马克思主义”，“只有用马克思主义观点来研究实际问题、能解决实际问题的，才算实际的理论家”。[2]以邓小平为主要代表的中国共产党人继承和发扬了从实际问题出发的优良传统和工作作风，他指出：“发展起来以后的问题不比不发展时少。”所以，“要不断研究新情况、解决新问题、寻找新办法、制定新制度”。[3]

习近平总书记在2016年的哲学社会科学工作座谈会上指出：“坚持问题导向是马克思主义的鲜明特点。”[4]习近平总书记强调：“每个时代总有属于它自己的问题，只要科学地认识、准确地把握、正确地解决这些问题，就能够把我们的社会不断推向前进。”[5]习近平新时代中国特色社会主义思想正是从对当代“中国问题”的解答中不断发展的。当今的中国，正在进行具有许多新的历史特点的伟大斗争。正如习近平总书记所说：“当代中国的伟大社会变革，不是简单延续我国历史文化的母版，不是简单套用马克思主义经典作家设想的模板，不是其他国家社会主义实践的再版，也不是国外现代化发展的翻版。”[6]习近平总书记指出：“这是一个需要理论而且一定能够产生理论的时代，这是一个需要思想而且一定能够产生思想的时代。我们不能辜负了这个时代。”[7]

问题是时代的声音，任何理论都是在认识和解答时代问题中形成和发展起来的。习近平总书记在哲学社会科学工作座谈会上指出：“世界

① 《邓小平年谱（1975—1997）》（下），北京：中央文献出版社2004年版，第810页。
② 《毛泽东文集》（第二卷），北京：人民出版社1993年版，第372-375页。
③ 《邓小平年谱（1975—1997）》（下），北京：中央文献出版社2004年版，第1364页。
④ 习近平：《在哲学社会科学工作座谈会上的讲话》，载《人民日报》2016年5月19日。
⑤ 习近平：《在哲学社会科学工作座谈会上的讲话》，载《人民日报》2016年5月19日。
⑥ 《习近平谈治国理政》（第二卷），北京：外文出版社2017年版，第344页。
⑦ 习近平：《在哲学社会科学工作座谈会上的讲话》，载《人民日报》2016年5月19日。

上没有纯而又纯的哲学社会科学。世界上伟大的哲学社会科学成果都是在回答和解决人与社会面临的重大问题中创造出来的。研究者生活在现实社会中，研究什么，主张什么，都会打下社会烙印。"[①]坚持问题意识、解答时代问题是理论创新发展的根据。习近平新时代中国特色社会主义思想具有强烈的问题意识和突出的问题导向。习近平总书记在十八届中共中央政治局第一次集体学习时指出："党的十八大提出的基本要求，是对当前我国经济社会发展中存在的突出问题、改革攻坚和加快转变经济发展方式面临的难点问题、干部群众普遍关注的热点问题的积极回应。"[②]习近平总书记连用"突出问题""难点问题""热点问题"三个词着重强调了问题意识和问题导向的重要性，要求全党立足于中国发展的现实问题来开展各项工作。[③]

围绕现实问题开展各项工作其实就是要树立正确的政绩观，干事创业决不能半点虚浮。

党的十八大以来，习近平总书记围绕树立和践行正确政绩观发表了一系列重要论述，指出"党员干部干事创业必须实事求是、求真务实，来不得半点虚浮"[④]，这为党员干部在新时代新征程上以实干精神担当作为指明了前进方向、提供了根本遵循。干事创业务实还是虚浮，折射的是政绩观问题。广大党员干部必须从思想深处解决好"政绩为谁而树、树什么样的政绩、怎样树好政绩"的问题，进一步增强树立和践行正确政绩观的政治自觉、思想自觉、行动自觉，在干事创业中定实策、求实效、出实招，更好地为民造福。

---

① 习近平：《在哲学社会科学工作座谈会上的讲话》，载《人民日报》2016 年 5 月 19 日。

② 《紧紧围绕坚持和发展中国特色社会主义学习宣传贯彻党的十八大精神——在十八届中共中央政治局第一次集体学习时的讲话》，北京：人民出版社 2012 年版，第 9 页。

③ 王立胜：《问题意识与问题导向的科学逻辑》，载《人民论坛》2022 年第 27 期。

④ 习近平：《努力成长为对党和人民忠诚可靠、堪当时代重任的栋梁之才》，载《求是》2023 年第 13 期。

坚持问题导向，干事创业要定实策，匡正干的导向，解决好"政绩为谁而树"的问题。定实策，就是政策的制定要精准务实，既领会党中央精神、符合人民群众利益，又具备可操作性。"民之所好好之，民之所恶恶之"，什么是大事好事，要从百姓切身需要来考量，不能主观臆断，不能简单化、片面化。发展急需、安全急用、群众急盼才是大事，打基础、利长远、惠民生、得民心的事才是好事。业绩好不好，要看群众感受，由群众来评判。党员干部干事创业必须以人民为中心，坚持问计于民、问需于民，真正把情况摸清、把问题找准、把对策提实，积极为群众办实事、做好事、解难事。

坚持问题导向，干事创业要求实效，聚焦干的效果，解决好"树什么样的政绩"的问题。求实效，就是推动工作取得实际效果，最终落脚点是把事情干成、干好。在实际工作中，要坚决杜绝口号式、表态式、包装式落实的做法，不搞贪大求洋的"大工程"、哗众取宠的"大运动"、赔本赚吆喝的"大场面"。党员干部干事创业当以实为要，摒弃急功近利、急于求成的心态，既防止唯结果论、也防止唯过程论。只有锚定目标，真抓敢抓、常抓善抓，才能拿出沉甸甸的真业绩、交出响当当的成绩单，经受住历史和人民的检验。

坚持问题导向，干事创业要出实招，增强干的本领，解决好"怎样树好政绩"的问题。出实招，就要具备干事创业的硬实力，能够拿出切实管用的举措，避免工作事倍功半、收效甚微。要在学中干、干中学，及时填知识空白、补素质短板、强能力弱项，不断提升政治能力、思维能力、实践能力，锤炼干事创业真本领，努力成为行家里手。要做到谋划时统揽大局、操作中细致精当，拿出破难题、抓落实的好招、实招，多总结能够见效的"金点子"，确保招招有效、招招见效，以绣花功夫把工作做到位。

新使命需要新担当，新时代呼唤新作为。全面建设社会主义现代化国家，全面推进中华民族伟大复兴，关键在党，关键在人。广大党员干部要把“抓落实”作为重要的干事创业方法论，牢固树立和践行正确政绩观，一棒接过一棒干、一锤接着一锤敲，创造出无愧于党、无愧于人民、无愧于时代的实干业绩。

第二节　聚焦五大问题

“问题导向”以发现问题为前提，以解决问题为目的，其核心要义是基于实践情境深入洞悉问题之本质。聚焦五大问题就是要聚焦实践遇到的新问题，聚焦改革发展稳定存在的深层次问题，聚焦人民群众急难愁盼问题，聚焦国际变局中的重大问题，聚焦党的建设面临的突出问题。

一、聚焦实践遇到的新问题

实践的发展一往无前，问题导向必须聚焦实践遇到的新问题。在过往的发展方式难以适应新的实践要求的时候，切实需要我们直面矛盾，以新的发展理念引领发展行动。党的十八届五中全会提出了创新、协调、绿色、开放、共享的五大发展理念，集中体现了此后较长时期我国的发展进路。五大发展理念，不是相互割裂的，而是相互贯通的有机整体，统一于“五位一体”总体布局之中。我们必须完整地、全面地把握五大发展理念的深刻内涵，以五大发展理念引领中国特色社会主义事业“五位一体”建设。

创新是引领“五位一体”建设的先导，是第一推动力量。一轮又一轮科技革命和产业更新令人应接不暇，抢得创新高地即是抢得发展先机，世界各国纷纷将推动创新作为本国重要发展战略。当前我国的经济体量已然成为世界第二，但从某种意义上说我们还不能被称为经济强国，其根本原因就在于我国的创新能力仍与世界先进水平存在较大差距，在关键领域的核心技术还处于受制于人的被动状态。习近平总书记指出“综合国力竞争说到底是创新的竞争，要深入实施创新驱动发展战略，推动科技创新、产业创新、企业创新、市场创新、产品创新、业态创新、管理创新等，加快形成以创新为主要引领和支撑的经济体系和发展模式。”①随着改革开放从浅滩迈入深水区，中国特色社会主义事业对于发展动力的要求越来越高，从根本上解决动力不足与动力不匹配的关键举措就在于实现动力转换。我国必须发挥创新在国家发展全局的先导作用，让创新贯穿党和国家一切工作，贯穿“五位一体”建设全局，在全社会营造创新环境和创新氛围，不断推进理论创新和制度创新。

协调发展是“五位一体”建设的核心。改革开放至今已经40余年，不可否认，“中国速度”令世界瞠目，经济社会发展实现了历史性跨越。但我们仍应该看到，经济发展严重不协调的问题日益凸显，成为摆在我们面前不容忽视、不可回避的话题。在区域发展、城乡建设、产业结构等诸多方面都存在“一条腿长、一条腿短”的突出问题。协调发展是一个系统性的工程，需要善治和综合平衡，从各区域、各领域都要全方位配合，要正确处理发展中面临的种种问题，加强顶层设计与长远规划，注重发展过程中各项推进举措的关联性，促进区域、城乡、产业结构协调发展，增强发展的耦合性。习近平总书记在十八届五中全会上指出“强调协调发展、统筹兼顾，推进城乡、区域、经济社会、人与自然发展，推进国内发展和对外开放。”②协调发展，就是“木桶效应”的具体体现，要努力补齐短板，牢牢把握住“五位一体”总体布局，在协调发展中不断开拓发展新境界。

绿色发展是“五位一体”建设的底色。我国经济40多年的高速增长在某种程度上，基本建立在高消耗、高污染的传统发展模式基础上，发达国家几个世纪工业化进程中出现的问题在我国如“压缩饼干”似

---

① 《习近平关于创新论述摘编》，北京：中央文献出版社2016年版，第288页。

② 《中国共产党第十八届中央委员会第五次全体会议文件汇编》，北京：人民出版社2015年版，第259页。

的密集出现。绿色是中国特色社会主义事业永续发展的底色，是人民对美好生活的重要追求，更是关系中华民族生存和长远的根本大计。习近平总书记指出“要清醒认识保护生态环境、治理环境污染的紧迫性和艰巨性，清醒认识加强生态文明建设的重要性和必要性，以对人民群众、对子孙后代高度负责的态度和责任，真正下决心把环境污染治理好、把生态环境建设好，努力走向社会主义生态文明新时代，为人民创造良好生产生活环境。”①在“五位一体”建设布局中，我们要以对后世的历史担当和对人民的时代回应的态度，牢固树立绿色发展的建设理念，坚持“绿水青山就是金山银山”的理念，顺应客观规律，严格按规律办事，改进生态治理，维护生态平衡，努力着眼于长期的和有利于代际公平的发展。

开放发展是“五位一体”建设的格局。开放是一个国家、一个民族繁荣昌盛的必要格局。1978年以来，中国从建立经济特区到开放沿海、沿江、沿边、内陆地区再到加入世界贸易组织，形成了完整的开放型经济体系，全方位、多层次和宽领域的对外开放格局已经形成。全球化的快速推进，使世界各国成为密切交融的集合体，这就要求我们注重解决好发展的内外联动问题，不断加强开放的力度、推进开放的深度，同时扩大开放的广度。习近平在出席中美企业家座谈会时强调“中国对外开放的力度将会越来越大，没有改革，就不会有动力，没有开放，就不会有进步。”②我们必须牢固树立开放发展的理念，努力把我国开放型经济提升到新水平。完善对外开放战略布局，要实施更加主动的开放战略，坚持共商共建共享原则，积极参与全球治理，要推动国际治理体系改革完善。

共享发展是中国特色社会主义事业的目标，是中国特色社会主义的

① 《习近平总书记系列重要讲话读本》，北京：学习出版社2014年版，第287页。

② 《习近平出席中美企业家座谈会》，载《光明日报》2015年9月25日。

本质要求。历史唯物主义告诉我们，人民群众是历史的创造者。中国人民是建设中国特色社会主义的根本力量，是建设成果的当然共享者。改革开放以来，我国经济社会发展的“蛋糕”不断做大，但在“蛋糕”的分配方式上还有待于进一步完善。习近平总书记指出“中国将坚定不移地走共同富裕道路，努力使全体人民学有所教、劳有所得、病有所医、老有所养、住有所居，做到发展为了人民、发展依靠人民、发展成果由人民共享。”①在推进“五位一体”布局的建设过程中，我们必须牢固树立共享发展的理念，必须坚持以人为本的发展思想，把增进人民福祉、促进人的全面发展作为发展的出发点和落脚点，必须坚持发展为了人民、发展依靠人民、发展成果由人民共享，坚持按照人人都参与和人人都享有的原则要求，形成更有效更完善的制度安排，实现全体人民共同迈入“五位一体”全面进步的全面小康社会。

二、聚焦改革发展稳定存在的深层次问题

问题无处不在、无时不在。我国改革发展稳定面临的问题是多层面、复杂多样的，其中的深层次问题则是处于事物的内里、具有深度关联和影响、一般带有隐蔽性和复杂性的问题。这样的问题往往是在较长时期内形成，对浅表性问题具有支配作用，且解决难度相对较大、解决周期相对较长。②

其中活力与秩序的关系可以说是改革发展稳定存在的一个极其关键的深层次问题。如何既推进改革、保持发展，又拥有稳定，这是各国在推进现代化进程中需要处理好的难题。

2023年，山东淄博的烧烤火遍了互联网，“进淄赶烤”的烟火气成

① 《习近平总书记系列重要讲话读本》，北京：学习出版社2014年版，第287页。

② 商志晓：《破解我国改革发展稳定面临的深层次矛盾》，载《中国党政干部论坛》2023年第6期。

为网友的热议焦点。烧烤这个东西，火爆一两天容易，但能够成功转化为一座城市的响亮名片，肯定离不开背后当地党委政府的努力。从成立协会到控制物价、从食品安全到治安巡逻，当地可以说打出了一套"组合拳"。人们因为热闹来到淄博，又因为舒适记住淄博。这样的"走红"，恰恰就是正确处理活力与秩序的有力注脚。

推进中国式现代化是一个系统工程，需要处理好若干重大关系，其中就包括活力与秩序的关系。活力与秩序，是人类社会发展变迁的永恒命题，也是现代化进程的两个基本维度，二者相互交织、相互影响。

一如江河与堤坝。活力如水，秩序如坝。一方面活力蕴含着社会发展的多样性，如果没有活力，社会就会变得一潭死水、死气沉沉。另一方面，秩序代表着社会运行的有序性。如果没有秩序，社会就不可能存在持续发展的良好环境。正如习近平总书记所说的那样，"社会治理是一门科学，管得太死，一潭死水不行；管得太松，波涛汹涌也不行。"①

一个现代化的社会，我想应该既充满活力，又拥有良好的秩序。正如网约车刚诞生时蓬勃发展、一片生机，给人们的日常生活都带来了诸多便利。但逐渐地，由于没有成熟的、完备的、有力的规则去制约，人身安全隐患、信息泄露风险等等乱象开始出现。直到 2016 年网约车新政正式实施，国家对网约车的监管逐渐落实，这个行业才进入了一个良性的发展轨道。现如今，网约车已经成为人们出行的必备选项。

像网约车这样的新业态在身边层出不穷。现代化建设必须像这样充分释放全社会的创造潜能，才能推进国家各方面事业迅猛发展。但与此同时，也应该清楚地知道秩序是保障。一个稳定安全的社会环境，才能汇聚源源不断的发展动能。对这些"独角兽"倘若没有必要的引导，那"脱缰之兽"极有可能造成混乱，甚至出现"反噬"现代化的情况。因此，

---

①《习近平关于防范风险挑战、应对突发事件论述摘编》，北京：中央文献出版社 2020 年版，第 84 页。

活力与秩序从来就不是一对此消彼长或者非此即彼的矛盾关系，而是有机的统一体。

为什么要把握好活力与秩序的关系？如果从政党政治的角度来看，活力与秩序相统一其实正是我们中国共产党宝贵的历史经验。有西方学者谈到，迈向现代化的过程最容易失去现代化，这句话的意思是指一个国家在迈向现代化的进程中，极容易发生矛盾和动荡，从而导致社会停滞不前，现代化受挫，其实就是改革发展稳定的深层次问题没有处理好。这样的“现代化论”也的的确确在一些国家发生过。

纵观世界现代化发展历程，一个国家从传统社会走向现代社会，往往伴随着社会结构、社会关系、社会心理等多方面的深刻变化。处理好活力与秩序的关系，是一道世界性难题。

新中国成立70多年来，我国的社会变迁可以说是波澜壮阔、史无前例的。在推进中国式现代化的时代语境中，活力与秩序代表着治理现代化的价值目标与理想图景，需要在活力中保持秩序，也需要在秩序中激发活力。中国式现代化应当实现、也能够实现活而不乱、活跃有序的治理状态。今天的中国，就既是一个活力奔涌的中国，也是一个和谐稳定的中国。中国共产党人最讲辩证法，寓活力于秩序之中，同时又建秩序于活力之上。中国的实践充分证明，活力与秩序可以并行不悖，生机勃勃与井然有序能够有机统一。我们只有实现社会活力迸发与社会有序运行相协调、相辉映，才能确保中国式现代化行稳致远。

三、聚焦人民群众急难愁盼问题

“大道之行，天下为公。”全心全意为人民服务是中国共产党的根本宗旨。2018年3月10日习近平总书记在参加十三届全国人大一次会议重庆代表团审议时指出：“守公德，就是要强化宗旨意识，全心全意为人民服务，恪守立党为公、执政为民理念，自觉践行人民对美好生活的向往就是我们的奋斗目标的承诺，做到心底无私天地宽。"[①]在第十四届全国人民代表大会第一次会议上习近平总书记再次明确强调："要贯彻以人民为中心的发展思想，完善分配制度，健全社会保障体系，强化基本公共服务，兜牢民生底线，解决好人民群众急难愁盼问题，让现代化建设成果更多更公平惠及全体人民，在推进全体人民共同富裕上不断取得更为明显的实质性进展。"[②]

民有所需，我有所为。党的十八大以来，以习近平同志为核心的党中央始终坚持以人民为中心的发展思想，聚焦人民群众最关心最直接最现实的利益问题，推出一系列重大举措，不断改善人民生活、增进人民福祉。我们持续健全社会救助体系、稳步提升城乡低保水平，基本养老保险参保人数覆盖 10.57 亿人；基本医疗保险参保人数达 13.46 亿人，医疗卫生服务能力不断提升，看病难、看病贵问题得到有效缓解；建成世界上规模最大的教育体系，基础教育普及水平总体达到世界中上行列，新增劳动力平均受教育年限提高到 14 年，为教育强国建设打下坚实基础……在保障和改善民生方面取得历史性成就，人们的获得感、幸福感、安全感不断提升。

人民幸福安康是推动高质量发展的最终目的。以开展习近平新时代中国特色社会主义思想主题教育期间为例，各地区各部门贯彻党的群众路线，扎实推进民生实事建设。譬如，青海聚焦精准落实惠民补助政策，将全省 100 多万低收入人口纳入监测范围，累计将全省低收入人口中的 35.2 万人纳入低保，1.7 万人纳入特困救助供养范围；深圳推动"助企行"工作深入开展，联系服务 390 多万家小微企业和个体工商户，对企业提出的诉求即收即分即办，助力优化营商环境；云南在省内各高校开展校

---

① 《习近平关于社会主义精神文明建设论述摘编》，北京：中央文献出版社 2022 年版，第 197 页。

② 习近平：《在第十四届全国人民代表大会第一次会议上的讲话》，北京：人民出版社 2023 年版，第 4 页。

园招聘活动5800余场，提供岗位超过91.6万个，并对低收入家庭学生进行就业精准帮扶，做好就业服务。各地聚焦人民群众急难愁盼问题，努力把惠民生、暖民心、顺民意的事办好办实。

治国有常，利民为本。在全面建设社会主义现代化国家新征程上，面对严峻复杂的风险挑战、艰巨繁重的改革发展稳定任务，我们要始终坚持人民主体地位，着力解决广大人民群众的操心事、烦心事，一件事情接着一件事情办，一年接着一年干，让现代化建设成果更多更公平惠及全体人民。

四、聚焦国际变局中的重大问题

党的十九届六中全会审议通过的《中共中央关于党的百年奋斗重大成就和历史经验的决议》，24次提到“国家安全”，并把“维护国家安全”列为新时代党和国家事业取得的历史性成就、发生的历史性变革之一，系统全面总结了新时代党在推进国家安全体系和能力建设的宝贵经验和重大成就。这与国际大变局深刻相关。

这份《中共中央关于党的百年奋斗重大成就和历史经验的决议》指出，“必须坚持底线思维、居安思危、未雨绸缪，坚持国家利益至上，以人民安全为宗旨，以政治安全为根本，以经济安全为基础，以军事、科技、文化、社会安全为保障，以促进国际安全为依托，统筹发展和安全，统筹开放和安全，统筹传统安全和非传统安全，统筹自身安全和共同安全，统筹维护国家安全和塑造国家安全。”①“五个统筹”的提出，深刻体现了总体国家安全观的思想指引力，为在新时代新征程上全力护航中华民族伟大复兴的中国梦提供了理论遵循和行动指南。

“备豫不虞，为国常道。”统筹发展和安全，把发展安全贯穿国家

① 《中共中央关于党的百年奋斗重大成就和历史经验的决议》，北京：人民出版社2021年版，第29页。

发展各领域全过程。安全发展是实现高质量发展的前提和基础。回望党的百年奋斗，党团结带领人民仅用几十年时间就走完发达国家几百年走过的工业化历程，创造了经济快速发展和社会长期稳定两大奇迹。党的十八大以来，面对波谲云诡的国际形势、复杂敏感的周边环境、艰巨繁重的国内改革发展稳定任务，以习近平同志为核心的党中央统筹中华民族伟大复兴战略全局和世界百年未有之大变局，提出加快构建以国内大循环为主体、国内国际双循环相互促进的新发展格局，推动高质量发展，统筹发展和安全，切实保障粮食安全、能源资源安全、产业链供应链安全，推动中国经济巨轮沿着高质量发展的航道乘风远航。

安全是发展的前提，发展是安全的保障。党的十九届六中全会审议通过的《中共中央关于党的百年奋斗重大成就和历史经验的决议》的高频词中，“安全”出现61次，“发展”出现227次，这充分说明发展和安全是贯穿新发展阶段乃至实现第二个百年奋斗目标进程中的两件大事。“不谋全局者，不足以谋一域。”统筹发展和安全是一项系统工程，必须要把国家安全贯穿到党和国家工作的各方面和全过程，同经济社会发展一起谋划、一起部署，以稳定有序的国家安全环境保障实现各领域的高质量发展。

统筹开放和安全，在高水平对外开放中筑牢国家安全屏障。习近平总书记在深圳经济特区建立40周年庆祝大会上强调，“越是开放越要重视安全，统筹好发展和安全两件大事，增强自身竞争能力、开放监管能力、风险防控能力。”① 健全开放安全保障体系，是“中国开放的大门越开越大”的重要保证，要坚持开放和安全的有机统筹，在保障安全中持续扩大开放，牢固树立开放型经济安全防线。

当前国际局势复杂严峻，国际格局深刻演变，不稳定性不确定性因

① 习近平：《在深圳经济特区建立40周年庆祝大会上的讲话》，北京：人民出版社2020年版，第10页。

素持续增多，中国持续开放面临诸多困难挑战，经济安全、生物安全、海外利益安全等领域风险挑战丛生。经济全球化遭遇逆流，保护主义、单边主义上升，世界经济低迷，国际贸易和投资大幅萎缩。但这改变不了经济全球化的历史潮流，中国开放的脚步不会停下，正如习近平总书记多次强调的那样，“中国开放的大门不会关闭，只会越开越大”。[①] 新形势下，我们要不断增强发现风险、认识风险、化解风险的本领，既要运用发展成果夯实国家安全基础，又要不断在开放中创造有利于我国经济社会发展的安全环境。

统筹传统安全和非传统安全，始终坚持系统思维构建大安全格局。进入新时代，我国国家安全的内涵和外延比历史上任何时候都要丰富，时空领域比历史上任何时候都要宽广，内外因素比历史上任何时候都要复杂，面临更为严峻的国家安全形势，外部压力前所未有，传统安全威胁和非传统安全威胁相互交织，“黑天鹅”“灰犀牛”事件层出不穷。

党的十九大报告将“坚持总体国家安全观”列为新时代坚持和发展中国特色社会主义的十四条基本方略之一，涵盖政治、军事、国土、经济、文化、社会、科技、网络、生态、资源、核、海外利益、太空、深海、极地、生物等诸多传统安全和非传统安全领域。当今世界，以全球供应链短缺为代表的经济安全威胁、以全球气候变暖为代表的生态安全威胁、以能源短缺为代表的资源安全威胁等日益凸显，成为全人类共同面对并亟待解决的非传统安全威胁。面对传统安全威胁和非传统安全威胁相互交织、复杂演变的国际国内安全环境，必须统筹好传统安全和非传统安全，统筹推进各领域安全，构筑兼顾传统安全与非传统安全威胁的大安全格局。

统筹自身安全和共同安全，构建普遍安全的人类命运共同体。2017

---

① 习近平：《决胜全面建成小康社会 夺取新时代中国特色社会主义伟大胜利——在中国共产党第十九次全国代表大会上的报告》，北京：人民出版社2017年版，第34页。

年9月26日，在国际刑警组织第86届全体大会开幕式上的主旨演讲中，习近平主席指出：“实现各国共同安全，是构建人类命运共同体的题中应有之义。”[①]共同构建普遍安全的人类命运共同体，需要秉持合作共赢的理念。各国安全相互关联、彼此影响，安全利益你中有我、我中有你，没有绝对安全的世外桃源，必须摈弃唯我独尊、损人利己、以邻为壑等狭隘思维，把合作作为唯一选择。

“大道不孤，天下一家。”当今世界，一些国家仍然迷恋冷战思维，大搞集团对抗，企图以牺牲别国安全换取自身所谓的“绝对安全”。中国历来对上述做法持坚决反对态度，我们秉持共同、综合、合作、可持续的安全观，推动构建新型国际关系。构建人类命运共同体理念已经成为引领时代潮流和人类前进方向的鲜明旗帜，为解决人类重大问题，建设持久和平、普遍安全、共同繁荣、开放包容、清洁美丽的世界贡献了中国智慧、中国方案、中国力量，成为推动人类发展进步的重要力量。

统筹维护国家安全和塑造国家安全，增强维护国家安全能力。“堤溃蚁孔，气泄针芒。”国家安全能力建设是有效维护国家安全的关键。党的十九大报告特别强调，要“完善国家安全制度体系，加强国家安全能力建设”。党的十九届六中全会审议通过的《中共中央关于党的百年奋斗重大成就和历史经验的决议》则指出，“同形势任务要求相比，我国维护国家安全能力不足，应对各种重大风险能力不强，维护国家安全的统筹协调机制不健全。”[②]国家安全能力是一种有效化解国家安全危险和威胁的系统能力。进入新时代，党着力推进国家安全体系和能力建设，设立中国共产党中央国家安全委员会，完善集中统一、高效权威的国家安全领导体制，完善国家安全法治体系、战略体系和政策体系。今

① 习近平：《坚持合作创新法治共赢携手开展全球安全治理》，载《人民日报》2017年9月27日。

② 《中共中央关于党的百年奋斗重大成就和历史经验的决议》，北京：人民出版社2021年版，第28页。

后一个时期，提升国家安全能力的关键在于加快补短板、强弱项，切实维护国家主权、安全和发展利益。

必须始终坚持党对国家安全工作的绝对领导，走出一条具有中国特色的国家安全道路。要切实将制度优势转化为治理效能，不断提升国家安全治理体系和治理能力现代化。要构建系统完备、科学规范、运行有效的国家安全制度体系，提高运用科学技术维护国家安全的能力。加快提升生物安全、网络安全、数据安全、人工智能安全等领域的治理能力。要全面提升国家安全能力，更加注重协同高效，更加注重法治思维，更加注重科技赋能，更加注重基层基础。要坚持以政治建设为统领，打造坚强的国家安全干部队伍。多方发力，共同推进，完善国家安全体系，不断增强塑造国家安全态势的能力。

“安而不忘危，存而不忘亡，治而不忘乱。”国家安全是安邦定国的重要基石，维护国家安全是全国各族人民根本利益所在。迈步新征程，展望新图景，必须依靠强有力的国家安全保驾护航。要进一步加强党对国家安全工作的绝对领导，不断增强系统思维，构建大安全格局，坚持安全发展，推动高质量发展和高水平安全动态平衡，切实增强维护国家安全能力，就一定能构筑起护航经济社会发展各项事业的国家安全“钢铁长城”，推动新时代中国特色社会主义事业劈波斩浪，一往无前。

五、聚焦党的建设面临的突出问题

习近平总书记在省部级主要领导干部学习贯彻党的十九届六中全会精神专题研讨班开班式上强调，在百年奋斗历程中，党领导人民取得一个又一个伟大成就、战胜一个又一个艰难险阻，历经千锤百炼仍朝气蓬勃，得到人民群众支持和拥护，原因就在于党敢于直面自身存在的问题，勇于自我革命，始终保持先进性和纯洁性，不断增强创造力、凝聚力、战斗力，永葆马克思主义政党本色。党的十九届六中全会审议通过的《中共中央关于党的百年奋斗重大成就和历史经验的决议》，明确将“坚持自我革命”作为党百年奋斗的十条重要历史经验之一。深刻把握党坚持自我革命的百年历史经验，对于更好地理解中国共产党的鲜明品格与独特优势，确保党在新时代坚持和发展中国特色社会主义的历史进程中始终成为坚强领导核心具有重要的政治意义、理论意义和实践意义。

勇于自我革命是中国共产党区别于其他政党的显著标志。先进的马克思主义政党不是天生的，而是在不断自我革命的过程中淬炼而成的。勇于自我革命，是中国共产党最鲜明的品格，是中国共产党区别于其他政党的显著标志。马克思主义政党是为最广大人民谋利益的工人阶级先锋队组织，这一性质决定了勇于自我革命成为马克思主义政党流淌在血液中的政治基因。马克思主义政党除了最广大人民的根本利益，没有自己的特殊利益。由于没有私心与私利，一切都是为了最广大人民的根本利益，因而中国共产党拥有坚定的勇气反躬自省、检视自己，能够在自我革命中不断坚持真理、修正错误，进而实现自我扬弃、自我超越。

马克思主义政党要保持先进性和纯洁性，就要同一切弱化先进性、损害纯洁性的问题作斗争，刮骨疗毒，激浊扬清。中国共产党历经百年沧桑更加充满活力，其奥秘就在于始终坚持真理、修正错误。世界上没有哪一个政党是永远不犯错误的，重要的在于这个政党能否从错误中学习，吸取教训。中国共产党对待缺点、问题和错误坚持正确的态度，绝不遮掩也绝不回避，有缺点、有问题、有错误不怕被批评指出，而是敢于为人民利益坚持正确的、改正错误的。一个马克思主义政党对于自己的缺点、问题和错误所抱持的态度，正是衡量这个党是否真正践履一切为了人民的有效尺度。面对错误，中国共产党始终展现出马克思主义政党应有的气度、格局与担当，正确认识错误，从错误中学习，通过教训深化对于客观规律的认识，进而纠正错误，赢得人民的真诚理解与衷心拥护。

自我革命精神是中国共产党永葆青春活力的强大支撑。中国共产党历经千锤百炼而始终朝气蓬勃、永葆青春活力，一个很重要的原因就在于我们始终以自我革命的精神坚持党要管党、全面从严治党，不断应对好自身在各个历史时期所面临的风险考验，确保中国共产党在世界形势深刻变化的历史进程中始终走在时代前列，确保中国共产党在应对国内外各种风险挑战的历史进程中始终成为全国人民的主心骨。中国共产党在领导人民取得革命、建设与改革伟大成就的同时，经历过失误和曲折。但是，中国共产党能够正视自身的问题，不断战胜自我、超越自我，领导人民继续前进。新民主主义革命时期，中国共产党从大革命失败和第五次反“围剿”的失败中吸取教训，领导中国革命走上了正确的道路；社会主义革命和建设时期，中国共产党纠正“大跃进”和“文化大革命”的错误，全面深刻地总结历史教训，为开辟中国特色社会主义道路奠定了基础。在与“左”和右两种错误倾向长期斗争的过程中，中国共产党全面系统地总结经验教训，先后作出《关于若干历史问题的决议》《关于建国以来党的若干历史问题的决议》，深刻分析所犯错误的根源，对重大历史事件和重要历史人物作出实事求是的评价，统一了全党思想，维护了全党团结，为党继续前进提供了重要保证。

在革命、建设与改革的进程中，中国共产党面临着形形色色的风险与考验。无论是外部世界的各种诱惑，还是党员思想行为的不良变化，都会对党的肌体健康造成挑战和侵蚀。越是在困难挑战严峻、矛盾问题复杂的时期，越是在事业兴旺、承平日久的时期，中国共产党就越要唤醒和重视彻底的自我革命精神。正是由于拥有自我革命的精神，中国共产党才能够坚决同弱化党的先进性、损害党的纯洁性的各种现象作斗争，不断医治病症、坚决铲除毒瘤、保持肌体健康，不断进行自我完善、自我提高，不断增强党的政治领导力、思想引领力、群众组织力、社会号召力；才能不断克服自身问题、纠正自身错误，由小到大、由弱到强，带领中国人民从一个胜利走向另一个胜利，始终成为时代先锋和民族脊梁。

确保党在新时代的历史进程中始终成为坚强领导核心。党的十八大以来，以习近平同志为核心的党中央以自我革命的精神，猛药去疴、重典治乱，刮骨疗毒、壮士断腕，坚定不移地推进党风廉政建设和反腐败斗争，消除一切损害党的先进性和纯洁性的因素，清除一切侵蚀党的健康肌体的病毒，党内政治生活气象更新，党内政治生态明显好转，党的创造力、凝聚力、战斗力显著增强，使党焕发出新的强大生机活力。

从本质上来说，中国共产党人的初心和使命，就是为中国人民谋幸福，为中华民族谋复兴。中国共产党自成立之日起就把全心全意为人民服务作为根本宗旨，勇于通过自我革命推动伟大社会革命，取得了一个又一个辉煌成就，带领中华民族迎来了从站起来、富起来到强起来的伟大飞跃。党的肌体是否健康，关系中国特色社会主义事业的成败，关系中华民族伟大复兴的中国梦能否实现。应当看到，新时代坚持和发展中国特色社会主义是一场广泛而又深刻的伟大社会革命，中国共产党要卓有成效地领导这一伟大社会革命，必须坚持以勇于自我革命的精神锤炼自己，为伟大社会革命提供坚强领导核心、根本组织保障和不竭动力源泉。

历史已经并将继续证明，没有中国共产党的领导，中华民族的复兴必然是空想。中国共产党要始终成为时代先锋、民族脊梁，始终成为马克思主义执政党，自身必须始终过硬。新的征程上，我们要牢记打铁必须自身硬的道理，增强全面从严治党永远在路上的政治自觉，以党的政治建设为统领，继续推进新时代党的建设新的伟大工程，不断严密党的组织体系，着力建设德才兼备的高素质干部队伍，坚定不移推进党风廉政建设和反腐败斗争，坚决清除一切损害党的先进性和纯洁性的因素，清除一切侵蚀党的健康肌体的病毒，确保党不变质、不变色、不变味，在新时代坚持和发展中国特色社会主义历史进程中始终成为坚强领导核心。

第三节　用马克思主义之"矢"去射新时代中国之"的"

中国共产党有很多光荣传统和优良作风，其中理论联系实际值得我们高度重视。理论联系实际的光荣传统和优良作风对于中国共产党从胜利走向胜利发挥了重要作用。面对纷繁复杂、变幻发展的实际，我们坚持以马克思主义为指导，是要运用其科学的世界观和方法论解决中国的问题，而不是只是当作书斋中的学问。

一、发扬好理论联系实际这个中国共产党的光荣传统和优良作风

"马克思主义的'本本'是要学习的，但是必须同我国的实际情况相结合。"①1930年5月，面对党内存在的一些脱离中国实际的教条主义现象，毛泽东就写作了著名的《反对本本主义》，在这篇文章中，他提出了两个著名的论断："没有调查，没有发言权。""中国革命斗争的胜利要靠中国同志了解中国情况。"②

习近平总书记在2021年春季学期中央党校(国家行政学院)中青年干部培训班开班式上强调，中国共产党团结带领人民取得了革命、建设、改革的伟大成就，很重要的一条就是中国共产党在长期实践中培育并坚持了一整套光荣传统和优良作风。不论过去、现在还是将来，党的光荣传统和优良作风都是激励我们不畏艰难、勇往直前的宝贵精神财富。理论联系实际，是中国共产党的光荣传统和优良作风之一，是中国共产党领导人民不断取得革命、建设和改革胜利的重要保证。

在一切工作中，必须从实际情况出发，尊重客观事实，摸清事物所固有的规律，使我们主观认识和客观规律相一致，这样才能把事情办好。继承和发扬理论联系实际的优良作风，就是要坚持实事求是，一切从实际出发，就是要大兴调查研究之风。

90多年前，毛泽东就在江西寻乌进行过深入系统的社会调查研究，写出了长达8万多字的《寻乌调查》，迄今仍是社会调查的经典之作。

---

① 《毛泽东选集》（第一卷），北京：人民出版社1991年版，第111—112页。

② 《毛泽东选集》（第一卷），北京：人民出版社1991年版，第115页。

在寻乌期间，毛泽东还写下了《调查工作》一文，"没有调查，没有发言权""调查就像'十月怀胎'，解决问题就像'一朝分娩'"等重要论断皆出自其中。

习近平总书记同样高度重视调查研究。在河北正定，习近平经常骑着一辆老式凤凰牌"二八"自行车，奔波在乡间田野，穿梭于滹沱河的南北两岸。他调研一般不打招呼，不让人家事先准备，直接下乡、下厂、入户。3 年多时间，习近平跑遍了全县 25 个乡镇、221 个村。

在福建宁德，习近平拄着登山杖，戴着草帽，翻山越岭，披荆斩棘，走遍了宁德的每一个县。他踏足的一些非常偏远和闭塞的山村，已经"上百年没有县级以上官员进去过"。习近平通过调研，深切了解当地发展状况和百姓诉求，为工作有的放矢奠定了基础。

习近平下乡调研看得很细。在浙江工作时，有一次去衢州调研灾民异地安置，他专门查看了老人家里的米袋子，打开菜柜看老人中午吃剩的菜；在武义县调研脱贫，习近平特意拿起村民家里的遥控器打开电视，查看农村有线电视安装入户情况……

习近平总书记强调："当县委书记一定要跑遍所有的村，当地（市）委书记一定要跑遍所有的乡镇，当省委书记一定要跑遍所有的县市区。"①回望中国共产党的历史，什么时候重视调查研究，坚持一切从实际出发，党和人民事业就蒸蒸日上；什么时候忽视调查研究，主观认识脱离客观实际，就会遭受挫折。

进入新时代，调查研究这个传家宝依然不能丢。放眼全球，世界百年未有之大变局加速演进，不确定、难预料因素增多，国际形势持续发生深刻复杂变化；国内的改革发展稳定面临不少深层次矛盾，各种风险挑战、困难问题更加严峻复杂。

面对世界之变、时代之变、历史之变，倘若领导干部只是窝在办公

---

① 《习近平谈治国理政》（第二卷），北京：外文出版社 2017 年版，第 144-145 页。

室读材料、坐在会议室看简报，凡事不懂得多走一步、多问一句、多想一层，那就注定是盲人摸象，要跌大跟头。

习近平说：“调查研究的过程就是科学决策的过程，千万省略不得、马虎不得。”[①]全党大兴调查研究，必须明确谁来调查研究、调查研究什么、如何调查研究。

《关于在全党大兴调查研究的工作方案》明确列出了12方面的调研内容，包括贯彻落实党中央决策部署、贯彻新发展理念、推进共同富裕、增进民生福祉中的重大问题以及本地区本部门本单位长期未解决的老大难问题等。

在调查方法上，要直奔问题去，实行问题大梳理和难题大排查，对贯彻执行中的一切堵点淤点难点“直击要害”。对现实中存在一些“要花活”的调查研究，比如打造经典调研路线专供上级领导参观，调研“出发一车子、开会一屋子、发言念稿子”……《方案》特别强调要力戒形式主义、官僚主义，“防止嫌贫爱富式调研”“避免扎堆调研、多头调研、重复调研”“不搞作秀式、盆景式和蜻蜓点水式调研”。

说到底，调查研究是为了解决问题，只有先把底数摸清，把问题找准，才能把对策提准、提实。有基层干部说得很形象，调查研究得走进群众的“后院”和“角落”，里里外外都摸透。如何摸透？习近平曾这样评价《寻乌调查》：“直接与各界群众开调查会，掌握了大量第一手材料，诸如该县各类物产的产量、价格，县城各业人员数量、比例，各商铺经营品种、收入，各地农民分了多少土地、收入怎样，各类人群的政治态度，等等，都弄得一清二楚。这种深入、唯实的作风值得我们学习。”[②]

理论源于实践，也只有与实际紧密联系，才能发挥对实践的指导作用，以及接受实践的检验，并在实践中不断得到发展。发扬好理论联系实际

① 《之江新语》，杭州：浙江人民出版社2007年版，第154页。

② 习近平：《谈谈调查研究》，载《学习时报》2011年11月21日。

这个中国共产党的光荣传统和优良作风，就得有这种掘地三尺、毫厘必较的劲头。

二、不断提出真正解决问题的新理念新思路新办法

面对问题，要时刻保持清醒头脑和敏锐眼光，敢于正视问题、善于发现问题，不回避、不躲闪，瞄着问题去、迎着问题上。用新理念、新思路、新办法适应新形势、新任务、新目标。以不久前的党史学习教育为例，在新的时代条件下如何更好地让党史学习教育更加入脑入心？如何增强党史学习教育的吸引力感染力其实就成为摆在我们面前的一个考题，那么应对时就应该结合时代特点和具体实践，以新理念新思路新办法来对待。

增强党史学习教育吸引力感染力，要做好红色资源系统性整合，探索红色资源利用新路径。中国共产党百余年奋斗史，中华人民共和国70多年发展史，改革开放40多年探索史，连绵成极为宝贵的历史遗产，积淀了丰富厚重的红色资源。将现有红色资源活化利用，转换为先进文化产品，让红色资源“活”起来，既是提高人民群众幸福感、获得感的有力抓手，又是推进党史学习教育的题中应有之义。首先，要坚持“保护第一、加强管理、挖掘价值、有效利用、让文物活起来”的新时代文物工作方针，进一步加强对反映中国共产党历史的革命文物的调查研究和资料征集，以传承红色基因、赓续红色血脉的责任感和使命感推动革命文物本体保护管理，完善各类基础设施建设，丰富红色资源数据库，推出红色资源数字化成果，拓展革命文物的影响力。其次，要探索红色资源利用新途径，以人民群众可游、可观、可学为目标导向，精心设计特色展览陈列、红色旅游线路、学习体验线路，用VR、AR等数字化技术赋能红色旅游，打造集自然景观、红色遗迹、学习园地于一体的文化旅游产品，进一步丰富旅游业态，让人民群众在沉浸式体验中接受革命传统教育、爱国主义教育和思想道德教育。

增强党史学习教育吸引力感染力，要推动传统媒介与新兴媒介同向发力、良性互促、融合发展。媒介的形态和特性，决定了信息的传递方式和受众的接受方式。百年党史恢宏壮丽、波澜壮阔，其传播速度、覆盖广度和群众接受程度深受传播媒介的影响。如何让群众对党史的深刻内涵听得进、看得懂、学得好，是党史学习教育过程中值得思考的深刻命题。当前，互联网的迅猛发展使传播媒介发生了革命性再造，人民群众的媒体消费习惯急剧变化，这既是党史传播过程中面临的新挑战，又是其提质升级的新契机。一方面，要遵循新闻传播规律，用好图书、报刊、广播、电影、电视等传统媒介，发挥其本身所具有的权威性、稳定性和专业性等突出优势，挖掘文献档案、红色书信、革命诗词等蕴含的教育价值，以内容建设为根本，以高品质赢得社会认可、受众认可。另一方面，要强化互联网思维，用好新媒体手段，坚持以先进技术为支撑，通过微博、微信、短视频、移动客户端等网络平台，打造人民群众喜闻乐见的党史融媒体作品，做好“党言党语”和“网言网语”“青言青语”的转化，推动传统媒体和新兴媒体在内容、渠道、平台等方面深度融合，真正做到“人民群众在哪里，党的历史就传播到哪里”。

增强党史学习教育吸引力感染力，要创新“打开方式”，让各类活动“有滋有味”。形式为内容服务，内容靠形式展开。在党史学习教育过程中，倘若活动形式因循守旧，热衷于填鸭灌输和照本宣科，就会让人民群众产生“审美疲劳”，发出“食之无味”的慨叹，从而对此类活动兴趣减退甚至敬而远之。只有找准人民群众的需求，创新党史学习教育的活动形式，提供一批香甜可口、有滋有味的“精神佳肴”，才能真正赢得群众喜爱，达到入脑入心、启智润心的效果。一要提高学习的可及性，把农家书屋、职工书屋、村台巷口等群众常来常往的地方打造成党史学习的“新阵地”和红色教育的“加油站”，通过情景结合的村口报告会、草坪微课堂、湖畔读书会等形式，把党史学习融入群众生活。二要增强活动的针对性，在农村和社区党员干部里挑选一批组织协调能力强的“规划师”，引导他们扎根一线、广泛调研，上门送需问计，策划一批小而实、个性化的党史学习活动，把服务做到群众心坎上。三要找准思想的共鸣性，发挥功勋模范、先进典型、时代楷模的示范引领作用，组织他们走进群众身边，开展具有思想深度和情感温度的“榜样面对面”活动，用自身经历点亮一盏灯、带动一大片，让党史学习鲜活起来、流行起来。

问题是创新的起点，也是创新的动力源。当前，我国类似的新情况、新问题和新挑战还有很多，都躲不开、也都绕不过。我国发展进入战略机遇和风险挑战并存、不确定难预料因素增多的时期。[①]新的赶考之路上，增强问题意识，坚持问题导向，用马克思主义之“矢”去射新时代中国之“的”，向着新的奋斗目标出发，不断提出真正解决问题的新理念新思路新办法，我们一定能让当代中国马克思主义放射出更加灿烂的真理光芒，指引党和国家事业再创新的奇迹、取得更大胜利。

① 《不断提出真正解决问题的新理念新思路新办法》，载《人民日报》2022 年 11 月 18 日。

延伸阅读

透视2024年中国经济“半年报”

7月15日，国家统计局发布2024年中国经济“半年报”——

上半年中国国内生产总值（GDP）61.7万亿元，同比增长5.0%，运行总体平稳、稳中有进，新动能加快成长，高质量发展取得新进展。

今年是实现“十四五”规划目标任务的关键一年。面对复杂严峻的外部环境，以习近平同志为核心的党中央运筹帷幄、科学决策，全国上下众志成城、迎难而上，推动经济持续健康发展。

经济稳定运行、长期向好基本面没有改变

今年上半年，外部环境更趋复杂严峻和不确定。上半年，我国GDP同比增长5.0%；其中二季度增长4.7%，增速比一季度有所回落。

对此，国家统计局新闻发言人表示，从短期来看，二季度经济增速回落有极端天气、雨涝灾害多发等短期因素影响，但经济稳定运行、长期向好的基本面没有改变，二季度经济体量超32万亿元，工业增加值、货物进出口总额都超10万亿元，总量指标规模依然十分可观。

细看这份“半年报”，国内需求持续恢复、外部需求有所改善。

向内看，上半年，社会消费品零售总额同比增长3.7%，其中服务零售额同比增长7.5%。全国固定资产投资同比增长3.9%，虽然房地产投资低位运行，但基础设施和制造业投资分别增长5.4%和9.5%，显示复苏暖意。

向外看，上半年，货物进出口总额同比增长6.1%。其中，二季度外贸同比增长7.4%，较一季度和去年四季度分别提高2.5个和5.7个百分点，

季度走势持续向好。外汇储备稳定在3.2万亿美元以上。

保持就业和物价稳定是经济运行平稳的重要标志。上半年，全国居民消费价格指数（CPI）同比上涨0.1%，扣除食品和能源价格的核心CPI同比上涨0.7%，保持温和上涨。全国城镇调查失业率平均值为5.1%，比一季度下降0.1个百分点，比上年同期下降0.2个百分点。

中国经济基本盘保持稳健的同时，经济发展的质量不断提升。

上半年，高技术产业投资同比增长10.6%，快于全部投资6.7个百分点；规模以上高技术制造业增加值同比增长8.7%；非化石能源消费量占能源消费总量的比重同比提高1.9个百分点；实物商品网上零售额同比增长8.8%……这些指标印证中国经济结构不断优化，新动能加快培育壮大。

上半年，全国居民人均可支配收入20733元，同比名义增长5.4%，扣除价格因素实际增长5.3%。

“‘形有波动、势仍向好’，短期波动不会改变长期向好大势。”国家统计局新闻发言人表示，放在全球坐标中观察，我国经济表现依然较好，一季度GDP增速快于美国、欧元区、日本等，结合二季度国内外形势，预计上半年我国经济增速仍将保持领先，仍是世界经济增长的重要引擎和稳定力量。

政策效应不断显现释放增长暖意

今年以来，面对经济运行面临的困难挑战，各地各部门靠前发力落实各项宏观政策，成绩取得殊为不易。

记者梳理发现，今年特别是进入二季度以来，一系列政策举措密集出台，政策效应持续显现——

扩内需政策持续加力。3月份，我国出台推动大规模设备更新和消费品以旧换新行动方案，明确了5方面20项重点任务。国家发展改革委等部门不久前印发《关于打造消费新场景培育消费新增长点的措施》，进一步培育和壮大消费新增长点。

统计数据显示，上半年，最终消费支出对经济增长贡献率为60.5%，拉动GDP增长3.0个百分点。在大规模设备更新政策带动下，上半年设备工器具购置投资同比增长17.3%，拉动固定资产投资增长2.1个百分点，贡献率达54.8%。

发行超长期特别国债，既可以拉动当前投资和消费，又能筑牢长期高质量发展基础。截至7月5日，财政部已发行7期次超长期特别国债，发行规模合计3080亿元。上半年，基础设施投资同比增长5.4%，比全部投资快1.5个百分点，拉动全部投资增长1.2个百分点。

今年以来，从取消全国层面房贷利率下限、下调首付款比例和公积金贷款利率，到配售型保障性住房扩面至全国各城市和县城，房地产政策进一步调整优化。

随着政策效应逐渐释放，近期房地产市场活跃度有所提升。上半年，全国新建商品房销售面积、销售额降幅比1至5月份收窄1.3、2.9个百分点，房地产“三大工程”拉动房地产开发投资0.9个百分点。

“大规模设备更新和消费品以旧换新政策效应不断显现，前期发放的专项债、超长期特别国债等逐步转化为实物工作量，强化政策统筹、综合施策将持续形成政策合力，为经济平稳运行提供有利政策条件。”国家统计局新闻发言人说。

实现全年目标有底气有基础

中国经济下半年走势如何？能否实现全年经济发展预期目标？

“5%左右的目标经过努力是可以实现的”“中国依然是全球经济增长最大的贡献国”……从3月的博鳌亚洲论坛年会到6月的夏季达沃斯论坛，看好中国经济前景的声音不断。

近段时间，国际货币基金组织、世界银行、摩根士丹利、高盛、瑞银等国际机构纷纷上调中国经济今年增长预期，为中国经济前景投下信任票。

信心，来自经济转型升级迸发的新动能——

机械臂替换传统工人，纺织业装上"智慧大脑"，无人机配送带来消费新体验……

最新数据显示，目前中国高新技术企业达46.3万家，工业机器人装机量占全球比重超过50%，工业互联网实现工业大类全覆盖，数字经济、绿色低碳发展将催生更多新的增长点。

信心，来自改革激发的新活力——

首部关于公平竞争审查的行政法规《公平竞争审查条例》将于8月1日正式施行。

更大力度打破地区封锁和行业垄断，营造良好市场环境；加快完善市场准入、产权保护和交易、数据信息、社会信用等基础性制度……全国统一大市场建设蹄疾步稳，市场活力将持续释放。

信心，来自开放合作带来的新机遇——

本月初，迪卡侬北京五棵松店以全新品牌形象向公众亮相。"未来两年，迪卡侬计划每年新开20至30家门店。"迪卡侬中国副总裁张淳迪说。

山姆会员商店落户广东中山，开市客（Costco）大陆首家带加油站的会员店亮相江苏南京，GE医疗增投3.8亿元用于上海基地建设……越来越多跨国公司正在加码投资、加速布局。

首次在全国范围对跨境服务贸易建立负面清单管理制度，开展增值电信业务扩大对外开放试点工作，出台进一步支持境外机构投资境内科技型企业的若干政策措施……一系列政策举措陆续出台，彰显中国以开放促改革、促发展的坚定决心。

保持战略定力，持续提升发展质量，我们有信心和底气实现今年发展目标，推动中国经济航船沿着高质量发展航道继续前进。

（新华社北京2024年7月15日电　新华社记者：潘洁、魏玉坤、申铖）

“必须坚持系统观念。万事万物是相互联系、相互依存的。只有用普遍联系的、全面系统的、发展变化的观点观察事物，才能把握事物发展规律。我国是一个发展中大国，仍处于社会主义初级阶段，正在经历广泛而深刻的社会变革，推进改革发展、调整利益关系往往牵一发而动全身。我们要善于通过历史看现实、透过现象看本质，把握好全局和局部、当前和长远、宏观和微观、主要矛盾和次要矛盾、特殊和一般的关系，不断提高战略思维、历史思维、辩证思维、系统思维、创新思维、法治思维、底线思维能力，为前瞻性思考、全局性谋划、整体性推进党和国家各项事业提供科学思想方法。”

——习近平：《高举中国特色社会主义伟大旗帜 为全面建设社会主义现代化国家而团结奋斗——在中国共产党第二十次全国代表大会上的报告》

扫一扫，联系客服获取
本章数字课程

第五章

必须坚持系统观念：『不能畸轻畸重，不能以偏概全』

第一节　前瞻性思考、全局性谋划、整体性推进党和国家各项事业

我国是一个发展中大国，正在经历广泛而深刻的经济社会变革。在这个时代背景下，抓住战略机遇、应对风险挑战，推进中国式现代化，关键是自觉把改革放在更加突出位置，进一步全面深化改革，前瞻性思考、全局性谋划、整体性推进党和国家各项事业。

一、用普遍联系的、全面系统的、发展变化的观点观察事物

万事万物是相互联系、相互依存的。只有用普遍联系的、全面系统的、发展变化的观点观察事物，才能把握事物发展规律。用普遍联系的、全面系统的、发展变化的观点观察中国式现代化，可以发现其与“两个结合”的内在的、本质的、必然的联系。

中国式现代化既是波澜壮阔的历史进程，又是催人奋进的目标愿景。新时代新征程，中国共产党的中心任务就是团结带领全国各族人民全面建成社会主义现代化强国、实现第二个百年奋斗目标，以中国式现代化全面推进中华民族伟大复兴。

要完成好这一中心任务，就要坚持把马克思主义基本原理同中国具体实际相结合、同中华优秀传统文化相结合，深化对中国式现代化理论的规律性认识，解答实践提出的崭新命题，以源源不断的理论创新引领壮丽恢宏的实践创新。在此进程中，“两个结合”始终是中国式现代化行稳致远的深厚底气，为中国式现代化高歌猛进赋予了不竭动力。

历史长河，百转千回。中国共产党的历史，既是一部不断推进马克思主义中国化时代化的历史，又是一部不断探索和开拓社会主义现代化的历史。中国共产党对中国式现代化的接续探索，是一个长期的历史发

展过程，取得了举世瞩目的理论成果和巨大成就。“两个结合”蕴含着科学的理论逻辑和鲜明的实践逻辑，具有历史的必然性和旺盛的生命力。

早在新民主主义革命时期，以毛泽东同志为主要代表的中国共产党人就开始思索与酝酿把我国建设成为“伟大的社会主义国家”的历史目标，明确中国工人阶级的任务不但是为着建立新民主主义的国家而斗争，而且是为着中国的工业化和农业近代化而斗争。社会主义革命和建设时期，面对我国落后的农业国的现实，中国共产党创造性地开辟了以“一化三改”和“和平赎买”为主要内容的社会主义改造道路，提出把我国建设成为一个具有现代农业、现代工业、现代国防和现代科学技术的社会主义强国的历史目标。改革开放和社会主义现代化建设新时期，中国共产党正式提出“中国式的现代化”的时代命题，明确了中国式现代化的道路和方向。邓小平指出，我们的四个现代化的概念，不像西方国家的现代化的概念，而是“小康之家”。这既反映了我国生产力尚不发达的具体实际，又从中华优秀传统文化中汲取养分，是“两个结合”的生动体现。中国特色社会主义进入新时代，在新中国成立特别是改革开放以来长期探索和实践基础上，经过十八大以来在理论和实践上的创新突破，中国共产党成功推进和拓展了中国式现代化。习近平总书记概括提出并深入阐述了中国式现代化的基本特征、本质要求和重大原则，擘画了强国建设、民族复兴的正确道路，为全面推进中国式现代化提供了根本遵循和行动指南。

马克思主义“魂脉”引领方向。马克思主义的真理力量在于能用普遍理论指导具体实践，其自诞生以来，始终以其建设性力量参与世界历史进程的塑造，极大地推动了人类社会发展。在马克思主义的熏染下，赓续千年的中华文明得以再度青春化。将马克思主义基本原理同中国具体实际相结合，决定了中国式现代化是从中国大地上生长出来的现代化，而不是照抄照搬其他国家的现代化。在推进中国式现代化的进程中，马克思主义以其强大的科学性和真理性进一步激活中华文明，探索时代发展提出的新问题，回应中国式现代化面临的新挑战，使马克思主义中国化时代化不断向前推进。

中华优秀传统文化"根脉"关乎命运。中华优秀传统文化是中华民族的根和魂，是我们在世界文化激荡中站稳脚跟的根基，只有根植本国、本民族历史文化沃土，马克思主义真理之树才能根深叶茂。将马克思主义基本原理同中华优秀传统文化相结合，决定了中国式现代化是赓续和更新古老文明的现代化，而不是断裂和消解古老文明的现代化。"中国式现代化"之所以被冠名"中国式"，就在于其具有基于自己国情的中国特色，展现出独特的中国气度与辽远的世界胸怀。中华文明以其丰厚思想滋养了马克思主义，赋予马克思主义鲜明的民族品格。以马克思主义为根、中华优秀传统文化为魂推动"两个结合"，在"魂"与"根"的融会贯通中推进中国式现代化，将汇聚与显扬历史和文明的深厚底蕴，彰显强大的文化生命力。

百年征程潮平阔。把马克思主义基本原理同中国具体实际相结合、同中华优秀传统文化相结合，是中华民族思想史上的伟大结合，是中国共产党的光荣传统。在"两个结合"中，马克思主义深刻影响了中国式现代化进程，中国式现代化的伟大实践也极大丰富了马克思主义。

二、我国是一个正在经历广泛而深刻的社会变革的发展中大国

"治国必先治党，党兴才能国强。"[①] 习近平总书记在十四届全国人大一次会议上发表重要讲话强调，推进强国建设，必须坚持中国共产党领导和党中央集中统一领导，切实加强党的建设。回望百年，强国建设、民族复兴之路上，每一次艰难前行，都是"雄关漫道真如铁"；每一步豪迈跨越，都离不开中国共产党"巍然砥柱立中流"。我国是一个

① 习近平：《在第十四届全国人民代表大会第一次会议上的讲话》，北京：人民出版社 2023 年版，第 6 页。

正在经历广泛而深刻的社会变革的发展中大国，党的领导直接关系中国式现代化的根本方向、前途命运、最终成败。中国式现代化是强国建设、民族复兴的唯一正确道路。党的领导直接关系中国式现代化的根本方向、前途命运、最终成败。党的二十大报告明确提出中国式现代化的本质要求，首要的就是“坚持中国共产党领导”；明确提出推进中国式现代化必须牢牢把握的重大原则，第一条就是“坚持和加强党的全面领导”。

党的领导是实现中国式现代化的“指南针”。中国式现代化是我们党领导全国各族人民在长期探索和实践中历经千辛万苦、付出巨大代价取得的重大成果，党的性质宗旨、初心使命、信仰信念、政策主张，决定了中国式现代化是社会主义现代化，而不是别的什么现代化。党的领导决定中国式现代化的根本性质，只有毫不动摇坚持党的领导，中国式现代化才能前景光明、繁荣兴盛；否则就会偏离航向、丧失灵魂，甚至犯颠覆性错误。

党的领导是保障中国式现代化的“压舱石”。在推进强国建设、民族复兴的进程中，中国共产党领导是党和国家的根本所在、命脉所在，是全国各族人民的利益所系、命运所系。党的领导有力保障了推进中国式现代化的各项制度得到贯彻执行，有效保证了国家经济、政治、文化、社会、生态等各项建设既充满活力又平稳有序。

党的领导是推进中国式现代化的“助推器”。在世界上人口最多的东方大国实现中国式现代化，没有中国共产党的坚强领导是绝无可能的。我们党自觉担负起探索中国现代化道路的重任，一代一代地接力推进。党的十八大以来，中国共产党立足新的历史方位，深刻把握我国社会主要矛盾发生的新变化，积极回应人民群众的新要求新期盼，成功推进和拓展了中国式现代化，让中国式现代化在拥有 14 亿多人口的东方大国焕发出强大生命力。

新征程上，只要坚定不移坚持和加强党的全面领导，使党始终成为风雨来袭时全体人民最可靠的主心骨，就一定能凝聚起强国建设、民族复兴的磅礴伟力。

抓牢坚持和加强党的全面领导这个根本。要不断教育引导全党自觉在思想上政治上行动上同以习近平同志为核心的党中央保持高度一致，保持坚强政治定力，坚定正确前进方向，确保中国式现代化锚定奋斗目标行稳致远。要充分发挥各级、各领域党组织的政治功能和组织功能，把广大党员、干部和各方面人才有效组织起来，更加广泛地把人民群众凝聚在党的周围，充分激发全体人民建设中国式现代化的主人翁精神。

抓好用党的科学理论武装全党这个关键。“理论一经掌握群众，也会变成物质力量。”①要自觉用党的科学理论指导党的建设，不断加强马克思主义特别是习近平新时代中国特色社会主义思想的理论武装，使各级党组织和广大党员、干部特别是领导干部掌握马克思主义理论武器，提高马克思主义理论水平和运用能力，把党的创新理论转化为推进新时代中国特色社会主义伟大事业的实践力量。

抓实党的组织体系和组织制度建设这个重点。要充分发挥中央和国家机关“最初一公里”的带头作用，不断增强地方党委“中间段”的传导功能，坚决打通基层党组织贯彻落实党中央决策部署的“最后一公里”，努力使党的领导“如身使臂，如臂使指”，确保党中央决策部署全面贯彻落实，扎实推进中国式现代化建设。

抓稳执政骨干队伍和人才队伍建设这个要害。“政治路线确定之后，干部就是决定的因素。”②各级党组织要严把政治关、廉洁关、能力素质关，及时把那些愿干事、真干事、干成事的干部发现出来、任用起来。要加强干部教育培训，使广大干部的政治素养、理论水平、专业能力、实践本领跟上时代发展步伐，适应推进强国建设、民族复兴的需要。

中国式现代化是一项伟大而艰巨的事业。惟其艰巨，所以伟大；惟

---

① 《马克思恩格斯文集》（第一卷），北京：人民出版社 2009 年版，第 11 页。

② 《毛泽东选集》（第二卷），北京：人民出版社 1991 年版，第 526 页。

其艰巨，更显荣光。我们必须毫不动摇坚持和加强党的领导，不断把党建设得更加坚强有力，唯有如此，才能蹄疾步稳推进强国建设、民族复兴取得新的更大的胜利。

第二节　把握好五对关系

要从战略和全局高度完整、准确、全面理解系统观念，就要把握好全局和局部的关系，把握好当前和长远的关系，把握好宏观和微观的关系，把握好主要矛盾和次要矛盾的关系，把握好特殊和一般的关系，这五对关系蕴含着哲学思辨和战略策略思考。

一、把握好全局和局部的关系

2022 年 10 月 16 日，党的二十大在北京胜利召开，习近平总书记代表第十九届中央委员会向大会作报告，报告中再次提及"五个必由之路"："全党必须牢记，坚持党的全面领导是坚持和发展中国特色社会主义的必由之路，中国特色社会主义是实现中华民族伟大复兴的必由之路，团结奋斗是中国人民创造历史伟业的必由之路，贯彻新发展理念是新时代我国发展壮大的必由之路，全面从严治党是党永葆生机活力、走好新的赶考之路的必由之路。"[①]2022 年 3 月 5 日，习近平总书记在参加十三届全国人大五次会议内蒙古代表团审议时，首次鲜明提出"五个必由之路"的重大论断。"五个必由之路"是新时代党的创新理论中具有原创性的思想观点，是新时代坚持和发展中国特色社会主义规律性认识的宝贵结晶，充分体现了把握全局和局部的关系。"五个必由之路"创造了伟大成就，也必将引领着我们全面建设社会主义现代化强国，以中国式

① 习近平：《高举中国特色社会主义伟大旗帜 为全面建设社会主义现代化国家而团结奋斗——在中国共产党第二十次全国代表大会上的报告》，北京：人民出版社 2022 年版，第 70 页。

现代化全面推进中华民族伟大复兴。

千秋伟业需要坚强领导。坚持党的全面领导是坚持和发展中国特色社会主义的必由之路。党的十八大到二十大之间的十年，我们统筹推进“五位一体”总体布局、协调推进“四个全面”战略布局，攻克了许多长期没有解决的难题，办成了许多事关长远的大事要事。党和国家事业取得历史性成就、发生历史性变革，根本上在于有习近平总书记作为党中央的核心、全党的核心掌舵领航，在于有习近平新时代中国特色社会主义思想科学指引。新时代中国特色社会主义的伟大成就归根到底都是因为党的全面领导，这是中国特色社会主义的本质要求，也是中国特色社会主义制度的最大优势。

道路自信决定命运前途。中国特色社会主义是实现中华民族伟大复兴的必由之路。党的十一届三中全会以来，中国共产党带领中国人民用自己的智慧与双脚踏出了一条不同于其他民族和国家的现代化发展道路，那就是发展中国特色社会主义，我们实现了从“站起来”到“富起来”的转变。党的十八大以来，以习近平同志为核心的党中央继续高举中国特色社会主义这一伟大旗帜，带领中国人民不断跨越一个个新的“娄山关”“腊子口”，开创了新时代中国特色社会主义伟大局面，朝着“强起来”的“复兴梦”“强国梦”继续迈进。

人民团结激发磅礴力量。团结奋斗是中国人民创造历史伟业的必由之路。“万人操弓，共射一招，招无不中。”中国共产党团结带领全国各族人民走过新民主主义革命时期、社会主义革命和建设时期、改革开放和社会主义现代化建设时期，现在进入了中国特色社会主义新时代，造就了举世瞩目的“中国奇迹”。奔涌之大江乃万千溪流汇聚而成，近代以来中华民族一个又一个的历史伟业正是亿万中国人民团结奋斗而汇聚的磅礴力量推动的结果，这种力量也必将继续推动着历史大潮滚滚向前，最终实现中华民族伟大复兴。

发展指南描摹未来图景。贯彻新发展理念是新时代我国发展壮大的必由之路。理念是行动的先导。习近平总书记从新中国成立特别是改革开放以来我国经济社会发展的显著成就出发，作出了中国特色社会主义进入新时代、我国社会主要矛盾已经转化为人民日益增长的美好生活需要和不平衡不充分的发展之间的矛盾这一重大政治论断，而新发展理念正是回答了新时代实现什么样的发展、怎样实现发展的问题。实践充分证明，新发展理念具有很强的战略性、纲领性、引领性，是站在中华民族发展历史关头对未来的深远洞见，是我们一切行动的指挥棒、红绿灯。

自我革命跳出历史周期。全面从严治党是党永葆生机活力、走好新的赶考之路的必由之路。从延安的窑洞到北京的人民大会堂，从“黄炎培之问”到“第三个历史决议”，从接受人民监督到勇于自我革命。中国共产党人对于治乱兴衰的历史周期率进行了不懈探索。全面从严治党是新时代党的自我革命的伟大实践，是新时代党的建设新的伟大工程的鲜明主题，关系着党的千秋伟业和兴衰成败。“这里，我再用重槌敲一下响鼓。”这是以习近平同志为核心的党中央勇于刀刃向内、刮骨疗毒的时代强音。

“万物得其本者生，百事得其道者成。”“五个必由之路”是新时代中国的“成功密码”，也是我们全面建设社会主义现代化国家、推进中华民族伟大复兴的思想武器，为我们指明了踔厉奋发、勇毅前行的时代方向。中国共产党正在团结带领中国人民，踏上实现第二个百年奋斗目标的“赶考之路”。在新的“赶考之路”上，我们要学思践悟“五个必由之路”的丰富内涵和实践价值，以踔厉奋发、笃行不怠的精神面貌创造新的历史伟业。

二、把握好当前和长远的关系

党的二十大报告开宗明义指出：“中国共产党已走过百年奋斗历程。中国共产党立志于中华民族千秋伟业，致力于人类和平与发展崇高事业，责任无比重大，使命无上光荣。全党同志务必不忘初心、牢记使命，务必谦虚谨慎、艰苦奋斗，务必敢于斗争、善于斗争，坚定历史自信，增强历史主动，谱写新时代中国特色社会主义更加绚丽的华章。”[①]70多年前，在中国革命的伟大历史转折关头，毛泽东在党的七届二中全会明确提出“两个务必”的著名论断。从“两个务必”到“三个务必”，是中国共产党对百年奋斗重大成就和历史经验深邃思考的必然总结，是中国共产党在实现第一个百年奋斗目标后，团结带领全国各族人民锚定全面建成社会主义现代化强国、实现第二个百年奋斗目标，以中国式现代化全面推进中华民族伟大复兴的必然要求。

务必不忘初心、牢记使命。一个忘记来路的民族必定是没有出路的民族，一个忘记初心的政党必定是没有未来的政党。为中国人民谋幸福，为中华民族谋复兴是中国共产党的初心和使命，是激励中国共产党人不断前进的根本动力。从石库门到天安门，从兴业路到复兴路，中国共产党百年奋斗所付出的一切努力、进行的一切斗争、作出的一切牺牲，都是为了人民幸福和民族复兴。党的二十大吹响了向第二个百年奋斗目标进军的号角，时代呼唤着我们，人民期待着我们，开辟中国特色社会主义事业的全新境界前所未有，更需要一个更加坚强的领导核心。不忘初心、牢记使命，是加强党的建设的永恒课题和全体党员干部的终身课题。全体共产党员要不断叩问初心、守护初心，不断坚守使命、担当使命，以党的创新理论滋养初心、引领使命，矢志不渝、笃行不怠，不负时代、不负人民。

务必谦虚谨慎、艰苦奋斗。中国共产党走的是前无古人的漫漫征途，是一条漫长而艰辛的“赶考之路”，时间的坐标不断向更远处延伸，我们面临的“考场”越来越大，“考题”越来越难，“考试”要求越来越高。安不忘危、存不忘亡、乐不忘忧是中国人传承数千年的深沉智慧。中国共产党人更加深刻地认识到，取得的成绩越好，越需要保持高度的历史

① 习近平:《高举中国特色社会主义伟大旗帜 为全面建设社会主义现代化国家而团结奋斗——在中国共产党第二十次全国代表大会上的报告》，北京：人民出版社2022年版，第1页。

清醒，越要有“如临深渊、如履薄冰”的谦虚谨慎；距离伟大目标越近，越要时刻警惕承平日久、精神懈怠的心态，越要发扬老一辈革命家“宜将剩勇追穷寇，不可沽名学霸王”的革命精神和共产党人“为有牺牲多壮志，敢教日月换新天”的奋斗精神。要不断教育引导全党大力发扬红色传统、传承红色基因，赓续共产党人精神血脉，始终保持自我革命精神，牢记打铁必须自身硬的道理，增强全面从严治党永远在路上的政治自觉，确保红色江山永不变色、红色政权根基永固。

务必敢于斗争、善于斗争。马克思主义学说是斗争的学说，马克思主义政党是敢于斗争、善于斗争的政党。中国共产党诞生于国家内忧外患、民族危难之时，一出生就铭刻着斗争的烙印，一路走来就是在斗争中求得生存、获得发展、赢得胜利。新时代的伟大变革，更加印证了“中华民族伟大复兴绝不是轻轻松松、敲锣打鼓就能实现的，也绝不是一马平川、朝夕之间就能到达的”。全面建设社会主义现代化国家，是一项伟大而艰巨的事业，我们在世界百年未有之大变局中推进中华民族伟大复兴，必须进行具有许多新的历史特点的伟大斗争，不断增强忧患意识，坚持底线思维，不信邪、不怕鬼、不怕压，始终保持崇高的革命理想和旺盛的革命斗志，以越是艰险越向前的斗争精神，知难而进、迎难而上，时刻准备经受风高浪急甚至惊涛骇浪的重大考验，全力战胜前进道路上各种困难和挑战，依靠顽强斗争打开事业发展新天地。

“泾溪石险人兢慎，终岁不闻倾覆人。”全面建设社会主义现代化国家、全面推进中华民族伟大复兴的宏图伟业已经开启，我们的前进之路必然荆棘丛生，中国号巨轮必定要面对更加汹涌澎湃的惊涛骇浪。中国特色社会主义前途无比光明，新时代中国共产党人责任无比重大，我们要始终牢记“三个务必”，毫不动摇坚持党的全面领导，毫不动摇坚持中国特色社会主义，不断巩固扩大团结奋斗的共同思想基础，坚定不移贯彻新发展理念，坚决贯彻党的自我革命战略部署和全面从严治党战略方针，必将引领和保障中国特色社会主义巍巍巨轮乘风破浪、行稳致远。

三、把握好宏观和微观的关系

宏观和微观是两个相对的概念，是认识事物的不同视角。把握好宏观和微观的关系是马克思主义认识世界、了解世界的重要方法论基础。微观是宏观的基础，宏观是微观的环境。习近平总书记深刻指出：“干事业做工作大方向要正确，重点要明确，战略要得当，同时要把控好细节，把政治经济、宏观微观、战略战术有机结合起来，做到谋划时统揽大局、操作中细致精当，防止因为‘细节中的魔鬼’损害大局。”①习近平总书记的精辟论述为我们把握好宏观和微观的关系提供了重要思想指引。

把握好宏观和微观的关系既是工作方法，更是领导思维。今天的中国正走在强国建设、民族复兴的大道上，党的执政环境面临前所未有的严峻考验，管党治党的难度也前所未有增大。我们党比历史上任何时期都需要大批忠诚干净担当、本领高强、能力突出、善于应对各种复杂环境的执政骨干，前所未有需要我们的干部加强自身建设、锤炼过硬政治能力、塑造科学领导思维。把握宏观和微观就是十分重要的领导思维。我们的干部岗位不同、分工不同，但都要站在全局想问题、作决策，在思想上克服本位主义，在工作中主动补位，防止木桶效应，提升整体效能。

从宏观层面看问题好似站在高山之巅远眺四周，能够一眼看尽山川走势、河流方向、城镇布局，能够给人无可比拟的洞察力。站在微观层面看问题，就如从山巅走进城镇，能够切身感受城镇的风土人情；从山顶走近河流，能够看清水中的鱼虾。因此，只有宏观和微观相辅相成，我们才能全面深刻地认识世界、了解世界。领导干部把握住从宏观到微观、从微观到宏观的逻辑原则，有助于推动自身在认识水平上达到更高

① 《中央经济工作会议在北京举行 习近平李克强作重要讲话 栗战书汪洋王沪宁赵乐际韩正出席会议》，载《人民日报》2021 年 12 月 11 日。

层次，从而在纷繁复杂的世界中迅速把握住秩序，更加深刻理解事物的本质，这就是我们改造世界的重要认识论基础。

比如，我们在经济发展中要处理好宏观和微观的关系。我们既要站在国家、省、市、县的大局去研究经济，也要善于深入田野乡间，走访百姓，看看人民群众的衣食住行，通过微观的经济数据验证宏观经济政策的可行性。习近平总书记到地方调研，几乎都会走进普通百姓家中，唠家常，算民生账，从政治经济社会的微观表现中把握党和国家制定大政方针的方向、检验方针政策的成效。习近平总书记把握宏观和微观的领导艺术可谓炉火纯青，为全党同志树立了榜样。中国共产党立志于中华民族千秋伟业，必须要增强把握大局、把握宏观的能力；同时全心全意为人民服务是我们党的根本宗旨，我们的工作对象是每一个老百姓。宏观经济数据很重要，老百姓的幸福指数同样很重要。正如脱贫攻坚，我们党提出决不能让一个群众掉队，正是以微观保证宏观的基本经验。

又比如，我们在推进全面从严治党的伟大进程中，既要从宏观层面看到我们在反腐败斗争中取得了压倒性优势并全面巩固，党在革命性锻造中变得更加坚强有力。同时还要从微观层面认识到，在全面从严治党深入推进的背景下，仍然有人背离党的初心使命，丧失共产党人的本色；仍然还存在小山头、小圈子、小团伙现象，破坏党的团结统一，影响党的凝聚力战斗力；仍然有人一门心思追求安逸享乐而意志消沉、不思进取，在具有许多新的历史特点的伟大斗争中慌了心神、乱了阵脚；仍然有人在执政业绩光环的照耀下出现忽略自身不足、忽视自身问题的现象，陷入“革别人命容易，革自己命难”的境地……这些微观层面表现出来的党员干部队伍良莠并存、参差不齐的现象仍然是我们面对的现实。党员领导干部只有从宏观和微观层面具备上述深刻认识，我们才能对中国共产党始终充满信心；同时又能对管党治党中仍旧存在的问题高度重视，以抓铁有痕、踏石留印的决心意志和有力措施加强党的建设。

领导干部既要胸怀全局、把握大局，又要见微知著，善于从微观事物的发展中洞察出宏观大势的走向，同时要能精准把握宏观与微观之间的“温差”。特别是在经济发展环境中，对于中国这样一个超大规模的经济体，经营主体多元化程度极高，在这个大市场中存在大量的异质性个体，宏观与微观的“温差”也会十分明显。特别是虽然我们的宏观经济数据显示了经济的增长，但由于地区差异、发展环境差异、历史因素不同等原因的存在，导致很多企业甚至是一个地区的经济发展并不好；再比如，不同收入群体对物价的感受是天差地别的，人均收入体现的宏观数据使得众多的低收入者“被平均”，如果只注重宏观数据，必然会激起低收入群体的不满。所以各地区、各部门切不可沉醉在漂亮的宏观数据中沾沾自喜；同时要防止以偏概全，不能用局部的“鲜花着锦”代替全局的判断，真正做到胸中有全局、眼中有微观。

如何在认识论层面维持宏观和微观的平衡是思维能力的重要体现，党员领导干部必须通过长期的理论学习和实践锻炼，在工作中善于总结、勤于体会，才能真正做到“运用之妙，存乎一心”。这就要求我们的干部加强学习，不断改造主观世界，同时要躬身实践，多到矛盾集中、困难扎堆、群众亟须的地方摸爬滚打，真正在推动改革发展、服务人民群众的实际工作中增强本领、塑造思维、获得成长。

四、把握好主要矛盾和次要矛盾的关系

主要矛盾是指在事物发展过程中处于支配地位、对事物发展起决定作用的矛盾。次要矛盾是处于从属地位、对事物发展不起决定作用的矛盾。主要矛盾和次要矛盾相互依赖，互为存在的前提。没有主要矛盾，就无所谓次要矛盾，反之亦然。主要矛盾的解决规定着次要矛盾的解决，次要矛盾的解决也影响着主要矛盾的解决。

在发展全过程人民民主时要把握好主要矛盾。习近平总书记在中央人大工作会议上的讲话中指出：“民主是全人类的共同价值，是中国共

产党和中国人民始终不渝坚持的重要理念。"[1]中国共产党在领导中国人民推进中华民族伟大复兴的壮阔征程中，在把民主价值和理念转化为科学有效的制度安排中，始终注重历史和现实、理论和实践、形式和内容的有机统一。党的十八大以来，以习近平同志为核心的党中央不断深化对民主政治发展规律的认识，提出全过程人民民主的重大理念，找到了正确的体制机制和方式方法，推动我国全过程人民民主建立起完整的制度程序，并在完整的参与实践中彰显出巨大的制度生命力和竞争新优势。可以说，抓住党的领导，就是抓住了发展全过程人民民主的主要矛盾。

党的领导是实现全过程人民民主的"指南针"。中国共产党在百余年奋斗历程中，始终以实现共产主义远大理想、实现中华民族伟大复兴为前进方向，高举大团结大联合的旗帜，不断巩固和发展最广泛的统一战线，团结一切可以团结的力量，调动一切可以调动的积极因素，为发展全过程人民民主指明了正确政治方向。推进实现全过程人民民主，必须始终强调党是最高政治领导力量，是确保"民主不是装饰品，不是用来做摆设的"的"指南针"。推进全过程人民民主必须坚持党总揽全局、协调各方的领导核心作用，必须坚决维护党中央权威和集中统一领导，必须保证党的理论、路线、方针政策和决策部署在国家工作中得到全面贯彻和有效执行。实践证明，只有在中国共产党的领导下，中国才能实现更加广泛、更加充分、更加健全的人民民主；只有在实践全过程人民民主的轨道上使党的主张通过法定程序成为国家意志，用制度体系保障人民当家作主，才能使民主制度更加健全，民主形式更加丰富，民主渠道更加宽敞，更好保障人民的各项权利，更加凸显以人民为中心的执政理念。

党的领导是推进全过程人民民主的"助推器"。在世界上人口最多的东方大国实现全过程人民民主，没有中国共产党的坚强领导是绝无可

---

① 习近平：《论坚持人民当家作主》，北京：中央文献出版社 2021 年版，第 335 页。

能的。在新民主主义革命时期、社会主义革命和建设时期，党在根据地创建人民政权、领导人民建立新中国的伟大实践中，进行了诸多影响深远的有益探索，为发展新型民主制度积累了宝贵经验。改革开放以来，中国共产党坚定不移推进社会主义民主法治建设，中国特色社会主义政治发展道路越走越宽，实现更广泛人民民主的制度体系焕发出新的生机活力。党的十八大以来，中国共产党立足新的历史方位，深刻把握我国社会主要矛盾发生的新变化，积极回应人民群众对民主法治的新要求新期盼，着力推进国家治理体系和治理能力现代化，健全人民当家作主的制度体系，加强基层政权建设，使各项制度更加成熟、更加定型，让全过程人民民主在拥有14亿多人口的东方大国焕发出强大生命力。

党的领导是保障全过程人民民主的"压舱石"。中国共产党能够领导人民创造经济快速发展和社会长期稳定的两大奇迹，根本在于党把民主集中制作为根本组织原则，把民主基础上的集中和集中指导下的民主辩证统一起来，探索创立了人民代表大会制度、中国共产党领导的多党合作和政治协商制度、民族区域自治制度、基层群众自治制度等一系列符合我国国情和实际、体现社会主义国家性质、保证人民当家作主、保障实现中华民族伟大复兴的政治制度。在推进国家富强、民族振兴、人民幸福的进程中，中国共产党始终以最坚强的政治领导力量，保障人民依法参与和管理国家事务和社会事务，确保人民群众利益要求表达渠道畅通，社会各方面有效参与国家政治生活，国家决策实现科学化、民主化，权力运用得到有效制约和监督。党的领导最大限度保障了人民当家作主，保障了全过程人民民主的各项制度得到贯彻执行，有效保证了国家政治生活既充满活力又安定有序。

当今世界正经历百年未有之大变局，制度竞争是综合国力竞争的重要方面，制度优势是一个国家赢得战略主动的重要优势。中国共产党领导中国人民书写的全过程人民民主的精彩篇章实现了过程民主和成果民主、程序民主和实质民主、直接民主和间接民主、人民民主和国家意志相统一，是全链条、全方位、全覆盖的民主，是最广泛、最真实、最管用的社会主义民主。全党全国各族人民要坚定中国特色社会主义制度自信，不断完善和丰富各项制度，不断巩固和发展生动活泼、安定团结的政治局面，为人类政治文明进步作出充满中国智慧的贡献。

五、把握好特殊和一般的关系

中国共产党的百余年历史，是把马克思主义基本原理同中国具体实际相结合、同中华优秀传统文化相结合，不断推进马克思主义中国化并取得系列理论成果的历史。在理论和实践重大问题上，正确处理普遍性和特殊性这对重要关系，实现二者具体的、历史的、实际的统一，是中国共产党理论上愈益成熟、政治上更加强大、实践上不断胜利的一条重要经验。[①] 推进中国式现代化要把握特殊和一般，中国式现代化既有世界现代化的普遍特征，同时也有中国的本土特征。现代化作为贯穿中国近现代历史的鲜明主线，实现现代化并在现代化中实现自我价值则是一代又一代中国青年孜孜以求的发展目标。以青年群体作为推进现代化的实践主体和先锋力量为例，中国式现代化中的"青年在场"与世界其他国家的"青年在场"既有一般性也有特殊性，这就是要把握好特殊和一般的关系的典型例证。

在人口规模方面，意大利政治经济学家阿尔贝托·阿莱西纳（Alberto Alesina）和恩里科·斯波洛雷(Enrico Spolaore)曾在研究中表明，一个国家的最佳规模取决于规模效益与异质性成本之间的成本－效益权衡，而在一个人口大国，人均成本可能很低，但大量人口的异质性偏好会使得政府提供服务和制定政策变得异常困难[②]。由此可见，人口规模巨大在一定条件下固然能够转化为一定的发展优势，但往往也会给现代化进

① 颜晓峰：《坚持普遍性和特殊性相统一的科学方法论》，载《光明日报》2021年5月7日。

② Alesina A， Spolaore E.The Size of Nations，Cambridge，MA： MIT Press，2005.

程中的政府治理带来许多难题与挑战。以印度为例，据分析，印度未来可能超越中国跃居世界第一人口大国。但印度的现代化进程却远落后于中国，一个重要原因就是印度各届政府在顶层设计与政策执行中没有把充分动员青年、发展青年纳入考量范畴。国外学者认为，印度因其拥有一定数量的受过教育的英语精英，在发展外包产业方面有着天然优势，但这只能成为印度经济增长的有限引擎[①]，印度青年整体的劳动参与率与受教育程度都要远低于中国，使其人口红利无法有效转化为发展动能。

在共同富裕方面，共同富裕是中国式现代化语境中的重要概念，也是中国式现代化区别于西方资本主义现代化的突出特点之一。从理论上看，正如马克思在《资本论》中所言，“在一极是财富的积累，同时在另一极，即在把自己的产品作为资本来生产的阶级方面，是贫困、劳动折磨、受奴役、无知、粗野和道德堕落的积累。”[②]资本主义积累的一般规律就是两极分化，这种对抗性质不会随着现代化过程中的科技进步而发生根本转变，在不改变所有制前提下关于共同富裕的一切设想都只不过是自欺欺人。从现实角度来看，西方资本主义现代化不仅会在国内时刻滋生贫困且无力扭转贫富两极分化的必然趋势，在国际层面也会将无数“第三世界”发展中国家推入依附的“贫困陷阱”。部分发达国家今天似乎已经实现了“共同富裕”，但支撑这种表层“共同富裕”的却是国际间价值的不平等转移机制，马克思道出了其中的“秘密”，“处在有利条件下的国家，在交换中以较少的劳动换回较多的劳动”[③]。由此可见，共同富裕在西方的现代化实践中存在着“应该”与“是”的逻辑落差，它往往只存在于国外民众对现代化发展的“美好幻象”以及资

① Akhilesh Pillalamarri. Here’s the Real Reason Why India’s Economy Is Smaller Than China’s，https：//the diplomat.com/2015/09/heres-the-real-reason-why-indias-economy-is-smaller-than-chinas/.

② 《马克思恩格斯文集》（第五卷），北京：人民出版社 2009 年版，第 743-744 页。

③ 《马克思恩格斯文集》（第七卷），北京：人民出版社 2009 年版，第 265 页。

产阶级的"空头支票"之中，也从未真正构成资本主义现代化发展目标体系中的一部分，更无法凭空内化为国外青年的思想共识与前行动力。

在物质和精神发展方面，"物质贫困不是社会主义，精神贫乏也不是社会主义。"[①]协调推进物的全面丰富和人的全面发展，是中国式现代化有别于其他西方现代化模式的一个鲜明特质。可以看到，随着西方资本主义现代化的不断发展，物质愈是丰富，精神却愈是空虚。究其原因，精神困境往往根植于物质生产关系，作为资本主义生产关系核心要素的私有制决定了"人的类本质，无论是自然界，还是人的精神的类能力，都变成了对人来说是异己的本质，变成了维持他的个人生存的手段。"[②]而资本主义现代化作为一种构基于私有制之上的，以资本逐利、物质扩张为目标的"单向度"现代化，因其阶级属性与宰制逻辑的导引，必然缺乏对人民精神向度的合理关照，同时由其发展而不断衍生的商品拜物教、货币拜物教以及资本拜物教等本质上又是对物质之"神"的疯狂崇拜与追捧，这带来的只能是资产阶级腐朽思想对人们精神世界的反复倾轧和肆意污染。2022 年欧洲议会的调查研究表明，越来越多的欧洲青年正在经历抑郁、焦虑和孤独等心理健康问题，接近 60% 的受访者将他们的心理健康状况归类为"不太好"或"差"，而认为自己心理健康状况较好的比例不到 20%，同时有 70% 的受访者认为心理健康问题会影响个人发展[③]。由此可见，随着时间的推移，资本主义现代化的"病症"正日益显现，越来越多的青年正在成为精神上的"贫困人口"，而这种精神世界的贫乏又会带来普遍的心理疾病，同时也使青年群体逐渐丧失了进取动力。

---

① 《高举中国特色社会主义伟大旗帜 为全面建设社会主义现代化国家而团结奋斗——在中国共产党第二十次全国代表大会上的报告》，北京：人民出版社 2022 年版，第 22 页。

② 《马克思恩格斯文集》（第一卷），北京：人民出版社 2009 年版，第 163 页。

③ Renew Europe. Youth Mental Health Survey： The Results!，https：//www.reneweurope group.eu/campaigns/2023-01-31/youth-mental-health.

在与自然的关系方面，人与自然和谐共生是着眼中华民族永续发展的现实选择，也是中国式现代化的重要特征和突出优势。自工业革命以来，发生在西方国家的洛杉矶光化学烟雾事件、伦敦烟雾事件等“世界八大公害事件”均体现了资本主义现代化对人类自身的“反噬”。与此同时，西方资本主义国家也在生态危机的消极应对中逐渐形成了“先污染、后治理 + 转嫁污染”的发展模式，给世界人民特别是“第三世界”发展中国家的人民带来了深重灾难。正如著名生态学马克思主义学者约翰·贝米拉·福斯特（John Bellamy Foster）指出的那样，当前世界范围内持续出现的物种灭绝、氮磷循环中断、荒漠化、放射性污染等问题，其根源不能简单地归结为人为因素（只要工业文明继续存在，这种情况就不会逆转），还应从更具体的维度上归因于资本主义作为一种积累体系的全球扩张[①]。二战以来，“离岸污染”发展中国家成为发达国家解决自身环境问题的惯用手段，美国、西欧国家包括后发的日本，陆续将污染性更强的经济活动转移到监管更为宽松的海外。以美国为例，从1992年到2009年，美国制造业进口的所有商品中，发展中国家生产的份额从7%上升到23%，而与此同时，美国本土制造业排放的有毒气体下降了一半以上[②]。由此可见，人与自然和谐共生的中国式现代化，不仅仅塑造了可持续发展模式的替代性典范，更从道德伦理层面彰显了社会主义现代化的全球视野与宏大格局。

在和平发展道路方面，不通过战争、殖民、掠夺等方式实现现代化，这是中国式现代化在发展逻辑上实现的一次深刻革命。但需要注意的是，走和平发展道路指的是不以战争为手段促进现代化建设，这并不意味着

① Foster J B. “The Return of the Dialectics of Nature： The Struggle for Freedom as Necessity”，Historical Materialism， vol.30，no.2，2022，pp.3-28.

② US Manufacturers Offshore Pollution to Developing Countries，https：//www.climate change news.com/2017/05/22/us-manufacturers-offshore-pollution-developing-countries/.

近代中国"软骨"政治的复归，也不意味着在现代化过程中要放弃做好军事斗争的准备。因为社会主义制度的发展史，就是一部社会主义政权和国家用武力对抗帝国主义国家的武力威胁和干涉的战争史[①]，作为赢得社会主义未来和保卫世界和平的基础性支撑，国防和军队现代化建设依然构成中国式现代化的重要组成部分。与社会主义国家相反的是，由于资本扩张的强烈原始驱动，资本主义国家往往诉诸军事手段与殖民掠夺为现代化发展铺路架桥。第二次世界大战以后，西方大国苦心经营的旧殖民体系虽然逐渐瓦解，但西方国家为了维护经济利益而进行的新殖民主义活动与战争掠夺却从未停歇。以美国为例，1991 年，美国为了掠夺石油资源、捍卫美元霸权主导发动了海湾战争，该年美国就因战争"获利"480 亿美元[②]。又如，美国退役军人事务部的数据显示，1775 年至 1991 年，有超过 4100 万美国人参与战争[③]。从 1945 年到 2001 年，世界上 153 个地区发生了 248 次武装冲突，其中美国发起的就有 201 场，2001—2021 年，美国又在全球 85 个国家发动战争，夺去了超过 90 万人的生命[④]。

第三节　不断提高七大思维能力

要提升思维能力，把习近平新时代中国特色社会主义思想的世界观、方法论和贯穿其中的立场观点方法转化为自己的科学思想方法，作为研究问题、解决问题的'总钥匙'，切实提高战略思维、辩证思维、系统思维、

① 李慎明：《战争、和平与社会主义》，北京：社会科学文献出版社 2000 年版，第 4 页。

② Silk L. "Economic Scene: the Broad Impact of the Gulf War", The New York Times, 1991-08-16(D).

③ Department of Veterans Affairs. America' s Wars, https: //www.va.gov/opa/publications/fact sheets/fs_americas_wars.pdf.

④ 张红：《美国输出战乱 祸害了多少国家》，载《人民日报》海外版，2021 年 9 月 23 日。

创新思维、历史思维、法治思维、底线思维能力，做到善于把握事物本质、把握发展规律、把握工作关键、把握政策尺度，增强工作科学性、预见性、主动性、创造性。

一、不断提高战略思维能力

战略问题是一个政党、一个国家的根本性问题。习近平总书记在省部级主要领导干部学习贯彻党的十九届六中全会精神专题研讨班开班式上明确指出：“战略上判断得准确，战略上谋划得科学，战略上赢得主动，党和人民事业就大有希望。”[①] 一百多年来，中国共产党善于发扬伟大的历史主动精神，深刻把握历史规律和发展大势，主动担当历史使命，不畏艰险、勇毅前行，实现了不断从胜利走向胜利的伟大壮举。“明镜所以照形，古事所以知今。”要善于在战略问题上发扬历史主动精神，重视从历史经验中收获战略思维，准确把握历史大势、清醒认识历史方位、主动抓住历史机遇，放眼全局谋一域，把握形势谋大事，为实现第二个百年奋斗目标不断提出因应的战略策略。

善于在战略问题上发扬历史主动精神，就要从历史大势上作出战略判断。判断做得准不准，关键在历史大势看得清不清。“马克思、恩格斯早在170多年前就科学揭示了社会主义必然代替资本主义的历史规律。这是人类社会发展不可逆转的总趋势，但需要经历一个很长的历史过程。在这个过程中，我们要立足现实，把握好每个阶段的历史大势，做好当下的事情。”[②] 回顾党的光辉历程，从领导人民夺取新民主主义革命伟大胜利，到完成社会主义革命和推进社会主义建设，再到进行改革开放和社会主义现代化建设，再到开创中国特色社会主义新时代，党的每一个重大战略决策都是在洞悉不同阶段的历史大势后，主动作为、乘势而

---

① 《习近平谈治国理政》（第二卷），北京：外文出版社2017年版，第10页。

② 习近平：《在党史学习教育动员大会上的讲话》，北京：人民出版社2021年版，第13页。

上所作出的正确决定。"察势者明，趋势者智。"在新的时代背景下，把握历史大势，必须从中华民族伟大复兴战略全局和世界百年未有之大变局出发，正确处理中国和世界的关系。在坚持胸怀天下的同时走好中国道路，在保持战略定力的同时善于顺势而为，以大历史观支撑大战略观，从历史长河、时代大潮、全球风云中分析演变机理、探究历史规律，把战略谋得精准、谋得实际、谋得长远。

善于在战略问题上发扬历史主动精神，就要从历史方位上进行战略谋划。谋划做得科不科学，关键在历史方位认得清不清晰。"正确认识党和人民事业所处的历史方位和发展阶段，是中国共产党明确阶段性中心任务、制定路线方针政策的根本依据，也是中国共产党领导革命、建设、改革不断取得胜利的重要经验。"[①]党的十九届五中全会作出我国进入"新发展阶段"的战略判断，明确了我国发展所处的历史方位。在这个阶段进行战略谋划，必须将重心放在完整、准确、全面贯彻新发展理念上，切实解决好发展不平衡不充分的问题，真正实现高质量发展，推动全体人民共同富裕取得实质性进展；必须将重心放在加快构建以国内大循环为主体、国内国际双循环相互促进的新发展格局上，在立足自身，畅通国内大循环的同时，积极塑造我国参与国际合作和竞争新优势，增强我们的生存力、竞争力、发展力、持续力。

善于在战略问题上发扬历史主动精神，就要在历史机遇中赢得战略主动。当今世界正经历百年未有之大变局，新一轮科技革命和产业变革深入发展，国际力量对比深刻调整，国际环境和世界经济发展的不稳定性不确定性愈发明显，给我们带来全新的矛盾挑战，也带来全新的历史机遇。"历史发展有其规律，但人在其中不是完全消极被动的。"[②]当下，我国社会大局稳定、经济社会健康发展的基调没有改变，结构优化的进

---

① 《习近平经济思想学习纲要》，北京：人民出版社、学习出版社 2022 年版，第 33 页。

② 习近平：《在党史学习教育动员大会上的讲话》，北京：人民出版社 2021 年版，第 13 页。

程没有放缓，长期稳中向好的总体势头没有丧失，继续发展具备多方面独有的条件和优势。要进一步增强机遇意识，勇于站在人类发展前沿，准确识变、科学应变、主动求变，善于在危机中育先机、于变局中开新局，集中力量办好自己的事情，以“乱云飞渡仍从容”战略定力和“不到长城非好汉”的进取精神，坚定不移地抓住战略机遇期，努力赢得战略上的主动。

善于在战略问题上发扬历史主动精神，就要在历史经验中进行战略思维。“我们是一个大党，领导的是一个大国，进行的是伟大的事业，要善于进行战略思维，善于从战略上看问题、想问题。”[①]一百多年来，中国共产党始终重视并善于运用战略思维，善于从各种矛盾中抓住主要矛盾，将重点突破与统筹兼顾相统一；善于在总体部署中协调好具体执行，将战略坚定性与策略灵活性相统一；善于在面对挑战时寻找机遇，将化解风险与实现突破相统一，留下了许多宝贵的历史经验。“度之往事，验之来事，参之平素，可则决之。”历史是最生动的教科书，要了解中国共产党和国家事业的来龙去脉，不断汲取党制定战略策略的历史经验，注重分析和总结党在百余年奋斗历程中进行战略思维的方法角度，从中检视实践、发扬经验、吸取教训，不断提高进行战略思维的能力和自觉。

“不谋万世者，不足谋一时；不谋全局者，不足谋一域。”站在“两个一百年”的历史交汇点，形势环境变化之迅猛、机遇风险挑战之繁多，对我们谋划长远全局、主动应变求变的能力提出了前所未有的考验。新的赶考路上，我们要更加紧密地团结在以习近平同志为核心的党中央周围，更加善于在战略问题上发扬历史主动精神，努力增强总揽全局的能力，牢牢把握新时代中国发展的时与势，坚决贯彻落实党中央的战略决策部署，在新时代新征程上赢得更加伟大的胜利和荣光。

---

① 《习近平谈治国理政》（第四卷），北京：外文出版社 2022 年版，第 31 页。

二、不断提高历史思维能力

2022 年 1 月 11 日，省部级主要领导干部学习贯彻党的十九届六中全会精神专题研讨班在中央党校（国家行政学院）开班。中共中央总书记、国家主席、中央军委主席习近平在开班式上发表重要讲话。习近平强调，"要用好干部教育培训机制，继续把党史作为党校（行政学院）、干部学院必修课、常修课。"① 中国共产党高度重视对历史经验的总结和运用，在探究历史规律中掌握历史主动。在百余年奋斗历程中，党始终坚持和运用历史思维分析和解决问题，总结历史经验，不断深化对党的建设和执政规律认识，推动革命、建设、改革的伟大实践。从党百余年奋斗的历史中看清楚过去我们为什么能够成功、弄明白未来我们怎样才能继续成功，需要我们在大历史观中增强历史思维能力，探究历史规律，汲取历史智慧，坚定历史自信，更好地把握未来。②

源浚者流长，根深者叶茂。党校是党员领导干部学习教育的摇篮，是培训、轮训党员干部的主渠道、主阵地，党校教育是锻炼党性、增强党员领导干部素质最有效、最直接的途径和手段。而党员领导干部作为党和人民事业的中坚力量，他们的党史学习态度怎么样、效果怎么样，对于全党全社会具有风向标的作用。开展党史学习教育，首先必须推动领导干部先学一步、深学一层。也正是从这个角度出发，党校理应在党史学习教育中积极担当、主动作为，要继续把党史作为党校的必修课、常修课，把增加历史自信同推动党员领导干部的党史学习教育有机结合起来。

党员领导干部的党史学习教育要求党校必须提供好党史学习的营养大餐，让党员领导干部读原著、学原文、悟原理，确保原汁原味，这是最基本的要求。要将党史学习教育贯穿干部教育培训全过程，推动党史

---

① 《习近平谈治国理政》（第四卷），北京：外文出版社 2022 年版，第 33 页。

② 袁绍光：《在大历史观中增强历史思维能力》，载《解放军报》2022 年 2 月 9 日。

学习教育进课堂、进教材、进头脑，不断完善党史学习教育的内容体系，加大所有班次党史教学的分量。党员领导干部在党校学习，要从百余年党史的宏阔视野中对党的创新理论进行学思践悟，从而更加深刻领悟习近平新时代中国特色社会主义思想的历史逻辑、理论逻辑、实践逻辑，不断增强政治认同、思想认同、理论认同、情感认同。这就要求党校教员一定要沉下身来用心研究、精心打磨，让党史课既有理论深度、实践力度，又有感情温度和历史深度，这样才能更好地帮助领导干部从党的非凡历程读懂强党之路、复兴之路，领悟中国共产党为什么能、马克思主义为什么行、中国特色社会主义为什么好。

不仅如此，党校开展党史学习教育要善于从书本中走出来，将学习融入活动、融入线路、融入场景，用好用活各式各样的研学载体。党校的党史教学要注重方式和方法上创新，通过研讨、案例、档案、影视和现场等多种教学方式和方法，全方位、多角度地调动党员领导干部入脑入心参与到教学当中去的积极性主动性，增强党校党史学习教育实效。以红色资源与党史学习教育的结合为例，一方面，党校要充分利用好党校周边的红色资源，通过实例、实事、实景、实物，搭建体验式教育大课堂，让党员领导干部置身事内，以情动人、以事感人、以泪催人，进而达到以史育人的目标；另一方面，党校对干部培训和党的历史本身就有独特研究，更不妨反求诸已，充分挖掘好校内的红色典藏，讲述好校园中每一段生动有趣、启人心智的历史故事，让党员领导干部在日常与历史人物、历史事件的“朝夕相伴”中，不断感悟与成长。

习近平总书记还强调，要认真总结这次党史学习教育的成功经验，建立常态化、长效化制度机制，不断巩固拓展党史学习教育成果。这就要求既要发扬理论联系实际的学风，自觉主动学，带着问题学，从党史中总结经验、汲取智慧；又要注重与实际工作相结合，把“我为群众办实事”实践活动作为党史学习教育的重要内容，努力把学习成效转化为工作成效，正所谓“融入日常，做在平常”。

党员领导干部要从党史中积累不忘初心的源泉力量，把学思践悟融入日常。要从百年党史中汲取精神营养，读懂"从哪里来"的初心，明确"走向何方"的路标，在学而思、学而悟、学而行上持续努力、久久为功，不断把学习教育成效转化为推动高质量发展的科学思路、管用举措和有效办法，才能真正走好新时代赶考之路。

党员领导干部要从党史中寻找开拓进取的前进方向，把为民服务做在平常。办一件实事，暖一片人心。要把人民群众放在第一位，不能一曝十寒，更不能放之任之。真正把人民群众期盼的事情变成我们要干的事情，把我们在干的事情变成人民群众赞成支持的事情，把我们干成的事情变成惠及人民群众的事情。每一份用心、用情、用力为民所办的实事，都是党史学习教育成效的生动缩影。

从党的一大会址到党的各个重要革命根据地，从土地革命、抗日战争、解放战争纪念地点到社会主义革命和建设、改革开放重要纪念场所等，党的十八大以来，习近平总书记每次地方考察都要走访中国共产党具有重大历史意义的革命圣地、红色旧址、革命历史纪念场所，反复叮嘱要用好红色资源、传承红色基因。我们必须从战略高度保护好、管理好、运用好红色资源，不断赓续红色血脉，努力讲好党的故事。

强化红色资源精神挖掘，推动革命文化更好传承弘扬。一张张图片、一件件实物、一份份文献，都见证了中国共产党百余年奋斗中的一段历史，都具象化了伟大的革命精神，提醒我们永远不能忘记党的初心和使命，不能忘记革命理想和革命宗旨。"每件文物都十分珍贵、每个情景都耐人寻味"，红色资源是十分宝贵的红色记忆，要精心保护好，深入挖掘红色资源背后的人文价值和革命精神，深刻感悟革命精神的思想伟力，从红色资源中汲取精神滋养和前进力量。

推进红色资源理论研究，加大理论成果创新转化应用。红色资源，尤其是红色文献资源，蕴含着丰富的理论价值。充分利用红色资源开展理论研究，创新形式做好理论成果的转化应用是一项重大时代课题。要强化研究规划，统筹研究力量，把红色资源创新转化为学习教育的“活教材”，教育引导广大党员、干部坚定理想信念、筑牢初心使命。与此同时，充分发挥红色资源理论成果资政育人功能和价值，运用新媒体传播、影视作品推广、理论读物出版等多种形式，不断创新推动理论成果转化应用。

坚持红色资源科技赋能，促进国家文化软实力提质增效。通过现代科技手段的运用，红色资源能够得到有效的保护修复和综合利用，能够跨时空地走近更多人的身边，让更多人得到启迪，受到教育。要强化大数据、云平台等技术在红色资源保护与传承中的运用，将红色资源转化为数字资源，构建形成红色资源数据库，打造“云端”红色资源库，实现红色资源共享。在红色资源保护利用中引入虚拟现实、3D影像、增强现实等技术，使受众能够“身临其境”感受革命历史瞬间，让红色资源真正“活起来”。

红色资源是不可复制、不可再生、不可替代的“精神富矿”。习近平总书记指出，“红色是中国共产党、中华人民共和国最鲜亮的底色，在我国960多万平方公里的广袤大地上红色资源星罗棋布，在中国共产党团结带领中国人民进行百年奋斗的伟大历程中红色血脉代代相传。”[①]赓续红色血脉，传承红色基因，用心用情用力推动红色资源科学保护与传承，让红色资源穿越时空与人们沟通心灵，绵绵不绝诉说党的动人故事。

三、不断提高辩证思维能力

世界上一切事物都是不断发展变化的，绝没有永恒不变的事物。面对这样一个不断发展变化的世界，如果我们用静止的、僵化的观点去

① 《习近平关于社会主义精神文明建设论述摘编》，北京：中央文献出版社2022年版，第166页。

对待它，那就无法按事物发展本身的要求去解决矛盾，处理问题。[①]中国特色社会主义事业越是向纵深发展，越要不断增强辩证思维能力。习近平总书记指出："要立足当前、着眼长远，加强战略谋划和前瞻布局。"[②]事物是多样的、复杂的。"要有全局观，对各种矛盾做到心中有数。"[③]这就要求我们要多角度、多侧面地看问题，不能只看一面，而忽视其他方面。片面地看问题，就不能真实反映事物的本来面貌，就会闹出"盲人摸象"的笑话。

习近平总书记强调，要"学习掌握唯物辩证法的根本方法，不断增强辩证思维能力，提高驾驭复杂局面、处理复杂问题的本领"。[④]提高辩证思维能力是我们党应对加速演变的百年未有之大变局，面对前所未有的机遇和挑战对党员领导干部的必然要求；也是我们干好一切工作所必须具备的能力素质的重要方面。

辩证思维能力是唯物辩证法在思维中的运用，是科学思维能力的根本要求和集中体现。提高辩证思维能力，要客观地而不是主观地、联系地而不是孤立地、发展地而不是静止地、全面地而不是片面地、系统地而不是零散地观察事物，把握事物的本质和发展规律，找到解决问题的方法和途径。毛泽东曾说过，"如果不懂得辩证法，则我们的事情是办不好的，革命中间的错误无一不违反辩证法。但如果懂得了它，那就能生出绝大的效果。一切做对了的事，考究起来，都是合乎辩证法的，因此一切革命的同志们首先是干部，都应用心地研究辩证法"。[⑤]习近平总书记关于"两个三十年"的重要论述，就是把辩证思维运用到炉火纯

---

① 窦爱兰，傅顽璐：《不断提高辩证思维能力》，载《光明日报》2021年6月21日。

② 《习近平关于防范风险挑战、应对突发事件论述摘编》，北京：中央文献出版社2020年版，第164页。

③ 习近平：《论党的宣传思想工作》，北京：中央文献出版社2020年版，第129页。

④ 《习近平总书记系列重要讲话读本（2016年版）》，北京：学习出版社、人民出版社2016年版，第287页。

⑤ 毛泽东：《辩证法唯物论提纲》（1937年），天津：天津人民出版社1958年版，第42页。

青而彰显出的光辉灿烂的政治智慧。“两个三十年”的重要论断有力回击了各种歪曲党的历史的错误言论，为统一全党思想奠定了根本认识论基础，也为全党同志树立了提升辩证思维能力的光辉典范。

辩证思维是一种“横看成岭侧成峰，远近高低各不同”的思维视角，主要体现在认识分析问题时从不同方面切入展开，从而准确把握住矛盾、分析清楚问题、抓住事物发展的关键。辩证思维是马克思主义科学方法论的重要内容，检验党员领导干部是否认真学习马克思列宁主义、学习党的创新理论，是否能够用马克思主义的立场、观点、方法分析问题、解决问题，一个十分重要的方面就是看这个党员领导干部是否具备辩证思维能力。在日常学习、工作、生活中，时时刻刻处处都体现着党员领导干部辩证思维能力的水平。比如在谋划工作时能否做到贯穿经济、政治、文化、社会、生态这“五位一体”的总体考量，而不至于出现“攻其一点、不及其余”的偏颇；在面对各种歪曲中国特色社会主义制度的错误思潮、错误言论时能否辨析其中的错误根源，从而给予有理有力的驳斥；在遇到困难挫折时能否做到不怨天尤人、不怪话连篇，而是冷静从容地找准主要矛盾和矛盾的主要方面，进而亮出自己的真知灼见、硬招实招。总的来说，用辩证思维分析问题、解决问题就要始终坚持“两点论”和“重点论”，一分为二全面地看问题，这是辩证思维的鲜明特质。

提升辩证思维能力绝不是轻轻松松就能实现的，必须进行长期的、艰苦的学习钻研，尤其是要钻研马克思列宁主义，原原本本学习马克思主义的著作，学习党的创新理论。第一次世界大战爆发时，列宁没有盲目采取应对措施，而是投入到对德国古典哲学、对马克思主义基本原理的学习研究之中，列宁称之为做“令人头疼的事”。正是通过扎扎实实的“头疼”学习法，列宁在马克思主义基本原理中找到了分析世界、论断社会发展前景的强大方法论。列宁指出，一战的爆发是资本主义列强国家间通过金融资本剥削和殖民手段掠夺世界的两个逻辑不平衡的结果。基于这一正确论断，列宁再次灵活运用辩证思维，提出了“战争引起革命，革命制止战争"的重要指导思想，为落后国家率先走上社会主义道路奠定了根本理论基础。列宁在研读《资本论》后，将这一旷世著作称之为马克思主义的"大写的逻辑"，这个"大写的逻辑"根本上就是指"辩证的逻辑"。因此，广大党员干部要从马克思主义的经典著作中锤炼辩证思维能力，从党的创新理论中洞悉辩证思维的强大统摄能力，从而在真理的召唤下加强学习、持续获得进步。

四、不断提高系统思维能力

系统思维是立足整体把握事物本质、对事物内在结构及相互关系进行机理分析，进而从整体上揭示事物发展规律、实现系统整体最优解的一种思想方法论。坚持系统思维就是要全面地而不是片面地、系统地而不是零散地思考认识事物，分析解决问题。①

中国共产党对待自身建设就充分显示了系统思维能力。习近平总书记指出，"党的力量来自组织，党的全面领导、党的全部工作要靠党的坚强组织体系去实现。"②作为一个具有高度组织性、纪律性的马克思主义政党，中国共产党高度重视通过壮大组织力量来提高党的建设质量。组织力量的壮大离不开组织体系的健全和完善。新时代新征程，运用系统思维加强党的建设，就要进一步深刻领悟和把握严密党的组织体系的重大意义、核心内涵与实践要求，深入贯彻落实好新时代党的建设总要求和新时代党的组织路线，进一步织密建强党的组织体系，努力为强国建设、民族复兴提供坚强组织保证。

中国共产党历经百年沧桑，从建党初期仅有 50 多名党员一路成长、不断壮大，发展成为拥有 9900 多万名党员的百年大党，严密的组织体系发挥着重要作用。中国共产党是按马克思主义建党原则建立起来的，

---

① 王英，韩庆祥：《习近平系统思维的生成逻辑》，载《思想教育研究》2021 年第 12 期。

② 习近平：《论坚持党对一切工作的领导》，北京：中央文献出版社 2019 年版，第 259 页。

形成了包括党的中央组织、地方组织、基层组织在内的严密组织体系。这是世界任何其他政党都不具有的强大优势。党的各级组织虽然功能地位和作用机理各有侧重，但都承载着贯彻落实党中央决策部署的重要使命。坚持严密党的组织体系，就要推进组织建设贯通各个层级、覆盖各个领域、抓实各个环节，有效实现党的组织和党的工作全覆盖，从组织上维护党中央一锤定音的权威。

坚持严密党的组织体系是我们党的鲜明特征。早在1905年列宁就提出：“无产阶级在夺取政权的斗争中，除了组织而外，没有别的武器。”[①]作为坚持马克思主义建党学说的无产阶级政党，中国共产党自成立之初，就高度重视党的组织体系建设。1922年，党的二大通过的《中国共产党章程》就将“组织”作为重要的一章列入其中，为把党建设成为一个有着严密组织体系的无产阶级政党打下了良好的基础。1925年1月，党的四大通过的《对于组织问题之议决案》明确指出：“组织问题为吾党生存和发展之一个最重要的问题。”[②]1927年，党的五大闭幕不久，中央政治局通过了《中国共产党第三次修正章程决案》，从整体上对中国共产党的组织体系进行了规划设计，形成了符合我国国情的、适应当时革命战争需求的组织体系。正所谓，马克思主义政党力量的凝聚和运用，在于科学的组织。

坚持严密党的组织体系是我们党从胜利走向胜利的组织保证。运用系统思维，组织体系严密，党组织才会肌体健康，才能确保党在不同历史时期始终能够把党员组织起来，把群众动员起来，充分发挥党的政治领导力、思想引领力、群众组织力和社会号召力。中国特色社会主义进入新时代，党要团结带领人民进行伟大斗争、建设伟大工程、推进伟大事业、实现伟大梦想，必须毫不动摇地把党的组织体系锻造得更加坚强

① 《列宁选集》（第一卷），北京：人民出版社1995年版，第510页。

② 《中共中央文件选集》（第一册），北京：中共中央党校出版社1989年版，第379页。

有力，这是我们党的强大政治优势和组织优势。面对大党独有难题，历史使命越光荣、奋斗目标越宏伟、执政环境越复杂，越要坚持严密党的组织体系，唯此才能应对重大挑战、抵御重大风险、克服重大阻力、解决重大矛盾，不断从胜利走向胜利。

坚持严密党的组织体系是我们党加强全面领导的必然选择。习近平总书记指出："加强党的组织建设，根本目的是坚持和加强党的全面领导。"① 历史和现实充分证明，组织工作历来服务并服从于政治工作。党是最高政治领导力量，党的领导直接表现为组织体系上的领导。离开了党的组织体系，党的一切领导，就无所依托、无所指使。可以说，党的全面领导是组织体系建设的目标指向，组织体系建设是党的全面领导的实现载体，两者是目标与手段之间的关系。要坚持党的全面领导，充分发挥党的领导政治优势，把党的领导通过严密的组织体系落实到党和国家事业各领域各方面各环节。

五、不断提高创新思维能力

"国家发展靠人才，民族振兴靠人才"。② 面对激烈的国际人才竞争和建设世界科技强国的迫切需求，中央人才工作会议于2021年9月召开。习近平总书记在会上发表重要讲话，科学回答了新时代人才工作的一系列重大理论和实践问题，为党和国家的人才事业提纲挈领、谋篇布局，强调深入实施新时代人才强国战略，全方位培养、引进、用好人才，加快建设世界重要人才中心和创新高地，为2035年基本实现社会主义现代化提供人才支撑，为2050年全面建成社会主义现代化强国打好人才基础。

---

① 《习近平谈治国理政》（第四卷），北京：外文出版社2022年版，第501页。

② 《习近平在中央人才工作会议上强调 深入实施新时代人才强国战略 加快建设世界重要人才中心和创新高地 李克强主持 栗战书汪洋赵乐际韩正出席 王沪宁讲话》，载《人民日报》2021年9月29日。

新一轮科技革命和产业变革以其汹涌之势对全球创新版图和全球经济结构发起猛烈冲击，给国际局势和国际间力量对比带来深远影响，科学技术从未像今天这样深刻影响着一个国家的前途命运和人民的生活福祉。人才已然成为赢得国际竞争主动的战略资源，居于引领发展的核心战略地位。千秋基业，人才为先；立才之本，根在青年。习近平总书记指出：“青年是祖国的前途、民族的希望、创新的未来。青年一代有理想、有本领、有担当，科技就有前途，创新就有希望。”①在新的历史机遇下，谁拥有了一批担纲领跑的青年科技人才、谁能够培养一批具有国际竞争力的青年科技人才后备军，谁就能在本轮科技革命和产业变革的历史巨变中抢到先机、占据主动。

稻菽千重，育于苗床。激烈的综合国力竞争，说到底是人才的竞争，要加快建立人才资源竞争优势，离不开对青年人才进行有效培养。我们必须以强烈的忧患意识，重视人才的自主培养，加强对基础科学领域人才的培养，始终在人才培养中坚持正确的政治方向。没有在培养过程中坚持正确的政治方向，就孕育不出正确的理想信念和初心使命，人才培养就会丢掉立场、丢掉灵魂；没有实现高水平的自主培养，就没有源源不竭的人才补充，在发展中就会失掉根基、失掉后劲；没有基础科学领域的长期研究和长足进步，就没有尖端科技领域的持续突破，科技发展就会失去先机、失去支撑。习近平总书记深刻指出：“我国拥有世界上规模最大的高等教育体系，有各项事业发展的广阔舞台，完全能够源源不断培养造就大批优秀人才，完全能够培养出大师。我们要有这样的决心、这样的自信。”②充分依托国内高校”的资源和平台，我们完全有

① 习近平:《在中国科学院第十九次院士大会、中国工程院第十四次院士大会上的讲话》,北京:人民出版社2018年版，第24页。

② 《习近平在中央人才工作会议上强调 深入实施新时代人才强国战略 加快建设世界重要人才中心和创新高地 李克强主持 栗战书汪洋赵乐际韩正出席 王沪宁讲话》，载《人民日报》2021年9月29日。

能力独立自主地培养符合国家需求和时代需要的青年人才；完全有资源去推动基础学科和基础科学的长期深入研究，支持一批青年人才长期稳定向基础领域求创新、求突破；完全有条件在广大青年人才之中培育爱国之心和报国之志，鼓励他们弘扬“科学家精神”，勇攀高峰、乐于奉献，积极投身到建设社会主义现代化强国的伟大事业之中。舞台广阔、基础深实，培育出大量中国自己的、年轻的、坚定的高水平复合型人才是完全可以实现的。

江海深广，在其流众。习近平总书记指出：“一个国家对外开放，必须首先推进人的对外开放，特别是人才的对外开放。”[①] 建设世界重要人才中心和创新高地，需要进行广泛的人才国际交流。要打造更加开放、包容的人才交流环境，实施更加积极、有效的人才引进政策，加快人才“走出去”的步伐，提高人才回国（来华）的便利程度，增强我国对青年人才的吸引力和聚集力，推动我国逐步从世界最大人才流出国转变为主要人才回流国。让世界范围内的青年人才对中国心向往之，让他们愿意前来学习交流，选择在此扎根创业，促进国内人才结构的进一步优化，打造出青年人才队伍中的一支国际化力量，给国内科学研究和科技创新持续注入新的活力、带来新的视野。

广纳贤才，唯在用之。充分释放青年人才活力，关键在于用好、用活各类青年人才，要以用才的胆识和容才的雅量，放手使用优秀青年人才，为他们施展才干提供更多机会和更大舞台。要以实际需要为导向，对用人主体进行充分授权，充分发挥用人主体在管理和使用青年人才、保障和服务青年人才上的积极作用。对待急需紧缺的特殊人才，要有特殊政策，不要求全责备，不要论资排辈，不用一把尺子衡量，让真正具备才干的青年人才有机会脱颖而出、一展拳脚。要构建以信任为基础的人才使用机制，允许失败、宽容失败，给予人才充分的信任，打消青年

---

① 《习近平关于社会主义经济建设论述摘编》，北京：中央文献出版社 2017 年版，第 290 页。

人才心中的顾虑，让他们敢于涉险滩、攻难关，支持青年人才在战略科研领域挑大梁、担主角，鼓励其中的科技领军人才大胆施为，挂帅出征。要为各类人才搭建干事创业的平台，构建充分体现知识、技术等创新要素价值的收益分配机制，让青年人才在干事创业的过程中有获得感、有成就感，与事业共前进、同事业共成长，让事业激励人才，让人才成就事业。

“育才造士，为国之本”。中国共产党立志于中华民族千秋伟业，需要一代又一代有志青年接续奋斗。我们要怀以“人材者，求之则愈出，置之则愈匮”的态度，大力培养青年人才、发现青年人才、用好青年人才，让广大的青年人才更加紧密地团结在以习近平同志为核心的党中央周围，为建成社会主义现代化强国，实现中华民族的伟大复兴凝聚起磅礴的青年力量。

只有加强创新思维的培养，才能使执政党对现实问题辩证地考量，洞察事物发展之间的内在联系，决断出正确的发展方向，而理论思维的形塑从根本上说就是要不断进行理论学习和实践总结，是要“随时随地都要以当时的历史条件为转移”①，而非本本照搬、机械拿来，正如毛泽东强调关于理论学习“不应当把他们的理论当作教条看待，而应当看作行动的指南。不应当只是学习马克思列宁主义的词句，而应当把它当成革命的科学来学习。不但应当了解马克思、恩格斯、列宁他们研究广泛的真实生活和革命经验所得出的关于一般规律的结论，而且应当学习他们观察问题和解决问题的立场和方法。”②与时俱进是马克思主义中国化的理论品格，也是执政党永葆生命力的重要法宝。建党100多年来，中国共产党人不断将马克思主义理论实践寓于中国社会主义的革命、建设和改革的发展历程中，相继产生了毛泽东思想、邓小平理论、“三个

① 《马克思恩格斯选集》（第二卷），北京：人民出版社 1995 年，第 248 页。
② 《毛泽东选集》（第二卷），北京：人民出版社 1991 年版，第 533 页。

代表"重要思想、科学发展观、习近平新时代中国特色社会主义思想等一系列重大理论成果。这些理论成果既是对马克思主义理论的根本坚持，更是对马克思主义理论精神的中国化应用与本土化实践，不断开拓着学习型政党的学习视域，深化着执政党的理论与实际认知，推动着学习载体的创新。"两学一做"学习教育正是加强学习型政党建设的新的行动指南，通过学习党章党规、学习系列讲话，进一步在广度和深度二维上增强党性修养，坚定政党认同感，将政治意识、大局意识、核心意识和看齐意识内化于心、外化于行，以推动"两学一做"学习教育向经常性教育延伸，推进党的理论大众化、常态化、时代化。

六、不断提高法治思维能力

法治思维能力，就是增强尊法学法守法用法意识，善于运用法治方式治国理政的能力。提高法治思维能力，要求增强法治观念，尊崇和遵守宪法法律，做到在法治之下、而不是法治之外、更不是法治之上想问题、作决策、办事情，自觉在法治轨道上运用法治思维和法治方式深化改革、推动发展、化解矛盾、维护稳定，要求自觉学习习近平法治思想，用习近平法治思想指导实践。

全面依法治国是一项十分庞大和复杂的综合性系统工程，新时代推进全面依法治国工作需要对各项法治建设关联要素进行有机统筹与重点部署。2020 年 11 月"习近平法治思想"这一新理念的提出，提纲挈领地阐明了以习近平同志为核心的党中央对法治建设问题的战略性思考和系统性布局。习近平法治思想并非线性的、单向度的指导思想，而是各领域、各环节、各链条有机耦合而成的广博系统。习近平法治思想作为一个完整、科学的理论体系，需要从其系统和要素、整体和局部的相互耦合中来理解其内核。从横向上展开，习近平法治思想涵盖了全面依法治国的各个领域，所强调的"十一个坚持"在执行主体、重点任务、工作目标和实现路径四个方面对新时代我国法治建设进行了全方位思考和整体性构建。这四个方面构成了习近平法治思想的四个子系统，具有鲜明的系统观意蕴。

执行主体子系统主要回答“谁来推进全面依法治国”这个基本问题，侧重于从主体性质和功能上明晰全面依法治国的主体构成。“十一个坚持”开宗明义地将中国共产党领导和以人民为中心摆在首位，不仅反映了习近平法治思想的基本原则，也在理论和实践层面指明中国共产党在推进全面依法治国工作中的领导地位和人民作为国家一切权力的主体的中心地位。

工作目标子系统是在把握新时代法治中国建设全局的重大战略基础上从微观、中观和宏观层面对全面依法治国工作进行定性定量的考察，囊括了微观、中观以及宏观三方面目标要求。微观层面的法治实践是中观和宏观目标的具体体现；中观层面的依宪治国和依宪执政是微观层面的重要标志，也是宏观层面的题中之义；宏观层面的法治体系建设则为微观和中观层面提供了指导原则。三方面目标要求有机耦合，旨在确保中国特色社会主义法治建设行稳致远。

在执行主体的不断践行和工作目标的正确引领下，习近平法治思想需要在过程运作中明确重点任务。全面依法治国的工作布局需要“在共同推进上发力，在一体建设上用劲”，其具体展开则需要立法、执法、司法、守法各环节紧密结合，“统筹推进国内法治和涉外法治”从法治保障的薄弱环节规定了重点任务，由此构成了全面依法治国的重点任务子系统。

全面依法治国实现路径子系统主要回答“怎样推进全面依法治国”这个基本问题，着重从具体的实现途径上为全面依法治国提供指导方向。走中国特色社会主义法治道路是推进全面依法治国这一战略布局的总体方向，以确保中国特色社会主义法治建设走对路。在方向正确的前提下，培养高素质、专业化的法治工作队伍是组织和人才保障，领导干部就是推进全面依法治国的决定因素。

习近平法治思想是马克思主义法治理论中国化时代化的最新理性建构，不仅丰富了习近平新时代中国特色社会主义思想的理论内容，为破解新时代我国一系列重大法治问题提供了理论钥匙，更为探清我国社会主义法治“向何处去”指明了理论方向，开启了中国式法治现代化新征程。习近平法治思想将马克思主义系统观贯穿于全面依法治国的全过程、各链条，展现出全面依法治国整体布局中执行主体、工作目标、重点任务和实现路径“四维”子系统相互联系、相互协调、相互作用的运作机制，揭示出这一理论体系作为系统的整体性、层次性、开放性“三重”特征在法治建设中的理论内蕴与实践机理，透视出如何处理全面依法治国进程中党的领导和社会主义法治、政治和法治、改革和法治等重大关系的方法意涵。

七、不断提高底线思维能力

习近平总书记在二十届中央国家安全委员会第一次会议上强调：“要坚持底线思维和极限思维，准备经受风高浪急甚至惊涛骇浪的重大考验。”[①] 总书记告诫全党在坚持底线思维的同时强化极限思维，深刻道出了我们当前面对的内外形势是何等的严峻复杂，我们必须时刻牢记总书记的谆谆教导，既要全力以赴把前进道路上的各种风险挑战“都想到”，还要竭尽全力对那些“想不到”的“黑天鹅”“灰犀牛”有所准备，确保如期实现中华民族伟大复兴的中国梦。

始终保持忧患意识是中华民族精神禀赋中的鲜明特质，饱经苦难坎坷的华夏先民为子孙后代留下了“生于忧患，死于安乐”的千古训诫。千百年来，中国人民与天奋斗、与地奋斗、与人奋斗，一次次在灾难深

---

① 《习近平主持召开二十届中央国家安全委员会第一次会议强调 加快推进国家安全体系和能力现代化 以新安全格局保障新发展格局 李强赵乐际蔡奇出席》，载《人民日报》2023 年 5 月 31 日。

重之中重建家园，一次次在与苦难的奋争之中创造奇迹，成就了四大文明古国中唯一延续至今的中华文明。中国共产党作为中华民族和中国人民的先锋队，诞生于国家蒙辱、人民蒙难、文明蒙尘的悲惨世界之中，与生俱来就携带着“做最坏打算，下最大努力”的底线思维。过去一百多年的峥嵘岁月，中国共产党无数次在极端环境中克服困难、化危为机，带领中国人民创造了新民主主义革命的伟大成就、社会主义革命和建设的伟大成就、改革开放和社会主义现代化建设的伟大成就、新时代中国特色社会主义的伟大成就。党的百余年奋斗史就是一部教育一代代接续奋斗者强化底线思维、极限思维，不断争取光明前景的生动教科书。在新时代的新征程上，全党同志都要持之以恒加强党史学习教育，不断从中汲取战胜困难的智慧和力量，把一切横亘在强国建设、民族复兴之路上的“拦路虎”“绊脚石”统统搬开。

“行百里者半九十。”中华民族伟大复兴的中国梦绝不是轻轻松松、敲锣打鼓就能实现的，越是接近目标，形势便会越加复杂，压力也会变得越大。尤其是随着百年未有之大变局加速演进，中国式现代化深入推进，在国际社会不断获得认可和推崇，东升西降的态势愈加明朗，以美国为首的西方资本主义国家加紧对中国的围堵打压，内外因素的多重叠加推动我国发展进入战略机遇与风险挑战并存、不确定难预料因素增多的时期，各种“黑天鹅”“灰犀牛”事件随时可能发生。习近平总书记反复强调：“各种风险我们都要防控，但重点要防控那些可能迟滞或中断中华民族伟大复兴进程的全局性风险。”① 我们必须紧跟人民领袖的忧思关切，面对任何变局都要从最坏处准备，向最好的方向努力。我们在坚持底线思维的同时，要具备“祸兮，福之所倚；福兮，祸之所伏”的辩证思维，坚持一分为二看问题，深刻认识到危中有机，发挥主观能

① 《习近平关于防范风险挑战、应对突发事件论述摘编》，北京：中央文献出版社2020年版，第16页。

动性，积极应对各种挑战和危机，做到化危为机，把坏事变成好事。

备豫不虞，为国常道。没有风险挑战的事只存在于空想之中，任何伟大的事业都是伟大斗争的产物。毛泽东在党的七大向全党发出了“准备吃亏”的号召，并一口气列举了可能遇到的17种困难，正是有了这种敢于应对一切困难的充足准备，为我们党赢得全国政权奠定了重要基础。新时代，习近平总书记以“踏平坎坷成大道，斗罢艰险又出发”的领袖气魄鼓舞全党强化底线思维，迎着困难挑战创造属于我们这一代人的辉煌。有伟大、光荣、正确的中国共产党领导，有习近平总书记的掌舵领航，新时代的中国共产党人必将创造出前无古人的人间奇迹。

延伸阅读

继续把这篇大文章写下去

——“十个明确”彰显马克思主义中国化新飞跃述评之四

《中共中央关于党的百年奋斗重大成就和历史经验的决议》以“十个明确”对习近平新时代中国特色社会主义思想的核心内容作了进一步概括，其中明确——

中国特色社会主义事业总体布局是经济建设、政治建设、文化建设、社会建设、生态文明建设五位一体，战略布局是全面建设社会主义现代化国家、全面深化改革、全面依法治国、全面从严治党四个全面。

“坚持和发展中国特色社会主义是一篇大文章”“我们这一代共产党人的任务，就是继续把这篇大文章写下去”……

统筹推进“五位一体”总体布局、协调推进“四个全面”战略布局，以习近平同志为核心的党中央不断深化对社会主义建设规律的认识，在坚持和发展中国特色社会主义“这篇大文章”中书写浓墨重彩的篇章。

完善总体布局：“中国特色社会主义是全面发展的社会主义”

2021 年 4 月 2 日上午，北京市朝阳区温榆河的植树点，一派热火朝天忙碌景象。

习近平总书记来到这里，参加一年一度的首都义务植树活动，这是党的十八大以来他连续第 9 年亲手植绿。

扶苗培土、拎桶浇水，总书记接连种下 6 棵树苗。新种下的树苗迎风挺立，传递出春天的盎然生机。

“生态文明建设是新时代中国特色社会主义的一个重要特征。加强生态文明建设，是贯彻新发展理念、推动经济社会高质量发展的必然要求，也是人民群众追求高品质生活的共识和呼声。"面对在场的干部群众，习近平总书记的话语意味深长。

时针回拨到9年多前。

2012年11月，党的十八大令人瞩目地将生态文明建设纳入中国特色社会主义事业总体布局："把生态文明建设放在突出地位，融入经济建设、政治建设、文化建设、社会建设各方面和全过程"。

这是党对社会主义建设规律在实践和认识上不断深化的重要成果，展现出立志千秋伟业的胸怀视野。

"保护生态环境就是保护生产力，改善生态环境就是发展生产力""人不负青山，青山定不负人。绿水青山既是自然财富，又是经济财富。"

从坚决打响蓝天、碧水、净土"三大保卫战"，到雷厉风行打好污染防治攻坚战，从开展"史上最严"中央环保督察，到环境保护法、环境保护税法等法规更加完善……生态文明建设从认识到实践都发生了历史性、转折性、全局性变化。

全局之变，在于布局之变。

从党的十二届六中全会提出"三位一体"总体布局，到党的十六大以后将总体布局拓展为"四位一体"，再到党的十八大提出"五位一体"总体布局……中国共产党始终顺应历史大势、顺应人民需求，不断与时俱进完善中国特色社会主义事业布局。

"我们要在继续推动发展的基础上，着力解决好发展不平衡不充分问题，大力提升发展质量和效益，更好满足人民在经济、政治、文化、社会、生态等方面日益增长的需要，更好推动人的全面发展、社会全面进步。"

"强调总布局，是因为中国特色社会主义是全面发展的社会主义。"习近平总书记一语中的。

布局之变，引领实践之跃。

“五位一体”总体布局，既是路线图，也是任务书，经济建设是根本、政治建设是保障、文化建设是灵魂、社会建设是条件、生态文明建设是基础。

——经济建设上，坚持以新发展理念推动发展全局深刻变革，迈向高质量发展轨道；

——政治建设上，坚持党的领导、人民当家作主、依法治国有机统一，积极发展全过程人民民主；

——文化建设上，坚持正本清源、守正创新，全社会凝聚力和向心力极大提升；

——社会建设上，坚持以人民为中心的发展思想，人民生活全方位改善；

——生态文明建设上，坚持绿水青山就是金山银山的理念，美丽中国建设迈出重大步伐……

各方面布局统筹推进，促进现代化建设各方面相协调，促进生产关系与生产力、上层建筑与经济基础相协调，推动人的全面发展和社会的全面进步。

这是一个成熟的马克思主义政党治国理政的智慧和清醒，标志着党对中国特色社会主义建设规律的认识和把握达到新的高度。

形成战略布局：“中国在新的历史条件下治国理政方略”

世纪疫情，突如其来的压力测试。

全球死亡病例累计超过580万，人类发展指数30年来首次下降。失速中，世界面临失序的严重危机。

以习近平同志为核心的党中央沉着应对、化危为机，交出一份统筹疫情防控和经济社会发展的优异答卷。

“在解决突出问题中实现战略突破，在把握战略全局中推进各项工作”，这是百年大党不断取得革命、建设、改革伟大胜利的重要思想方法。

统筹推进“五位一体”总体布局的同时，“四个全面”战略布局的逐步形成、协调推进，重构了新时代中国发展的战略逻辑——

立足冲刺千年小康梦想的历史方位，2012年11月，党的十八大提出全面建成小康社会的奋斗目标。

将改革开放作为坚持和发展中国特色社会主义的必由之路，2013年11月，党的十八届三中全会吹响全面深化改革的号角。

将法治作为坚持和发展中国特色社会主义的重要保障，2014年10月，党的十八届四中全会在党的历史上首次以全会的形式专题研究部署全面推进依法治国。

2014年12月，在江苏调研时，习近平总书记首次公开将“全面从严治党”与全面建成小康社会、全面深化改革、全面推进依法治国一并提出。

“这是中国在新的历史条件下治国理政方略，也是实现中华民族伟大复兴中国梦的重要保障。”习近平总书记深刻指出。

——坚持问题导向，破解时代课题。

2018年5月31日，北京月坛北小街，国家医疗保障局正式挂牌。

整合多部门管理权，为居高不下的药价“挤水分”，剑指“看病难、看病贵”……医改牵一发而动全身。

改革进入深水区，唯有“全面深化”，方能破局开路。

“‘四个全面’的战略布局是从我国发展现实需要中得出来的，从人民群众的热切期待中得出来的，也是为推动解决我们面临的突出矛盾和问题提出来的。”

通过全面建成小康社会、彻底解决绝对贫困问题，使国家综合实力跃上新台阶；通过全面深化改革，冲破利益固化的藩篱；通过全面依法治国，有力维护社会公平正义；通过全面从严治党，为坚持和发展中国特色社会主义提供坚强保障。

“四个全面”战略布局，是对当前“中国问题”切中肯綮的把握，抓住了它，就抓住了解决问题的“衣领子”“牛鼻子”。

——坚持辩证统一，始终相互促进。

“通过！”

2018年3月20日，人民大会堂。十三届全国人大一次会议表决通过了《中华人民共和国监察法》，热烈的掌声在万人大礼堂响起。

这一反腐败国家立法，将党的十八大以来全面从严治党的理论和实践创新成果，将深化国家监察体制改革的制度成果，以法律形式固定下来，体现了全面从严治党、全面深化改革、全面依法治国的有机统一。

“全面建成小康社会是我们的战略目标，全面深化改革、全面依法治国、全面从严治党是三大战略举措”“让全面深化改革、全面推进依法治国如鸟之两翼、车之双轮”“一以贯之、坚定不移全面从严治党”“为决胜全面建成小康社会、决战脱贫攻坚提供坚强保障”……坚持历史唯物主义和辩证唯物主义认识论和方法论的相统一，坚持战略目标与战略举措的相统一，确保了“中国号”列车全速顺利前进。

——坚持全面系统，加强整体谋划。

深圳，莲花山。登高眺远，“春天的故事”尽收眼底。习近平总书记亲手植下的高山榕，茂盛挺拔。

2013年11月，党的十八届三中全会一揽子推出330多项改革举措，并决定在党中央成立领导推进全面深化改革的顶层机构。

“不是推进一个领域改革，也不是推进几个领域改革，而是推进所有领域改革”。习近平总书记为这场新时代的改革开放标注出了不同以往的广度和深度。

纵横正有凌云笔，伟大事业谱新篇。

全面建成小康社会，不仅让近1亿人口摆脱贫困，也是经济、政治、文化、社会、生态文明全面发展的更高水平小康；

通过全面深化改革，国家治理体系和治理能力现代化水平不断提高；

通过全面依法治国，中国特色社会主义法治体系不断健全；

通过全面从严治党，形成比较完善的党内法规体系，探索出依靠党的自我革命跳出历史周期率的成功路径。

中国特色社会主义事业进入新的历史阶段，实现中华民族伟大复兴拥有了更为完善的制度保证、更为坚实的物质基础、更为主动的精神力量。

再启历史新局："我们已经走出一条光明大道，我们要继续前行"

2020年10月，站在历史的交汇点上，党的十九届五中全会审议通过《中共中央关于制定国民经济和社会发展第十四个五年规划和二〇三五年远景目标的建议》，为中国擘画了一幅波澜壮阔的新图景。

翻开规划《建议》，"四个全面"战略布局中的首个"全面"由"全面建成小康社会"发展为"全面建设社会主义现代化国家"。

法与时转则治，治与世宜则有功。

正确认识党和人民事业所处的历史方位和发展阶段，不断完善发展的总体布局和战略布局，是写好坚持和发展中国特色社会主义"这篇大文章"的历史自觉和使命担当。

——坚持党的领导，始终把牢中国特色社会主义事业的定盘星。

2021年12月8日至10日，北京京西宾馆，中央经济工作会议举行，定调中国经济发展大计。

世纪疫情之下，习近平总书记以"四个必须"深刻阐明大国经济行稳致远的核心密码。

"必须坚持党中央集中统一领导"居于首位。

回眸一年经济工作，既有大风大浪，也有暗流涌动。习近平总书记深刻指出："我们能够沉着应对，过险滩，闯难关，关键是在党中央集中统一领导下，各地区各部门步调一致向前进，拔了不少钉子，稳住宏观大局。"

中国共产党领导是中国特色社会主义最本质的特征，是中国特色社会主义制度的最大优势，坚持和加强党的全面领导必须统领于中国特色社会主义事业布局的全过程各方面各环节。

全党有核心，党中央才有权威，党和国家才有力量。

党的十九届六中全会深刻指出，党确立习近平同志党中央的核心、全党的核心地位，确立习近平新时代中国特色社会主义思想的指导地位，反映了全党全军全国各族人民共同心愿，对新时代党和国家事业发展、对推进中华民族伟大复兴历史进程具有决定性意义。

新征程上，必须坚决维护习近平总书记党中央的核心、全党的核心地位，坚决维护党中央权威和集中统一领导，坚定不移全面贯彻习近平新时代中国特色社会主义思想，确保全党步调一致向前进。

——坚持中国道路，不断展现中国式现代化新道路的蓬勃生机。

走自己的路，是党百年奋斗得出的历史结论。

在党的十九届五中全会上，习近平总书记深刻阐明了中国式现代化的五大特征：

“我国现代化是人口规模巨大的现代化，是全体人民共同富裕的现代化，是物质文明和精神文明相协调的现代化，是人与自然和谐共生的现代化，是走和平发展道路的现代化”。

走中国式现代化道路，这是推进中国特色社会主义事业总体布局和战略布局的必然要求，必须贯彻落实在我国发展的战略战术、方针政策、政策举措、工作部署之中。

——坚持以人民为中心，真正体现社会主义的本质要求。

2022年新春上班第一天，浙江召开高质量发展建设共同富裕示范区推进大会，部署新一年的“任务清单”。

“治国之道，富民为始。”

在全面建成小康社会的基础上，习近平总书记作出了“现在，已经到了扎实推动共同富裕的历史阶段”的重大论断。共同富裕，这是社会主义的本质要求，这是人民群众的共同期盼。

一切为了人民，一切依靠人民。

坚持以人民为中心的发展思想，必须始终贯穿于"五位一体"总体布局和"四个全面"战略布局，这是坚持和发展中国特色社会主义"这篇大文章"的鲜明底色。

"我们已经走出一条光明大道，我们要继续前行。"

踏上全面建设社会主义现代化国家新征程，中国特色社会主义伟大事业必将掀开更加恢宏壮丽的崭新篇章！

（新华社北京2022年2月16日电　新华社记者：陈芳、朱基钗、董瑞丰、胡喆、温竞华、彭韵佳）

“必须坚持胸怀天下。中国共产党是为中国人民谋幸福、为中华民族谋复兴的党，也是为人类谋进步、为世界谋大同的党。我们要拓展世界眼光，深刻洞察人类发展进步潮流，积极回应各国人民普遍关切，为解决人类面临的共同问题作出贡献，以海纳百川的宽阔胸襟借鉴吸收人类一切优秀文明成果，推动建设更加美好的世界。”

——习近平：《高举中国特色社会主义伟大旗帜 为全面建设社会主义现代化国家而团结奋斗——在中国共产党第二十次全国代表大会上的报告》

扫一扫，联系客服获取
本章数字课程

第六章

必须坚持胸怀天下：『大道不孤，天下一家』

第一节　中国共产党是为人类谋进步、为世界谋大同的党

党的二十大报告明确提出，"中国始终坚持维护世界和平、促进共同发展的外交政策宗旨，致力于推动构建人类命运共同体"。[①]党的十八大以来，以习近平同志为核心的党中央，面对百年变局的复杂局面，积极推动构建人类命运共同体的伟大实践，为共建美好世界作出了新的贡献。

一、中国共产党的同心圆理论

习近平总书记强调："我们把政治底线这个圆心固守住，包容的多样性半径越长，画出的同心圆就越大。"[②]中国共产党的同心圆理论是现实逻辑与理论逻辑耦合的自洽，同时，就其理论渊源角度而言，同心圆理论是马克思主义共同体思想的当代投射，是马克思主义共同体思想指导下的认识论和方法论的突破；从实践发展角度而言，同心圆理论正发生着从价值视角向结构视角的复构，复构而成的同心圆，内圈是汇集国内统战对象，致力于民族复兴的中华民族共同体，外圈是汇集全球进步力量，致力于构筑世界和谐的人类命运共同体。两个共同体的发展共同成为同心圆理论的马克思主义共同体思想在场的使命。中国共产党同心圆理论是现实逻辑与理论逻辑的耦合，既有着现实的实践基础，又有着理论的衍生支持，对新时代中国共产党的统战工作发挥着重要指导

① 习近平:《高举中国特色社会主义伟大旗帜 为全面建设社会主义现代化国家而团结奋斗——在中国共产党第二十次全国代表大会上的报告》，北京：人民出版社 2022 年版，第 60 页。

② 《十八大以来重要文献选编》（中），北京：中央文献出版社 2016 年版，第 562 页。

作用。

中国和谐社会阶层关系从来不是自然形成的，是在科学的理论指导下，由中国共产党人付之以实践，通过一系列的理论引导和实践落地构建而成的。从诸多国家在现代化发展历程中的经验和教训来看，来自核心政治力量的政治整合功能的发挥与来自社会的政治认同资源的支持，往往直接关系到改革与发展事业的成败。

在中国的政治语境下，中国的政治结构是由政党、国家与社会三个要素组成的，其中中国共产党处于领导地位。所谓政党领导，是指中国共产党作为马克思主义政党，对中国的无产阶级革命事业和社会主义建设事业的引导作用，也是指中国共产党要通过整合社会力量以推动国家的建构与运行。从政治学的角度而言，政党整合社会，包括政治性与社会性的整合，而政治性整合恰是围绕国家建构与运行的合法性而展开的。

中国共产党对中国社会的政治性整合有很多种途径与方式，而其中很重要的一种途径，便是党的统一战线工作。作为“三大法宝”之一，统一战线工作在民主革命时期，就成为中国共产党进行有效政治整合以达到最大化聚合同盟军的机制之一，并最终在此基础上，完成了革命任务以及实现了协商建国的目的。由此，统一战线就成了中国共产党领导的一种实现形式以及中国政治运行的一个重要的机制。作为支持国家建构与运行的重要机制之一，统一战线工作无论是在新中国成立之初还是在中国特色社会主义建设时期，在国家建设和社会改造上，都起到了非常重要的作用。

随着全面深化改革的推进，中国社会发展不平衡、不充分的矛盾日益凸显，由阶层分化与固化带来的矛盾问题开始构成对于稳定发展局面的重大挑战。改革进入攻坚期与深水区，这一阶段的一系列复杂局面、困难问题摆在了我们面前，而在这一时期，党的统一战线工作显得愈发重要。基于社会角度，面对加剧分化的阶层利益，开拓各阶层间良性互动的局面，统筹好社会各界意识形态的共识，这一系列新的实践需要新的理论指导；基于政权角度，在中国共产党的十九大报告提出的十四条新时代坚持和发展中国特色社会主义的基本方略中，坚持党对一切工作的领导是处在首要位置的，如何更好地坚持党的领导，让不同群体的利益能更好地表达，怎样构建更科学有效的民主协商机制，面对这些统一战线领域里亟待解决的现实问题，党的同心圆理论应运而生。

守住政治底线的圆心，同心圆的包容的多样性半径越长，画出的圆就越大。科学的思想与理论，无一不是立足时代之基，解答时代之问，面对新时期的新情况、新挑战，阐明了统一战线工作的要义的同心圆理论，能够凝聚人心、达成共识、团结力量，这成为推进中国特色社会主义事业发展的必要条件，同时也是中国共产党同心圆理论的现实逻辑。

中国共产党的统一战线理论由来已久，这为同心圆理论的提出提供了重要的理论渊薮。早在1939年，毛泽东撰写的《〈共产党人〉发刊词》中就点明了中国的无产阶级要同资产阶级和其他阶级形成统一战线的规律。他指出，"无产阶级的坚固的同盟者是农民"，"城市小资产阶级也是可靠的同盟者"①，大资产阶级和民族资产阶级所代表的生产关系不同，对革命的态度也不同，要区分看待。这一论断勾勒出了同心圆的雏形。

在1979年的政治协商会议上，邓小平做了《新时期统一战线和人民政协的任务》的报告，他在其中指出，"我国的统一战线已经成为工人阶级领导的、工农联盟为基础的社会主义劳动者和拥护社会主义的爱国者的广泛联盟。"②这一对新时期中国共产党统一战线定位的高远论述，成了同心圆理论的重要思想来源。

在中国特色社会主义统一战线理论的场域内，同心圆理论还有着更为直接的理论渊源。2011年，胡锦涛提出了党的"同心"思想，指出要

① 《毛泽东选集》（第二卷），北京：人民出版社1991年版，第607页。

② 《邓小平文选》（第二卷），北京：人民出版社1994年版，第187页。

在思想上同心同德、目标上同心同向、行动上同心同行。三个维度上的“同心”，科学引导了各民主党派、各界人民群众拥护中国共产党的领导，坚持走中国特色社会主义发展道路，共同为民族复兴、国家富强、人民幸福而奋斗。实践表明，同心思想的提出为推进我国当时的统战工作起到了极大的积极作用。

党的十八大以来，以习近平同志为核心的党中央总结了以往的统一战线工作的经验，针对新的形势与任务，提出了党的同心圆理论。2015年5月，习近平总书记强调：“做好新形势下统战工作，必须正确处理一致性和多样性关系，不断巩固共同思想政治基础，同时要充分发扬民主、尊重包容差异，尽可能通过耐心细致的工作找到最大公约数。”① 2016年1月，习近平总书记指出：“人心向背、力量对比决定事业成败。我们提出坚持正确处理一致性和多样性关系的方针，就是着眼于形成最大公约数，画出最大的同心圆。”②

同心圆理论汲取了中国共产党各时期统一战线理论的要义，是对中国共产党统一战线理论的继承和发展，是新时代中国共产党治国理政的重要思想，是党的统一战线理论在实践中运用与发展的体现。党的同心圆理论，必然会对新时代环境下，化解分歧矛盾，凝聚价值共识，构建和谐阶层关系，起到重要的理论指导作用。

二、马克思主义共同体思想的使命

马克思主义共同体思想是马克思主义思想的重要组成部分，有着丰富的内在价值和精准的现实指向，是构建中华民族共同体和构建人类命运共同体的重要思想源泉。

马克思主义共同体思想，是马克思探究“人该怎样存在，社会该如

① 《习近平谈治国理政》（第二卷），北京：外文出版社2017年版，第304页。

② 魏晓东：《统一战线与党的领导》，北京：中国言实出版社2016年版，第301页。

何发展"这一深邃命题得出的理论成果，这一理论贯穿马克思唯物史观理论的创立和发展，与马克思的其他理论密切联系着。

马克思主义的奋斗目标是实现共产主义，而共同体的形成正是共产主义的重要特征。马克思汲取了历史上诸多思想理论的养分，批判继承了从康德到黑格尔、费尔巴哈关于个体与集体、个人与社会互动关系的思考，最终提出了马克思主义共同体思想。

马克思从共同体的性质、基础、阶段等角度勾勒出了马克思主义共同体的轮廓。马克思指出人的本质是真正的共同体，即"人不是抽象的蛰居于世界之外的存在物。人的世界，就是国家、社会。"[①]同时，马克思指出，共同体的基础是共同利益，即个人只有在社会联系和社会关系中才能聚集认识自然的智慧、增强改造自然的能力。在复杂的社会联系、社会关系中，必然存在着某种共同利益，这种共同利益在不同的历史阶段、不同的社会群体中会有不同的表现形式，但这并不影响共同利益稳定地维系着特定的社会关系、维护着个体的利益，同时，也促进着人类社会的存在和发展。[②]

此外，马克思还对共同体的阶段进行了划分。他《政治经济学批判(1857—1858年手稿)》中明确指出，人类需要经历三个共同体的阶段。首先是在原始的氏族社会、部落、城邦、村社中，人为了生存，自然而然而形成的"自然共同体"，这是人的"依赖关系"的体现，也是社会的最初形态。第二阶段，马克思将其称之为"虚假共同体"阶段，这一阶段，一个阶级(资产阶级)，将其自身特殊阶级利益包装为各阶级普遍的利益，但是就实质意义上而言，"这种共同体是一个阶级反对另一个阶级的联合，因此对于被统治的阶级来说，它不仅是完全虚幻的共同体，

---

① 《马克思恩格斯选集》(第一卷)，北京：人民出版社1995年版，第1页。

② 陈翠芳，刘一恒：《马克思恩格斯的共同利益思想及其当代价值》，载《中南民族大学学报(人文社会科学版)》2018年第6期。

而且是新的桎梏”。[①] 马克思所认同的，是，“代替那存在着阶级和阶级对立的资产阶级旧社会的，将是这样一个联合体，在那里，每个人的自由发展是一切人的自由发展的条件。”[②] 马克思所描绘出的是第三阶段共同体的形象，这是“自由人联合体”构成的真正的共同体，是共产主义社会。

马克思主义的共同体思想为以“大团结、大融合”为基调的中国共产党同心圆理论提供了坚实的原理基础。一方面，马克思指出了人只有在一定的社会关系中才能聚集认识和改造自然的能力，同心圆理论所构筑的正是一种致力于和谐与团结的开放包容统合的社会关系格局；另一方面，马克思在划分共同体阶段的时候，特别强调了真正共同体区别于虚伪共同体之处在于不会将特殊利益包装为普遍利益，强调人的自由发展，与此耦合，中国共产党的同心圆理论，所强调的恰是同心，而不是同质，同心圆正是包含求同存异的思想，即守住圆心，扩大半径。从这一角度出发，在理解马克思主义共同体思想的深刻内涵的同时，也可以看出中国共产党的同心圆理论是马克思主义共同体思想的题中之义。

血与火的共同抗争让各民族人民深刻认识到，中华民族是一个命运共同体，一荣俱荣、一损俱损。各民族只有把自己的命运同中华民族的命运紧紧连接在一起，才有前途。中华民族共同体理念，正是马克思主义共同体理论与中华民族“大一统”传统的有机结合，不仅是对马克思主义追根溯源，也是马克思主义的当代发展。中华民族共同体理念的形成和发展均离不开马克思主义共同体思想。

马克思主义的共同体思想为中华民族共同体的巩固与发展提供了重要的理论基础与支撑。马克思指出，个人的发展和自由绝不能离开共同体，“人的本质不是单个人所固有的抽象物，在其现实性上，它是一切

① 《马克思恩格斯文集》（第一卷），北京：人民出版社 2009 年版，第 571 页。

② 《马克思恩格斯文集》（第十卷），北京：人民出版社 2009 年版，第 666 页。

社会关系的总和”，“社会不是由个人构成，而是表示这些人彼此发生的那些关系的总和”[①]，马克思的论断，阐明了个体利益的需要，对共同体形成的内在驱动力。从这一角度出发，具有政治的一体性、经济的互惠性、文化的共享性的中华民族共同体的形成是历史的必然。

关于共同体的发展，马克思指出，共同体是人民在共同条件下结成的集体，而共同体意识是维系共同体的关键因素[②]，这对中华民族共同体的发展有着重要的指导意义。党的十八大以来，习近平总书记在多个重要场合的讲话中强调了要培育中华民族共同体意识，凝共识求团结，汇认同于中华，从第二次新疆工作座谈会提出“牢固树立中华民族共同体意识”，到中央民族工作会议提出“积极培养中华民族共同体意识”，再到党的十九大提出“铸牢中华民族共同体意识”，这些都体现着马克思主义共同体思想对中华民族共同体构筑的理论指导。

毛泽东曾经说过：“中国应当对于人类有较大的贡献”。[③]为中华民族谋复兴是中国共产党的使命，而同时，为人类进步事业而努力也是中国共产党的责任。人类命运共同体是以习近平总书记为核心的中国共产党人对世界发展提出的中国智慧与中国方案，这一共同体理念蕴含着马克思主义共同体理论关怀。

首先，人类命运共同体的提出是以马克思主义共同体思想为基础的。马克思主义共同体思想指出，共同体的基础是共同利益。在人类社会发展的复杂社会关系中，必然存在着某种共同利益，这种共同利益在不同的历史阶段、不同的社会群体中会有不同的表现形式，但这并不影响共同利益稳定地维系着特定的社会关系、维护着个体的利益，同时，也促进着人类社会的存在和发展。不可避免地，共同利益中存在着差异和冲

① 《马克思恩格斯选集》（第一卷），北京：人民出版社 1995 年版，第 60 页。
② 《马克思恩格斯文集》（第一卷），北京：人民出版社 2009 年版，第 536 页。
③ 蒋建农：《毛泽东全书》（第六卷），石家庄：河北人民出版社 1998 年版，第 386 页。

突，此时，国家作为一种共同体，担起维护全体成员共同利益的职责。如今，随着文明的进步，生产力的发展，尤其是经济全球化的深入，世界上不同国家、民族之间的利益矛盾日益凸显，而就是在这种情况下，以追求所有民族和国家利益的最大公约数为目标的人类命运共同体思想水到渠成。人类命运共同体以共同利益最大化为初心，依赖每一个成员，也维护每一个成员。

同时，人类命运共同体的提出，也是基于马克思主义理论的判断。马克思提出，无论哪一个社会形态，在它所能容纳的全部生产力发挥出来以前，是决不会灭亡的；而新的更高的生产关系，在它的物质存在条件在旧社会的胎胞里成熟以前，是决不会出现的。①这在揭示社会发展的规律的同时，也点名了当今世界社会主义制度和资本主义制度将长期存在的客观事实。百年来，两种制度的并存、较量、合作已经形成一种常态，在这样的现实条件下，如何在更高层面上找到摒弃分歧，相互助力，形成共赢。为应对这一问题，人类命运共同体的思想正是答案。

三、同心圆理论是马克思主义共同体思想当代投射

习近平总书记强调：“我们把政治底线这个圆心固守住，包容的多样性半径越长，画出的同心圆就越大。”②需要看到，同心圆不仅仅是一种统战方法论，更是一种符合新时代统一战线性质与结构的认识论，体现了马克思主义共同体理论的核心内涵。作为马克思主义共同体思想当代投射的同心圆理论具备马克思主义共同体思想的本质要求、价值取向和辩证方法。

同心圆理论体现了马克思主义共同体思想的本质要求。马克思主义共同体思想不仅是促进斗争的思想，更是促进团结的思想。马克思主义

① 《马克思恩格斯文集》（第二卷），北京：人民出版社 2009 年版，第 592 页。
② 《习近平谈治国理政》（第二卷），北京：外文出版社 2017 年版，第 304 页。

共同体理论的本质要求就是不同层级和范围的广阔联合。

长期以来，马列主义被人误解为只强调"斗争哲学"。其实，在其博大精深的理论体系里面，还有辩证的一个维度。马列之所以重视"斗争"，是因为无产阶级处于被压迫地位，只能通过"斗争"才能建立社会主义社会，只能通过"斗争"才能推翻"虚假的共同体"建立"真正的共同体"，也就是说，斗争的目标正是为了促进和谐、促进团结。即使是"斗争"，马克思主义也强调"联合"。相对于资本主义分化严重、较多对抗较少协作、有共同体之名无共同体之实的"虚假的共同体"，马克思主义共同体思想指出，社会主义国家只有领导阶级而没有统治阶级，只有阶级联合而没有阶级压迫。马克思主义共同体思想不仅维护社会主义国家执政党的权威与权力，而且重视扩大社会基础、吸纳党外人才、团结广泛力量。这正是统一战线同心圆理论的马克思主义理论根源。

作为新时代党的统一战线理论的同心圆理论强调，要找到最大公约数，画出最大同心圆。这和马克思主义共同体思想的本质是相通的。我国的统一战线工作呈现出"多政党""多民族""多宗教""多群体"的特点。毛泽东曾经说过："所谓政治，就是把拥护我们的人搞得多多的，把反对我们的人搞得少少的。"同心圆理论的本质，就是团结一切可以团结的力量，在共同的旗帜领导下，在共同的中国特色社会主义道路上，凝聚共识，弥合差异，凝结出一条涵盖各民主党派，团结着来自不同民族和有着不同宗教信仰的群体的，广泛而坚固的人民统一战线。

同心圆理论高度契合了马克思主义共同体思想的价值取向。马克思主义共同体思想的价值取向即求同存异，准确地说是以求同为基础的存异。马克思主义共同体思想认为，共同体是建立在人的自由、全面发展基础上的，但在个性解放和自由的同时，共同体的成员被共同的价值观和传统维系着。共同的感情、信仰、传统与集体意识把有着差异的个体凝聚结合在一起，在共同体成员的相互信任、相互帮助中形成了共同体的确定性与安全性。体现着求同存异内涵的真正共同体，是政治领域与社会领域高度整合的有机整体，是国家权力与社会权利的充分结合。共同体成员个体与作为整体的共同体的和谐互动，体现了个人发展与社会发展的统一。

与马克思主义共同体思想的价值取向高度契合，中国共产党的同心圆理论的关键要义也是求同存异。存异的前提是求同，"各美其美"的必要前提和重要基础是"美美与共"。同心圆理论中至关重要的一点就是画好"圆心"，确保政治底线毫不动摇。处理好一致性与多样性的关系，巩固共识，在抵制一切反对党的领导的声音，抵制危害国家和人民利益的力量的前提和基础上，发扬集中领导下的民主，包容差异扩大同心圆的半径，在统战工作中吸收、团结不同民族、不同阶层、不同政治面貌、信仰不同宗教的共同奋斗力量，在同心圆理论指导下的统一战线工作，"交朋友的面要广，朋友越多越好"[①]。在同心圆理论中的"一致性"和"多样性"与马克思主义共同体思想的价值取向高度一致。

同心圆理论娴熟运用了马克思主义共同体思想的辩证方法。马克思主义共同体思想中包含着关于集体与个体，求同与存异的哲学辩证法，这是马克思主义对立统一的矛盾观的体现，这种理念构成了马克思主义共同体思想的显著特色。

关于构建属于真正的共同体的"社会共和国"，马克思主义共同体理论指出"只有在共同体中才有个人自由"[②]，马克思认为共合体是其成员实现个人发展的平台和施展才能的手段。与此同时，马克思在认可集中的价值的同时，还强调自由与解放，马克思的共同体理论把"社会解放"公开作为社会共和国的目标。马克思主义共同体思想中的这种哲学辩证法，被中国共产党的同心圆理论很好地吸收，并娴熟运用到了中国共产党统一战线的构筑工程里。

---

① 《十八大以来重要文献选编》（中），北京：中央文献出版社 2016 年版，第 562 页。

② 《马克思恩格斯文集》（第一卷），北京：人民出版社 2009 年版，第 570 页。

同心圆理论准确且深刻地理解马克思主义辩证法，全面地认识到了，中国社会中，由于阶层分化、重组引起不同群体之间在经济利益分配、文化价值取向上的诉求纷争的“多样性”，同时又看到了在中华民族近代以来最伟大的梦想“中国梦”的引领下，不同的阶层与群体在祖国统一、民族复兴等根本利益与方向上呈现出的“一致性”。同心圆理论还阐明了，中国社会中的一致性与多样性，是社会转型的产物，也是政治文明发展的必然趋势，双方作为一种客观存在，是矛盾客观性的体现。这正是同心圆理论在当代对马克思主义共同体思想辩证方法的运用的体现。

四、马克思主义共同体思想的当代指引

马克思主义共同体思想在当代中国发光发热、指引前行的体现，就是在同心圆理论指引下的中华民族伟大复兴事业。同心圆理论从价值视角到结构视角的位移，实现了从一致性与多样性的同心圆理论到面向复兴的同心圆理论复构。

当今世界充斥着逆全球化、自由主义、各种中心主义的思潮，强权政治、恐怖主义、贸易战屡见不鲜，面对这样的世情，深刻体现着共同利益的马克思主义共同体思想无疑是促进和平与发展的一剂良药。中华民族共同体与人类命运共同体，高度切合着马克思主义共同体思想的价值取向。马克思主义共同体思想诞生已久，时代在前进，真理却没有褪色。中国共产党人作为马克思主义最坚定的奉行者，所提出的筑牢中华民族共同体与构建人类命运共同体，是马克思主义共同体思想在当代发光发热的重要体现。

意识形态的争夺很大程度上是在国际政治的场域里进行的。不同意识形态、中西方话语体系之间的对话与博弈，是基于国家实力的较量。马克思主义共同体思想对当今世界的一系列问题有着药到病除的作用，然而，对马克思主义共同体思想能否在当今世界范围内绽放价值有着重要影响的，是中国共产党是否坚强有力，是中国共产党领导的中国特色

社会主义事业是否发展蓬勃，是中国共产党领导的中华民族伟大复兴的中国梦是否如愿实现。

从这一角度而言，马克思主义共同体思想的当代指引就是中国共产党领导中华民族伟大复兴的使命。同心圆理论体现着马克思主义共同体思想的本质要求，契合并运用着马克思主义共同体思想的价值取向和辩证方法，这是中华民族伟大复兴构筑新时代统一战线的行动指南，用同心圆理论指引中华民族伟大复兴正是马克思主义共同体思想当代指引的题中之义。

中国共产党的统一战线由来已久，在中国共产党带领中国人民革命、建设、改革的各个时期，中国共产党统一战线的联盟中形成了一个又一个的同心圆雏形。习近平总书记明确提出的同心圆理论是对中国共产党统一战线实践经验的升华和概括与创新，是统一战线领域马克思主义中国化的最新成果。

2022 年中共中央发布的《中国共产党统一战线工作条例》中明确指出了，新时期的统一战线，是中国共产党领导的、以工农联盟为基础的，包括全体社会主义劳动者、社会主义事业建设者、拥护社会主义爱国者、拥护祖国统一和致力于中华民族伟大复兴爱国者的联盟。[①] 这所画出的是以中国共产党为圆心，以致力于民族复兴的爱国者联盟为半径的同心圆，这个同心圆包含的恰是中华民族共同体。

随着经济全球化、世界多极化、文化多样化的深入发展，世界各国之间的联系和依存关系日益加深，全球治理体系和国际秩序面临着深刻的变局，如何坚持和平道路、促进共同发展，习近平总书记所提出的人类命运共同体思想便是这一问题的中国答案。一方面，中国共产党所倡导的人类命运共同体的构建有着深刻的现实需求指向，另一方面，人类命运共同体与中华民族共同体一样，体现着马克思主义共同体思想的理

① 《十八大以来重要文献选编》（中），北京：中央文献出版社 2016 年版，第 539 页。

论内涵，二者有着共同的理论基础。

以此，中国共产党所绘制的同心圆，便发生了结构上的拓展与复构，形成了一个更为宏伟的同心圆体系。这个同心圆的圆心是中国共产党，同心圆的内圈是中国国内的统战对象，致力于民族复兴，构建中华民族共同体；同心圆的外圈是全球进步力量，致力于世界和平与发展，建构人类命运共同体。同心圆理论这样的重构复构，同时完成的是中国共产党实现自身阶级性与历史性、纯洁性与包容性、民族性与世界性的复归。

同心圆理论的提出，是基于价值视角的“一致性”与“多样性”的辩证统一体。随着世情国情的发展，新的形势与任务对中国共产党的统一战线提出了新的要求与使命，在把握机遇、应对挑战的同时，中国共产党的同心圆理论也完成了由价值视角向结构视角的复构，涵盖着中华民族共同体和人类命运共同体的新时期同心圆，团结的是世界范围内的进步力量，构筑而成的是力量空前磅礴的全球范围的统一战线。

“时代是思想之母，实践是理论之源。”[①] 同心圆理论，不是僵化的和故步自封的，伴随实践的发展，需要实践的填充，这就需要我们不断面对新情况，解决新问题。

同心圆理论的复构，需要切实加强巩固圆心地位。圆心就是中国共产党的领导，圆心的深刻内涵是中国共产党的初心，正如中国共产党十九大报告所指出的，“中国共产党人的初心和使命，就是为中国人民谋幸福，为中华民族谋复兴”。[②] 近年来，在不少领域党的领导出现了弱化的现象，失却了党的领导，一切的建设，都无从谈起。自觉维护圆心，是同心圆内每个成员的义务。

同心圆理论的复构，需要切实甄别圆的边界。同心圆包罗万象，中

---

① 《领航中国 不忘初心 继续前进》，北京：东方出版社 2016 年版，第 171 页。

② 习近平：《决胜全面建成小康社会 夺取新时代中国特色社会主义伟大胜利——在中国共产党第十九次全国代表大会上的报告》，北京：人民出版社 2017 年版，第 1 页。

华民族共同体与人类命运共同体，涵盖着不同民族、不同党派、不同国家，但并不是所有的力量都能纳入同心圆。境内外的民族分裂势力，别有用心的抨击或捧杀之声，不同层面的贪腐势力，掠夺人民利益的经济势力，这些力量是不可能纳入同心圆的。这些力量如果纳入了同心圆，就会干扰原本同心圆内的健康力量，破坏同心圆的职能。而现有的同心圆的建设，正是为了与这些力量作斗争。

同心圆理论的复构，需要切实发挥圆内力量的作用。尤其是面对统一战线工作，不能简单地认为，把一些力量拉过来就是成功的统战。如果这些力量只是名义上归于中国共产党的领导，在形式上划入了同心圆，而并不能在实质上发挥积极的作用，真正“围绕中心、服务大局”，那么这样的同心圆就只能是花拳绣腿，是没有力量的虚体。同心圆的真正力量在于，圆内的力量应围绕圆心同向发力。

第二节　拓展世界眼光

世界眼光，深刻体现为立足国内大局和国际大局的相互交织来审视中国和世界发展、谋划党和人民事业发展的大局观念，体现为将自身发展置于人类文明进步潮流之中、以自身发展推动人类文明进程的开阔胸怀和崇高担当。

一、深刻洞察人类发展进步潮流

自 1921 年诞生以来，中国共产党就始终站在历史正确的一边、站在人类进步的一边。习近平总书记在中华人民共和国恢复联合国合法席位50 周年纪念会议上强调：“我们应该大力弘扬和平、发展、公平、正义、民主、自由的全人类共同价值，共同为建设一个更加美好的世界提供正确理念指引。和平与发展是我们的共同事业，公平正义是我们的共同理想，民主自由是我们的共同追求。"[①] 全人类共同价值的提出历史性地将社会主义中国的价值主张向全世界进行了延伸宣介，实现了人类文明发展进程中一次具有划时代意义的价值变革。然而，要想使全人类共同价值获得全人类的广泛认同与践行，还迫切需要一定的事实支撑来实现合理性自证以及对西方普世价值的实践证伪。塞缪尔·亨廷顿（Samuel Huntington）曾认为："在现代化水平低的情况下，一党体系可以是强大的，也可以是弱小的，而多党体系总是弱小的。"[②] 西方政党制度反映了社会不同阶级和不同集团的利益偏好，因其竞争性、排他性的制度设计存在着极为广泛而又深重的政治弊端。而作为全人类共同价值的具象载体，中国新型政党制度以马克思主义的科学世界观与方法论推动了政治底层逻辑的深层次转化，从和平与发展、公平正义、民主自由多个维度实现了对西方政党制度的全方位超越和对人类政治文明的创造性重塑。

和平与发展是人类发展进步的潮流。战争是矛盾不可调和的产物，正如毛泽东所言，"政治发展到一定的阶段，再也不能照旧前进，于是爆发了战争，用以扫除政治道路上的障碍。"[③] 战争是政治的延伸，是调节阶级和阶级之间、政治集团和政治集团之间矛盾的最高斗争形式，"是借以获得权力和势力的一种手段"[④]，也是资本主义无法克服的痼疾，而生长于竞争逻辑之上的政党制度更加剧了执政党对战争工具的使用可能。中国的政党制度作为一种全新的政党政治模式，以马克思主义价值原则和辩证思维方式重塑政党政治的运行机制，在培塑和平方面形成了显著优势。从维护国内和平稳定的层面来看，一方面，各民主党派和无

① 习近平：《在中华人民共和国恢复联合国合法席位50周年纪念会议上的讲话》，载《人民日报》2021年10月26日。

② [美]塞缪尔·亨廷顿：《变动社会的政治秩序》，上海：上海译文出版社1989年版，第453页。

③ 《毛泽东选集》（第二卷），北京：人民出版社1991年版，第479页。

④ 李慎明等：《冷战后美国统治集团在战争与和平问题上主要观点评析》，载《毛泽东邓小平理论研究》2022年第2期。

党派人士在反对国民党内战独裁政策的斗争中把实现和平纳入为自身政治主张的重要组成部分。另一方面，中国共产党在制度探索中将对立思维、排他思维、竞争思维辩证转化为共生思维、互助思维、合作思维，成功构建起了一个集中、高效而又稳定的政党政治模式。经济与政治应作为统一体来认识，和平问题讲的是政治问题，而经济问题讲的就是发展问题。在马克思主义的视阈里，生产力与生产关系的发展是推动政党制度诞生与促使政党制度转型的根本因素，而解放和发展生产力、推动实现现代化也从理论上相应构成了政党制度的重要任务。西方政党制度是资产阶级在反对封建专制制度和推动资本主义经济发展过程中逐步建立起来的，在历史上也曾发挥过一定的积极作用，但作为一种渐趋衰败的资产阶级“分赃制”，其对经济社会发展的限制性弊端也在资本主义基本矛盾的尖锐化进程中日益显现。

公平正义是人类发展进步的潮流。公平正义作为一个历史的、具体的范畴，在不同的语境和社会制度条件下具有差异化的表达与实现。历史地看，囿于资产阶级的狭隘立场与逐利希冀，西方的公平正义理论和实践始终存在着应然向实然转化过程的持续断裂，而极力掩盖断裂现实、制造公平正义幻想成了资产阶级求生延续的唯一选择，西方政党制度便是资产阶级在政治领域和经济领域大搞形式公平正义替代实质公平正义的重要制度工具。作为中国共产党对社会主义初级阶段经济矛盾与公平正义问题政治化解答的一个体现，中国的政党制度在维护社会公平正义方面具有明显优势和超越价值。中国的政党制度实现了选举民主与协商民主的有机统一，在推动中国共产党与各民主党派的政治团结与行动统一的同时也为人民当家作主各项权利的实现提供了坚强制度保障，在“共产党－民主党派－人民群众”的同向联动中有效避免了人民群众在政治权利享有上可能出现的不均衡分化问题。

民主自由是人类发展进步的潮流。政党制度是现代民主政治的重要实现形式，但这并不天然意味着每一种政党制度都必然带来真实管用、符合时代要求的民主。一方面，西方国家将人民群众表达利益要求、参与政治生活的方式单一化为周期性选举的“票决制”，而作为资产阶级内部特定利益群体代表的政党则在“一人一票”的“选主游戏”中伪装成全民利益的化身，诱骗民众在徒有形式、严格框定的选票上选择那个看起来最能代表自己利益的政党，这就使“少数人的民主”在多数人的投票中成为现实。另一方面，民主不是装饰品，是否“管用”、是否解决了人民需要解决的问题是衡量政党制度在民主实践中的适用性和有效性的重要标准。在选举后的政治实践中，执政党常常会因“悬置议会”的出现或在野党的掣肘陷入“提议－否决－再提议－再否决”的决策怪圈，各政党为达成妥协的冗长博弈更令国家决策在通往实现科学化和民主化的道途中举步维艰，而由“否决政治”导致的治理能力衰退及其衍生的政策失调最终加剧了社会的动荡和贫富鸿沟的扩大。民主是历史的、具体的、发展的，西方为多党竞争选举贴上民主的标签并奉之为“唯一正典”，试图把竞争机制标准化从而借此否认中国共产党执政的合法性与中国民主的真实性，在此情况下，中国的政党制度作为社会主义协商民主的具象结晶，在民主实践中实现了西方民主唯一性论调的逻辑证伪和世界民主理论范式的深层次转化。

二、积极回应各国人民普遍关切

实现现代化是人类文明发展的必经之路，也是各国人民的普遍关切。建成社会主义现代化强国、实现中华民族伟大复兴，是中国共产党团结带领全国各族人民孜孜以求的伟大梦想、不懈奋斗的宏伟目标。中国共产党将“以中国式现代化全面推进中华民族伟大复兴”写进了党的二十大报告，为在新的征程上全面建设社会主义现代化国家、全面推进中华民族伟大复兴提供了根本遵循和方向指引。以中国式现代化推进中华民族伟大复兴，深刻体现了中国共产党开辟的中国式现代化道路对本土的深刻关照和对世界的深远意义。

以中国式现代化道路战胜美西方国家挑起的逆全球化浪潮。金融资本支配了社会生产和再生产，但它的积累方式损害了社会生产和再生产的正常条件，特别是2008年金融危机爆发以后，金融资本非生产性积累的方式不断被强化，持续演化为大规模的信用危机、经济危机、债务危机，加剧了贫富两极分化，彻底打碎了西方“橄榄型”社会的虚假概念，直接导致经济危机向社会危机、政治危机转化，造成了世界的体系性危机和结构性矛盾。在这样的世界大变局之下，曾经引领全球化的美国等资本主义国家掀起反全球化的浪潮，并无所不用其极地抹黑中国，试图采取以邻为壑的方式转嫁危机。事实证明，金融资本引领全球化存在着非常明显的局限性，在现阶段更是走向了逆全球化、搞封闭孤立的反面。

中国共产党始终坚持走社会主义道路，坚持以马克思主义指引发展，同时以自身发展的新实践不断丰富马克思主义，中国式现代化道路在生产关系层面超越了资本主义，具有对金融资本的扬弃能力，具有带领后发国家实现现代化的能力，具有引领全球化新阶段的能力。中国提出并践行人类命运共同体的理念，赢得了全世界人民的响应和支持，成为新的全球化的支持者、实践者、引领者。中国式现代化道路一定能将全球化推进到更高水平，一定能不断开辟人类发展的新境界。

以中国式现代化道路打破后发国家盲目迷信市场的幻想。新自由主义作为“新帝国主义时代”的意识形态，已经丧失了对世界严峻复杂局势的解释能力，更遑论指引资本主义国家走出结构性矛盾的危机。事实证明，后发国家特别是长期处于世界边缘的第三世界国家在缺乏强大的国家体制的情况下，既不可能塑造国泰民安的社会环境，更不可能激活市场经济的潜力。如果盲目照搬西方国家完全自由放任的市场经济体制，必然导致效率低下、秩序混乱、犯罪率高企的市场经济。并且缺乏强大国家能力的市场经济必然会成为金融资本寄生的温床，发展中国家也将永远走不出被发达资本主义国家的金融资本所殖民和寄生的悲惨境地。

反观中国在马克思主义的指引下，100多年来，从建立政党、组织人民、整合资源，让一个被压迫被殖民的东方大国从列强的资本剥削、政治压迫、军事侵略中解放出来，接着战胜国内反动势力，在人民民主的基础上建立起具有完全主权的现代国家，经过艰辛探索奠定社会主义的根本制度，在历史转折中果断推进改革开放，把市场和强大的国家体制结合起来，在经济发展方面取得了突出成就，帮助超大规模的人口摆脱贫困，对其他国家尤其是第三世界国家提供了很好的借鉴，体现了强大生命力，彰显了巨大竞争力。

以中国式现代化道路增强全世界人民对社会主义的信心。马克思主义的生命力在于为解决当代现实问题提出方案。资本主义的发生发展史和世界近代史的发展历程启发我们，从帝国主义的统治当中解放出来，是通向现代化必不可少的步骤，列宁和毛泽东在马克思主义的指导下，领导曾经作为世界边缘国家的俄国和中国与帝国主义斗争，开辟出了一条和帝国主义截然不同的通向现代化的道路。这条道路在探索发展的过程中经历过曲折，尤其是苏联的解体在客观上造成了马克思主义在影响人类历史的宏阔进程中遭遇低谷。2008 年金融危机后，西方资本主义世界进入到一个长周期的衰退下降期，新自由主义提出的解决危机的方案非但不能解决危机，反而使危机变得更加深刻，更加加重了资本主义的结构性矛盾和世界的体系性危机。

“道路决定命运，找到一条正确道路是多么不容易。中国特色社会主义不是从天上掉下来的，是党和人民历尽千辛万苦、付出各种代价取得的根本成就。”① 中国道路蕴含着东方大国文明的发展逻辑、落后国家反对帝国主义压迫的革命逻辑、传统古国走向现代化的制度建构逻辑、社会主义国家不断推进实现共产主义的进步逻辑以及对人类前途命运不断反思纠错的探索逻辑。中国道路以自身发展的科学理论逻辑和成功实

① 习近平:《在纪念毛泽东同志诞辰120周年座谈会上的讲话》, 北京: 人民出版社2013年版, 第14页。

践逻辑有力应对了世界百年未有之大变局，为广大发展中国家走向现代化提供了制度借鉴。党的二十大对中国式现代化道路进行了更为系统的阐述，指明了全面推进实现中华民族伟大复兴的康庄大道，点亮了不断实现人民对美好生活向往的光明之路。

三、全面推动本土对外话语崛起

“近代以来，西方国家正是以自己的硬实力而将产生于自己国家的历史叙事普遍化，将自己的‘赢了’，论述为‘对了’，其极端形式就是‘历史终结论’。”①由于我们长期受限于西方话语的垄断，导致国际社会对于中国仍然了解不够、甚至大加歪曲，这就使得日益走近世界舞台中心的中国的话语权问题不断凸显。以中国的政党制度为例，中国需要新的理论建构与再阐释，至少从中国新型政党制度所负载的社会主义协商民主作为全新的民主形态的角度以及中国新型政党制度本身作为全新的政党制度形态的角度对于西方话语垄断发起突围恰逢其时。

在一段时期内，党内外对于竞争性选举作为唯一能够赋权合法性的理论有着一定的市场。然而“好景”不长，在西方自诩为强合法性及代表民主、代表“人类历史终结”之时却陷入了治理困境，在此背景下，逐步摆脱“学步”阶段的中国哲学社会科学界在理论上对自由主义民主的解构、自主性民主理论的建构比如包括对民主—非民主二元政体理论的反思超越②，对自由民主的精英主义源流和“去社会主义化”现实表征的考察和批判③，均为社会主义协商民主理论与制度提供了恰逢其时的理论支撑。

---

① 杨光斌：《有必要弄清“话语权”到底是什么》，载《北京日报》2018 年 9 月 10 日。

② 曾毅：《政体新论：破解民主非民主二元政体观的迷思》，北京：中国社会科学出版社 2015 年版，第 276-279 页。

③ 张飞岸：《被自由消解的民主——民主化的现实困境与理论反思》，北京：中国社会科学出版社 2015 年版，第 320-330 页。

毋庸讳言，中国的经验也好、中国面临的问题也罢，都早已经超出了既有的西方所谓“普适性规律”所能够解释的范畴，或者更确切地说，中国已经不可能再单纯依靠西方化以及依靠研究西方来总结中国经验、来应对中国问题了，此时不得已而反求诸己，其实恰是一种再自然不过的选择。[①]“共产党人的理论原理，绝不是以这个或那个世界改革家所发明或发现的思想、原则为根据的。这些原理不过是现存的阶级斗争、我们眼前的历史运动的真实关系的一般表述”[②]。一如过往那种“非西方世界不是已经向西方模式靠拢，就是处于顽抗西方模式的过渡阶段，除此之外没有别的选择”[③]的“路径依赖”已该扫入历史的垃圾堆，在“需要理论而且一定能够产生理论的时代”[④]里，只有真正树立起自信，激活本土民主理论与政党理论，使之能够更贴合地解答理论问题、回应现实挑战、引领中国发展，进而在世界民主与政党的理论和实践中赢得与中国发展实际相匹配的话语权，才能真正去蔽西方在意识形态领域长达数百年的统治，才能最终超越西方的民主与政党理论及其合法性根基，实现对西方话语垄断的突围，进而复归到本土的理论与实践发展的阵地之中。

不仅如此，中国“和”文化源远流长，崇尚“以和为贵”“兼爱非攻”等理念，和平、和睦、和谐的追求深深植根于中华民族的精神世界之中、深融于中国人民的血脉之中。[⑤]要掌握共享精神标识和中华民族形象的解释权和话语权。倘若只是简单地将精神标识和民族形象提炼、塑造出来，而不加以解释和传播，精神标识最终只会形同网络流行语转瞬即逝。

① 林毅，郑慧：《构建中国特色社会主义政治学学科体系、学术体系和话语体系何以可能》，载《探索》，2017 年第 4 期。

② 《马克思恩格斯选集》（第一卷），北京：人民出版社 2006 年版，第 285 页。

③ 朱云汉：《“巨变时代”呼唤“中国政治学”》，载《北京日报》2016 年 1 月 25 日。

④ 习近平：《在哲学社会科学工作座谈会上的讲话》，北京：人民出版社 2016 年版，第 7 页。

⑤ 曲莹璞：《坚定文化自信 增强中华文明传播力影响力》，载《求是》2023 年第 2 期。

一方面，在国际的信息环境中，要从情感认知入手，通过感性化的形式将共享精神标识和民族形象传递给各族人民。另一方面，要加大共享精神标识和民族形象的信息投放量，共享精神标识和民族形象的传播要尽可能多地体现在各国人民的日常生活中。

党的十八大以来，习近平总书记反复强调，“要广泛宣介中国主张、中国智慧、中国方案”。[①]党的二十大报告要求，“提炼展示中华文明的精神标识和文化精髓，加快构建中国话语和中国叙事体系，讲好中国故事、传播好中国声音，展现可信、可爱、可敬的中国形象”。[②]我们要立足五千多年中华文明，高举人类命运共同体旗帜，深入阐释中国的和平观、天下观、发展观、文明观、生态观等重要理念，充分展示新时代中国为解决全人类问题贡献的智慧和力量，让东方文明大国的光辉形象更加深入人心。

第三节　推动建设更加美好的世界

现如今，伴随着经济全球化发展和科学技术日新月异的进步，世界越来越成为一个整体。任何一个国家在追求现代化的道途中，都不可能仅仅依靠自己、在封闭条件下实现。世界各国越来越成为你中有我、我中有你的命运共同体。

一、借鉴吸收人类一切优秀文明成果

2019年8月19日，习近平总书记在敦煌研究院座谈时明确指出：“今天，我们要铸就中华文化新辉煌，就要以更加博大的胸怀，更加广泛地

---

① 《习近平谈治国理政》（第四卷），北京：外文出版社2022年版，第317页。

② 习近平：《高举中国特色社会主义伟大旗帜 为全面建设社会主义现代化国家而团结奋斗——在中国共产党第二十次全国代表大会上的报告》，北京：人民出版社2022年版，第45页。

开展同各国的文化交流，更加积极主动地学习借鉴世界一切优秀文明成果。”①

一种文化或文明中所蕴含的精神力量，是一个民族精神家园“庙里的神”②。“唯有精神上站得住、站得稳，一个民族才能在历史洪流中屹立不倒、挺立潮头。”③2023年6月2日，习近平总书记在文化传承发展座谈会上提出“建设中华民族现代文明”这一重大命题，充分彰显了中华民族在崭新历史方位的文化理想追求，体现了新时代新的文化使命。

文明是一个国家和民族的集体记忆。人类在漫长的历史长河中，创造和发展了各自国家和民族的文明。世界是多彩的，文明也是多彩的。我们不仅愿意继承中华民族的优秀文明成果，推动中华文明创造性转化和创新性发展，也愿意更加积极主动地学习借鉴世界一切优秀文明成果，了解世界上不同民族的历史文化，取其精华，为我所用，从而让中华文明同世界各国人民创造的丰富多彩的文明一道，为人类提供正确的精神指引和强大的精神动力，正所谓“大道之行，天下为公”，共同构建你中有我、我中有你的人类命运共同体。中国共产党是为中国人民谋幸福、为中华民族谋复兴的党，也是为人类谋进步、为世界谋大同的党。党的十八大以来，面对风云激荡的国际形势，习近平总书记从全人类共同利益和共同价值出发，以深邃的历史眼光洞察“世界之变”，以博大的天下情怀回答“世界之问”“时代之问”，创造性地提出一系列富有中国特色、体现时代精神、引领人类进步潮流的新理念新主张新倡议，为解决全球问题指明了前进方向，为共创美好世界提供了中国智慧，充分彰显了共行天下大道的胸怀担当。当今世界百年未有之大变局加速演进，

① 习近平：《在敦煌研究院座谈时的讲话》，载《求是》2020年第3期。
② 沈壮海：《论文化自信》，武汉：湖北人民出版社2019年版，第18页。
③ 《习近平谈治国理政》（第四卷），北京：外文出版社2022年版，第101页。

这是世界之变、时代之变、历史之变。世界那么大，问题那么多，国际社会期待听到中国声音、看到中国方案，中国不能缺席。我们所处的是一个充满挑战的时代，也是一个充满希望的时代。在充满光荣与梦想的新征程上，坚持胸怀天下、立己达人，同世界上一切进步力量携手前进，我们一定能不断为人类文明进步贡献智慧和力量，同世界各国人民一道，推动历史车轮向着光明的前途前进。①

正如习近平总书记所指出的那样，"面对和平还是战争、繁荣还是衰退、团结还是对抗的历史抉择，我们比以往任何时候都更加需要弘扬和平共处五项原则的精神内涵，朝着构建人类命运共同体的崇高目标不懈努力。"②

推动构建人类命运共同体，是中国共产党的使命自觉。作为无产阶级政党，实现人民的根本利益和人类的共同利益是中国共产党执政的价值取向、使命导向和行动指向。中国共产党自诞生之日起就高扬着实现人类解放的伟大旗帜，并把实现中国人民的幸福和增进全人类的福祉写进了党的纲领。中国共产党带领中国人民在革命、建设和改革的进程中所取得的历史成就和发展经验，不仅仅在中国具有里程碑的意义，而且在世界上也具有深远的历史意义。推动构建人类命运共同体，是中国共产党的理论自觉。中国共产党为什么能，中国特色社会主义为什么好，归根到底是马克思主义行，是中国化时代化的马克思主义行。马克思主义自诞生起就在世界发展和人类社会进步中具有重要的地位和价值，肩负着引领世界发展的历史使命。作为一个马克思主义政党，中国共产党始终把实现人类的公平与正义、追求社会的进步与文明作为自己的思想底色。中国特色社会主义进入新时代，新时代是"我国日益走近世界舞

① 《推动建设更加美好的世界》，载《人民日报》2022 年 11 月 23 日。

② 《和平共处五项原则发表 70 周年纪念大会在北京隆重举行 习近平出席大会并发表重要讲话》，载《人民日报》2024 年 6 月 29 日。

台中央、不断为人类作出更大贡献的时代”，需要深入思考并着力解决“世界怎么了，我们该怎么办”这个关乎人类前途命运的全球之问。推动构建人类命运共同体，是中国共产党的行动自觉。人类命运共同体不但成为新时代中国对世界思想理论的重大贡献，还是对于发展赤字和治理难题的人类文明的解决方案。构建人类命运共同体，关键在行动。[①]

随着全球化、信息化的深入，国家与国家、国家与国际组织之间的交往越来越频繁。当今中国业已成为世界第二大经济体，在国际事务中的影响力越来越大，伴随着全方位的崛起，中国日益走近世界舞台的中央。青年群体作为国家与国家、国家与国际组织间交往的关键主体，思维前卫、视野开阔的特征让他们日益成为中国在国际舞台交流交往、展现形象的重要生力军。拓宽青年一代的国际视野，提升青年一代的全球胜任力，加强国际青年一代的交流沟通，从某种意义上来说就是在增强全球的政治互信，进而不断增强全球的互通互联。

习近平总书记从国际国内“两个大局”着眼，深刻洞悉当今世界发展规律，高度重视青年在全球治理中的战略性地位和桥梁性作用。党的十八大以来，习近平总书记就此多次提及青年群体，强调青年一代在国际交往中扮演的角色和发挥的作用，并呼吁各个国家和地区以及跨国组织为推动青年交流积极搭建平台，同时号召各国青年用欣赏、互鉴、共享的观点看待世界，推动不同文明交流互鉴、和谐共生，积极为构建人类命运共同体添砖献瓦。

青年一代要努力开拓国际视野，积极在国际交往中发挥桥梁纽带作用。习近平总书记多次强调国之交在于民相亲，而“民相亲”要从青年做起，青年是人民友谊的生力军。青年人情趣相近、意气相投，最谈得来，最容易结下纯真的友谊。他勉励青年人争做播种友谊的使者、友好

---

① 莫春菊：《推动构建人类命运共同体是新时代中国共产党的历史使命》，载《新华日报》2022年11月15日。

关系的建设者、深化合作的推动者。在2018年4月的博鳌亚洲论坛上，习近平总书记再次强调，秉持兼容并蓄、和而不同理念，加强青年合作，推动文明互鉴，使文明交流互鉴成为增进各国人民友谊的桥梁。

不仅如此，青年一代还承担着实现全球可持续发展、推动全球治理水平提升的责任。当今世界，推动构建人类命运共同体，比以往任何时候都更需要青年肩负起重任。这不仅仅意味着青年一代随着时代发展终将成为社会发展的中流砥柱，也意味着青年一代所拥有的创新精神、进取态度和挑战意识，一定会更为深刻地影响整个人类文明的进程与走势。青年最富有朝气，最富有梦想，是未来的领导者和建设者。消除全球极端贫困，战胜全球不平等、不公正，应对全球性气候变化的挑战，追求共同的美好未来，这些积极构建人类命运共同体的努力，既要成为世界各国的一致行动，更要成为全球各国青年一代的共同担当。就像习近平总书记对年轻人的期待那样，用青春的活力和青春的奋斗，让我们生活的这个星球变得更加美好。

中国青年还要有讲好中国故事的意识与能力。习近平总书记曾强调，广大青年要积极传播中华文化、讲好中国故事，用青春的激情打造最美的"中国名片"，促进中国梦和各国人民的梦相通相融，共同为人类和平与发展的崇高事业作出贡献。[①] 中国青年只有发挥好群体优势，积极了解国情、融入世界，才能更好地向世界介绍一个更加真实、可爱的中国。

二、为解决人类面临的共同问题作出贡献

当前，世界之变、时代之变、历史之变正以前所未有的方式展开。世界向何处去？和平还是战争？发展还是衰退？开放还是封闭？合作还是对抗？是摆在人类面前的时代之问。作为世界第二大经济体、最大发展中国家，中国的抉择牵动着全球的目光、世界的未来。百年变局加速

---

① 《习近平书信选集》（第一卷），北京：中央文献出版社2022年版，第41页。

演进，和平赤字、发展赤字、安全赤字、治理赤字加重。面对世界新现实，中国展现出因势而谋的智慧、勇于担当的气魄。当今世界，人类再次站在了十字路口，全球共同面临现代化发展难题，迫切需要科学的理论引领人类现代化发展。"全球文明倡议"的提出，为人类文明发展锚定新的坐标。

毛泽东曾强调："从现在起，五十年内外到一百年内外，是世界上社会制度彻底变化的伟大时代，是一个翻天覆地的时代，是过去任何一个历史时代都不能比拟的。处在这样一个时代，我们必须准备进行同过去时代的斗争形式有着许多不同特点的伟大的斗争。"[①] 中国的政党政治文明创造了中国式的政治文明新形态，而中国式的政治文明新形态作为人类政治文明的有机构成，作为社会主义政治文明的最新成果，又为世界提供了政治文明发展的崭新路径，也从一个侧面回答了世界文明革命性转型的诸多问题。

中国的政党政治文明以对立统一规律与"和合共生"思想作为底层理念，科学回答了政治文明"如何建构"的问题。在基于西方以形而上学为底层理念的竞争型政党政治中，作为一定阶级、一定集团利益代表的政党在党际矛盾的处理上往往诉诸非此即彼的方式来解决，同时又在政治实践中把"专制"与"一元化领导""建立领导核心"错误地等同起来加以反对，而多头政治竞争甚至是恶性排他竞争却成为"默认选项"并具有了所谓的程序合法性与价值合理性。这不仅窄化和矮化了人们对于现代政党政治运作的认知，也导致西方政党政治在"分化－内耗"的恶性循环中制约着人们对政治文明演进可能路径的多元探索。相反，中国的政党政治文明则遵循着完全不同的理念，它将马克思主义的对立统一规律与中国传统的"和合共生"思想有机结合起来并作为基底，成功建构起一个全新辩证的政党政治实践运行模式与理论解释框架，而中

① 《毛泽东文集》（第八卷），北京：人民出版社 1999 年版，第 302 页。

国共产党领导的多党合作和政治协商制度便是相关运行机制的制度化体现。在中国的政党政治文明的框架内，中国共产党以其广泛的代表性、先进性成为社会主义事业无可争议的领导核心，各民主党派接受中国共产党领导并充分发挥着参政议政的积极作用，彼此以合作协商代替了对立争斗，形成了相互促进、交相辉映的良性互动关系，实现了对西方政党政治唯一性和优越性的实践证伪，也使得合作共生理念成为政治文明以及"上位"文明形态建构的合理选择。

中国的政党政治文明在科学回答政治文明"如何建构"问题的同时，进而也回答了人类文明"如何建构"的问题。习近平总书记指出："人类又一次站在了十字路口。合作还是对抗？开放还是封闭？互利共赢还是零和博弈？如何回答这些问题，关乎各国利益，关乎人类前途命运。"[①] 在西方国家的陈词中，西方的资本主义文明形态被视为人类文明发展的最终、最高形态，而通往文明的路径等式则被简单地归结为"全盘西化 + 认同普世价值 = 融入主流文明"，由此也导致文明等级论、冲突论、隔阂论、优越论大行其道，文明间的共生互鉴被长期忽视与搁置。中国的政党政治文明所蕴含的发展理念充分揭示了，西方国家以全盘西化发展中国家为目标，大肆宣介西方文明成果，不是在引领人类社会走向文明，而是在实行文明专制与文明灭绝，同时也是在断送西方文明自身的发展前景。究其原因，文明的交流互鉴才是人类文明进步的重要动力[②]，中华文明之所以延绵不断、历久弥新，一个重要原因就在于注重汲取不同国家、不同民族创造的优秀文明成果，始终坚持文明间平等的交流对话、互鉴互学、和平共处。而从根本上说，只有当人类文明呈现出多元并存、和谐共生的状态时，文明互鉴才有其实现的前提，也才能

① 《习近平谈治国理政》（第三卷），北京：外文出版社 2020 年版，第 455 页。

② 习近平：《出席第三届核安全峰会并访问欧洲四国和联合国教科文组织总部、欧盟总部时的演讲》，北京：人民出版社 2014 年版，第 10 页。

真正建构起生机盎然、枝繁叶茂的人类文明百花园。由此也可以看出，西方国家主观幻想的文明“一枝独秀”并不是人类文明向前发展的正确选择，所带来的只能是人类文明的整体凋敝和西方文明的自我摧毁。

中国的政党政治文明坚持马克思主义人民主体思想与传统民本思想相结合，突出以人民为中心的文明建设原则，从而科学回答了政治文明“由谁建构”和“谁来享有”的问题。当“由谁建构”与“谁来享有”指向的主体无法达成一致时，人民便不可能在政治文明建构中切实发挥主体作用，“这既是人的现实性，也是现实对人的决定性。”① 近年来，西方部分政党尤其是右翼极端政党的民粹化倾向十分明显，西方政党政治的左右之争、自由主义与保守主义之争逐渐让位于精英主义与民粹主义之争。可惜的是，自诩为“人民代表”的民粹主义政党虽然一定程度上克服了传统精英政党在政治动员、塑造共识能力上的不足，但却在实践中大肆宣扬“人民”对抗“其他人”的二元世界观，不断裹挟民意，对抗传统精英政治，进一步加剧了西方政治的极化、失序和碎片化问题。进一步说，精英主义政党和民粹主义政党虽在政治策略等诸多方面存在差异，但民粹主义终究也是精英阶层在政治设计上的产物，是以形式上的“代表人民”掩盖实质上的“精英专制”，二者实际上都是西方政党政治对抗性本质的“具现”样态和行为载体，归根到底都在把人民当作政治精英自身利益表达和价值实现的“工具”，也就无法真正克服西方政党政治上下离心、党群分离的结构性矛盾。毛泽东指出：“我们党要使人民胜利，就要当工具，自觉地当工具。”② 同资产阶级主导的政党政治相反，马克思主义政党领导的政党政治不是把人民群众当作工具，而是把政党作为实现人民利益的工具，并在此导引下不断探索选举民主与协商民主相结合的社会主义民主政治制度体系，用更加健全的制度体

① 林尚立：《治国安邦：当代中国政治形态定型》，载《复旦政治学评论》2018 年第 2 期。
② 《毛泽东文集》（第三卷），北京：人民出版社 1996 年版，第 373-374 页。

系保证人民当家作主。实事求是地说，无论是从制度形态还是价值形态来看，中国的政党政治文明都体现了以人民为中心的基本要求，也使得人民真正成了政治文明建构与文明成果享有的主体。

中国的政党政治文明在科学回答政治文明“由谁建构”和“谁来享有”问题的同时，进而也回答了人类文明“由谁建构”和“谁来享有”的问题。正如习近平总书记指出的那样：“博大精深的中华文明是中国人民创造的”[①]，人类文明也是由全世界人民共同创造的，其发展成果则应当为全世界人民共同享有。然而，在以往一切剥削社会（包括资本主义社会）的文明发展史上却出现了一个悖谬，即文明的创造者与享有者通常是分离的，在多数人的文明创造过程中少数人却往往实现了对文明成果的垄断性占有。其中，资本主义社会达到了文明成果享有上不公正的巅峰，究其原因，资本主义社会形态的基本特征表现为“以物的依赖性为基础的人的独立性”[②]，人与人的关系表现为异己的物与物关系的虚幻形式，资产阶级利用生产资料私人占有带来的社会权利无限制地享有无产阶级创造的物质文明成果，同时又利用拜物教压制无产阶级的精神需要，从而全面占有人类创造的精神文明成果。但文明的发展绝不会止步于此，历史也揭示了剥削社会文明发展的一条规律，对文明成果占有越多的群体往往越是“野蛮”，对文明成果占有越少的群体往往越是孕育着新型文明形态的萌芽。1917 年，十月革命的胜利开辟了人类通向社会主义文明的新路，身为文明创造者的人民群众也第一次被赋予了自由享有文明成果的权利。作为十月革命重要政治成果的苏联，在近 70 年的发展中创造了人类文明史上难以忽视的成就，其解体也给人类文明的发展进程带来了不小的冲击。在世界的东方，中国共产党始终把自己的事业看作是十月革命道路的继续，在新型政党政治的开辟中充分调动人民群众参

① 《习近平谈治国理政》（第三卷），北京：外文出版社 2020 年版，第 139 页。

② 《马克思恩格斯文集》（第八卷），北京：人民出版社 2009 年版，第 52 页。

与文明创造的积极性与主动性，在团结带领中国人民创造人类文明新形态的同时，实现了文明创造与文明成果享有的内在统一，进而使得以人民为中心的文明发展新路有了更为丰富、鲜活且坚实的实践例证。

中国的政党政治文明坚持马克思主义建党学说与“大一统”思想相结合，坚持中国共产党在文明建设中的领导核心地位，从而科学回答了政治文明“如何趋优向善”的问题。政党政治作为政治文明的重要组成部分，在实践中所能产生的治理效能业已成为衡量和评价政治文明孰优孰劣最为直观可感的标准，而治理效能则最终体现为人民群众全局利益、长远利益和根本利益的实现程度。众所周知，囿于阶级的狭隘希冀和政党竞争规则的裹挟，治理能力式微已然成为西方政党政治时刻面对而又无力扭转的结构性难题。长期以来，西方政党在政治实践中大搞“小圈子”理论和“赢家通吃”游戏，结果就是输者因利益分配的极端不均走向了反对的一极，赢者虽成为执政党但往往在否决政治中寸步难行，继而在政治瘫痪与治理能力衰败的广泛质疑声中丧失执政地位。这种恶性竞争导致的“轮流坐庄”，不仅使资产阶级政党忙于应付周期性的竞争选举、逐渐丧失治理能力，也使西方资产阶级宣扬的政治文明“样板”日益沦为一种显而易见的“概念躯壳”。同时，在西方政党政治的语境中，多党竞争既是民主、公正与高效的标志，也是保证所谓权力制衡与制度生命力的核心要义，只不过，中国共产党以“人民监督”和自我革命的崭新方式破解了这种西方虚构的“狼鹿效应”假设。作为一个没有任何自己特殊利益的政治核心，中国共产党时刻保持解决大党独有难题的清醒和坚定，一面紧紧依靠人民，不断推动人民民主的制度化、规范化、程序化，一面扎实推进党的建设，不断完善党的自我革命制度规范体系，从而在党群良性互动和刀刃向内的净化革新中探索出了一条良政善治新路，同时也在治理能力现代化中真正开创了政治文明恒定向善的光辉典范。由此可见，中国的政治文明建设之所以成功，根本原因就是坚持中国共产党这一无产阶级政党的领导。

中国的政党政治文明在科学回答政治文明“如何趋优向善”问题的同时，进而也回答了人类文明“如何趋优向善”的问题。从整体性维度来看，“人类文明的发展不是一个纯粹、线性的过程，而是一个前进与倒退、自由与奴役、富裕与贫穷、解放与枷锁相互交织的复杂过程，是在悖谬中的演进。”[①]资产阶级在破除自己脖颈上的枷锁时又给无产阶级换上了新的枷锁，而作为资产阶级专制统治的工具，资产阶级政党在阶级矛盾的深层制约中无法产生可观的治理绩效，也就无法真正实现文明演进的趋优向善。而作为一个被天然赋予“为人类求解放”使命的无产阶级政党，中国共产党在中华民族现代文明建设中不断增强治理的预见性和创造性，展现出了极强的领导力、组织力与公信力，形成了以善治促文明的高效转化机制。实践证明，中国共产党的领导直接关系到中华民族现代文明建设的根本方向、前途命运与最终成败，正是因为我们毫不动摇地坚持党的领导，中华民族现代文明才会始终沿着正确方向演进。由此也揭示了该问题的一般性答案：只有确立无产阶级政党领导、始终坚持无产阶级领导，现代文明建设才有希望。须知，无产阶级政党在政党政治中核心地位的确立，意味着一条有别于资本主义的文明发展道路的历史性开启，也意味着在这种文明的革命性转型过程中必须要付出一定的“转制成本”，这种成本可能表现为政治的动荡、经济的衰退等等。但历史经验也表明，无产阶级政党的治理效能能够在短时间内补齐因“转制”而带来的部分亏损，并使文明重新焕发生机，进而呈现出整体上恒定向善的新样貌。

在全球化时代，各国现代化发展进程中面临着许多相同或相似的问题。中国共产党始终把为人类作出新的更大贡献作为自己的使命。为应对人类面临的各种挑战，习近平总书记提出了构建“全球文明倡议”的中国方案。因此，在中国实践基础上产生的中国方案，具有了超越国界

① 侯惠勤：《论人类文明新形态》，载《陕西师范大学学报（哲学社会科学版）》2022年第2期。

的理论和现实意义。[①]中国始终是世界和平的建设者、全球发展的贡献者、国际秩序的维护者。天下一家，命运与共。新时代新征程上的中国将携手世界各国共同建设美丽的地球家园，开创人类更加美好的未来。

① 桑学成：《为解决人类问题贡献中国智慧》，载《学习时报》2018年12月28日。

延伸阅读

牢牢把握服务民族复兴、促进人类进步这条主线

——“十个明确”彰显马克思主义中国化新飞跃述评之九

《中共中央关于党的百年奋斗重大成就和历史经验的决议》中，以“十个明确”系统总结习近平新时代中国特色社会主义思想核心内涵，其中之一是明确中国特色大国外交要服务民族复兴、促进人类进步，推动建设新型国际关系，推动构建人类命运共同体。

党的十八大以来，以习近平同志为核心的党中央洞察国际风云变幻，把握历史前进方向，既为中国人民谋幸福、为中华民族谋复兴，又为人类谋进步、为世界谋大同，引领中国特色大国外交在世界大变局中开创新局，为人类发展进步事业作出重要贡献。

统筹国内国际两个大局：“要胸怀两个大局，一个是中华民族伟大复兴的战略全局，一个是世界百年未有之大变局，这是我们谋划工作的基本出发点”

2月5日至6日，北京人民大会堂，习近平总书记同来华出席第24届冬奥会开幕式的外国领导人、国际组织负责人密集会晤，一个关键词被国际政要们反复提及——

“支持习近平主席提出的全球发展倡议”“习近平主席提出的全球发展倡议，对推动实现联合国2030年可持续发展目标、解决全球发展不平等不平衡问题具有重要意义”……

“全球发展倡议”，一个蕴含着中国全面建成小康社会宝贵经验的全球化表达，自2021年习近平总书记在联合国大会首次提出，短短数

月间，在国际社会凝聚起强烈广泛共识。

习近平总书记说：“我提出全球发展倡议，旨在推动全球发展迈向平衡协调包容新阶段”“这个倡议是向全世界开放的公共产品”“坚持以人民为中心，提升全球发展的公平性、有效性、包容性，努力不让任何一个国家掉队”……

从“共同富裕路上，一个不能掉队”到“努力不让任何一个国家掉队”，两个“不掉队”，让世界看到了一位大党大国领袖的历史担当与人民情怀、天下情怀。

当中国特色社会主义进入新时代，当实现中华民族伟大复兴进入关键时期，中国在全球坐标系中的位置发生着深刻变迁，中国同世界的关系从未如此紧密。

新形势下，应如何看待这个世界，如何处理中国同世界的关系？这是习近平总书记思考的重要课题。

“要胸怀两个大局，一个是中华民族伟大复兴的战略全局，一个是世界百年未有之大变局，这是我们谋划工作的基本出发点”，习近平总书记深刻指出。

2013年10月，新中国成立以来首次周边外交工作座谈会在北京召开，习近平总书记提出周边外交的基本方针：坚持与邻为善、以邻为伴，坚持睦邻、安邻、富邻，突出体现亲、诚、惠、容的理念；

2014年11月的中央外事工作会议上，习近平总书记强调，中国必须有自己特色的大国外交，并就新形势下不断拓展和深化外交战略布局提出要求；

2018年6月的中央外事工作会议，确立了习近平外交思想的指导地位，用“十个坚持”深刻阐述其主要内容，为新时代中国外交提供根本遵循和行动指南。

习近平总书记指出：“牢牢把握服务民族复兴、促进人类进步这条主线”“为和平发展营造更加有利的国际环境，维护和延长我国发展的重要战略机遇期”……

统筹国内国际两个大局，“胸怀天下、立己达人”的时代价值愈发凸显。

2021年8月，美军撤离阿富汗，给当地人民留下饥饿与贫困，为地区安全带来严峻挑战。

“大家是命运共同体，也是安全共同体。关键时刻应该共同发挥作用，共同维护比金子还珍贵的和平稳定。”出席上合组织和集安组织成员国领导人阿富汗问题联合峰会，习近平总书记就阿富汗问题提出3点意见建议——推动阿富汗局势尽快平稳过渡；同阿富汗开展接触对话；帮助阿富汗人民渡过难关。

随后，中国一批批粮食、物资、新冠疫苗运抵邻国阿富汗，为当地人民纾忧解困、雪中送炭。

积极参与朝鲜半岛核、伊朗核、阿富汗、缅甸、中东、叙利亚等重大地区热点问题的解决，成为派出维和人员最多的联合国安理会常任理事国，推动五核国发表关于防止核战争与避免军备竞赛的联合声明……在习近平总书记引领下，新时代中国既通过维护世界和平发展自己，又通过自身发展维护世界和平，始终做世界和平稳定的中流砥柱。

2021年11月，上海，第四届中国国际进口博览会如约而至。在新冠疫情反复延宕、经济全球化遭遇逆流背景下，进博会拥抱八方来客，尤显可贵。

连续四年，习近平总书记在进博会开幕式上发表主旨演讲，向世界传递出新时代中国“开放的大门只会越开越大”的鲜明信号——

“中国主动扩大进口，不是权宜之计，而是面向世界、面向未来、促进共同发展的长远考量”“共同把全球市场的蛋糕做大、把全球共享的机制做实、把全球合作的方式做活”“让中国市场成为世界的市场、共享的市场、大家的市场”“中国扩大高水平开放的决心不会变，同世界分享发展机遇的决心不会变”……

连年举办进博会、服贸会、广交会，统筹推进21个自贸试验区建设，高质量高标准建设海南自由贸易港，颁布实施外商投资法，签署区域全面经济伙伴关系协定……中国将自身发展同各国共同发展结合起来，与世界共享发展新机遇。

践行新型国家相处之道：“相互尊重、公平正义、合作共赢”

这是2018年中非合作论坛北京峰会前夕习近平总书记的一份外事活动日程表——

9月2日，9∶55，会见苏丹总统巴希尔；10∶20，会见纳米比亚总统根哥布；10∶45，会见毛里求斯总理贾格纳特……从早到晚，一天11场双边会晤，时间安排精确到分钟。

“尽管纳米比亚只是一个小国，但中国领导人说国家不分大小、一律平等。我们彼此相互尊重，我们的合作是互利共赢的。”谈及中非合作，纳米比亚总统根哥布由衷感慨，“有什么理由不欢迎中国这样的国家？”

在历史越来越“成为世界历史”的今天，国家间互动愈发频繁，国际关系应遵循什么样的规则？

习近平总书记指出：“要跟上时代前进步伐，就不能身体已进入21世纪，而脑袋还停留在过去，停留在殖民扩张的旧时代里，停留在冷战思维、零和博弈老框框内。”

基于对国际大势的准确把握，对和平共处五项原则的继承与发扬，习近平总书记开创性地提出推动构建相互尊重、公平正义、合作共赢的新型国际关系，为“国际关系向何处去”给出中国答案。

2022年2月，北京钓鱼台国宾馆，中俄元首举行“新春之会”，这也是近年来两位领导人举行的第38次会晤。

此次会晤，双方发表两国关于新时代国际关系和全球可持续发展的联合声明，集中阐述中俄在民主观、发展观、安全观、秩序观方面的共同立场。

习近平总书记指出：“大国关系事关全球战略稳定，大国肩上都承担着特殊责任。”

拥有更多的资源、具备更强的能力，大国之间和睦世界才能和平，大国相互合作才有全球发展。从两国最高领导人频繁会晤到双方各领域务实合作全方位推进，中俄关系高水平发展，树立了新型国际关系的典范。

从推进中俄新时代全面战略协作伙伴关系，到明确提出“相互尊重、和平共处、合作共赢”的中美关系三点原则，强调要把稳舵，使中美两艘巨轮迎着风浪共同前行，不偏航、不失速，更不能相撞；从打造中欧和平、增长、改革、文明四大伙伴关系，到推动金砖合作走稳走实走远……中国致力于推进大国协调合作，推动构建总体稳定、均衡发展的大国关系框架。

习近平总书记从历史与现实的角度深刻阐述中国的国际关系观：“各国体量有大小、国力有强弱、发展有先后，但都是国际社会平等一员”“中国自古倡导‘强不执弱，富不侮贫’，深知‘国虽大，好战必亡’的道理”“殖民主义、霸权主义的老路还能走得通吗？答案是否定的。不仅走不通，而且一定会碰得头破血流”……

在中国对外交往中，发展中国家历来处于基础性地位。

习近平总书记指出：“广大发展中国家是我国在国际事务中的天然同盟军，要坚持正确义利观，做好同发展中国家团结合作的大文章。”

2021 年 11 月 29 日，一则新闻引发广泛关注——

中非合作论坛第八届部长级会议开幕式上，习近平总书记宣布：中国将再向非方提供 10 亿剂新冠疫苗，其中 6 亿剂为无偿援助。

此前，习近平总书记宣布将中国新冠疫苗作为全球公共产品，正是为了确保疫苗在非洲等发展中国家的可及性和可负担性，推动弥合“免疫鸿沟”。

讲信义、重情义、扬正义、树道义，作为独具中国特色的外交理念，正确义利观凝练着新的历史条件下中国发展同发展中国家整体关系的基本原则，丰富着新型国际关系理念的深刻内涵。

从正确义利观到真实亲诚对非工作方针，从中非合作论坛到中国—拉共体论坛、中国—阿拉伯国家合作论坛……中国始终不忘自身作为发展中国家的底色，永做发展中国家的可靠朋友和真诚伙伴，与广大发展中国家同呼吸、共命运、齐发展。

构建新型国际关系，习近平总书记是提出者、倡导者，更是推动者、践行者。党的十八大以来，习近平总书记亲力亲为，作为国家主席先后出访41次，足迹遍及五大洲69国，在国内外主持和出席一系列重大多边外交活动，接待来华访问的国际政要数百位，引领中国同各国携手并进、合作共赢。

习近平总书记说：“走四方固然辛苦，但收获是‘朋友圈’越来越大。”

携手开辟人类光明前景：“构建人类命运共同体”

2013年3月，莫斯科国际关系学院。习近平总书记就任国家主席后，首站出访俄罗斯，向世界提出重大理念——

“人类生活在同一个地球村里，生活在历史和现实交汇的同一个时空里，越来越成为你中有我、我中有你的命运共同体”。

推动构建人类命运共同体，是对“建设一个什么样的世界、如何建设这个世界”重大课题的深邃思考，是对破解治理赤字、信任赤字、发展赤字、和平赤字给出的中国方案。

习近平总书记指出：“我国日益走近世界舞台中央，有能力也有责任在全球事务中发挥更大作用，同各国一道为解决全人类问题作出更大贡献。”

从写入党的十九大报告，载入党章和宪法，到多次写入联合国、上海合作组织等多边机制重要文件……构建人类命运共同体理念，作为马克思主义中国化时代化的最新成果之一，已成为引领时代潮流和人类前进方向的鲜明旗帜。

2015年9月，纽约联合国总部，习近平总书记在第70届联合国大会上首次提出——“和平、发展、公平、正义、民主、自由，是全人类的共同价值”。

“人类命运共同体”“全人类共同价值”，两个“共同”，凝聚着全人类的最大公约数。全人类共同价值的提出，让人类命运共同体理念在价值层面进一步深入，内涵愈发丰富。

大道至简，实干为要。

推动构建人类命运共同体，元首外交定向把舵、砥砺前行——

双边层面，习近平总书记同哈萨克斯坦、巴基斯坦、柬埔寨、老挝、越南、缅甸等国领导人深入沟通，凝聚共识，倡导中国同有关国家构建命运共同体；

地区层面，习近平总书记在重大出访、主持重要主场外交活动场合，分别提出打造周边、亚洲、亚太、中国—东盟、上合组织、中国—中亚、中非、中阿、中拉命运共同体重大倡议；

全球层面，习近平总书记倡议构建网络空间、核安全、海洋、卫生健康等命运共同体，得到各方积极呼应。

推动构建人类命运共同体，“一带一路”倡议应者云集、各方共商共建共享——

2022年2月6日，北京，中国同阿根廷签署共建“一带一路”谅解备忘录。

至此，同中国签署相关合作文件的国家增至148个。

“‘一带一路’是大家携手前进的阳光大道，不是某一方的私家小路。所有感兴趣的国家都可以加入进来，共同参与、共同合作、共同受益。”

自2013年秋习近平总书记提出共建“一带一路”倡议以来，8年多时间，世界上已有超过三分之二的国家同中国就此达成合作共识。

政策沟通、设施联通、贸易畅通、资金融通、民心相通，共建“一带一路”成为推动构建人类命运共同体的重要实践平台，也是当今世界范围最广、规模最大的国际合作平台。

推动构建人类命运共同体，中国积极参与全球治理体系变革，不断贡献智慧力量、展现大国担当——

2016年9月，二十国集团领导人杭州峰会期间，习近平总书记全面阐述中国的全球经济治理观——以平等为基础，以开放为导向，以合作为动力，以共享为目标，推动二十国集团实现从短期政策向中长期政策转型，从危机应对向长效治理机制转型。

“数百年来列强通过战争、殖民、划分势力范围等方式争夺利益和霸权逐步向各国以制度规则协调关系和利益的方式演进”“加强全球治理、推进全球治理体制变革已是大势所趋”“这不仅事关应对各种全球性挑战，而且事关给国际秩序和国际体系定规则、定方向”……

在国际货币基金组织中的份额和投票权跃居第三位，发起成立亚洲基础设施投资银行、金砖国家新开发银行，设立丝路基金，人民币正式纳入特别提款权货币篮子……新时代中国已从全球金融体系的普通参与者，转变为公共产品的提供者和变革的“发动机”。

从亚太经合组织领导人北京会议到二十国集团领导人杭州峰会，从“一带一路”国际合作高峰论坛到中非合作论坛北京峰会，从中国共产党与世界政党领导人峰会到《生物多样性公约》第十五次缔约方大会……一场场主场外交，记录着习近平总书记引领中国推动完善全球治理、推动构建人类命运共同体、弘扬全人类共同价值的历史进程。

“让我们携起手来，站在历史正确的一边，站在人类进步的一边，为实现世界永续和平发展，为推动构建人类命运共同体而不懈奋斗！”

2021年10月25日，中华人民共和国恢复联合国合法席位50周年之际，习近平总书记向全世界发出呼吁。

为民族复兴尽责、为人类进步担当。在以习近平同志为核心的党中央坚强领导下，新时代中国特色大国外交必将不断开创新局面、开辟新境界，为人类作出新的更大贡献！

（新华社北京2022年2月21日电　新华社记者：刘华、伍岳、朱超、马卓言）

后 记

党的二十大报告指出："不断谱写马克思主义中国化时代化新篇章，是当代中国共产党人的庄严历史责任。继续推进实践基础上的理论创新，首先要把握好新时代中国特色社会主义思想的世界观和方法论，坚持好、运用好贯穿其中的立场观点方法。"报告从六个方面作了概括和阐述，强调必须坚持人民至上，必须坚持自信自立，必须坚持守正创新，必须坚持问题导向，必须坚持系统观念，必须坚持胸怀天下。

"六个必须坚持"是中国共产党从世界观和方法论的高度深刻阐述了推进理论创新的科学方法、正确路径，深刻体现了习近平新时代中国特色社会主义思想的立场观点方法，深刻揭示了这一思想根本的政治立场、彻底的理论品格、独有的精神气质、科学的思想方法，为把握好、运用好这一科学理论的思想精髓、进一步提高全党马克思主义水平提供了"金钥匙"，为继续推进党的理论创新解决了"桥和船"的问题。这是当代中国共产党人的世界观和方法论，是全面深化改革、推进中国式现代化必须坚持的世界观和方法论。

本书在写作过程中广泛听取征求了习近平新时代中国特色社会主义思想研究界相关专家、学者的意见。在撰写过程中，为使读者更加深入、全面地理解，作者参考和引用了一些相关资料，并都尽最大可能进行了标注和引用，在此一并致以诚挚的谢意。还要感谢中央党校（国家行政学院）重大理论和现实问题研究专项“关于中国式现代化进程中的风险挑战及其应对研究”的支持。

伟大思想与非凡事业彼此辉映，科学理论与伟大实践相互激荡。笔者将在此基础上，结合新形势、新任务的需要，继续深入研究习近平新时代中国特色社会主义思想，为推进党的科学理论创新发展尽一份绵薄之力。

由于时间、资料和作者能力所限，本书难免会有不全面、不深刻之处，敬请各位研究者、读者批评指正，提出宝贵意见。

叶子鹏

2024年仲夏于中央党校